从零开始学

从零开始学 K 线
(白金版)

周　峰　陆　佳　编著

清华大学出版社
北　京

内 容 简 介

为了能够让更多的投资者掌握正确的炒股方法、提高投资水平，作者将十几年来在实际操作中总结提炼的炒股方法进行了归纳。本书首先讲解 K 线的基础知识，如 K 线的由来、组成、意义、类型、注意事项等；然后通过实例剖析讲解大阳线的实战技巧、见底 K 线的实战技巧、看涨 K 线的实战技巧、见顶 K 线的实战技巧、看跌 K 线的实战技巧和其他重要的 K 线的实战技巧；接着又讲解 K 线缺口的实战技巧、不同周期 K 线的实战技巧、K 线形态的实战技巧；最后讲解 K 线与成交量的实战技巧、K 线与趋势的实战技巧、K 线与跟庄的实战技巧。本书通过解密 K 线，使读者领会主力操盘的意图，掌握 K 线的实战运用法则，从而成为股市大赢家。

本书结构清晰、功能详尽、实例经典、内容全面、技术实用，在讲解过程中既考虑读者的学习习惯，又通过具体实例剖析讲解 K 线运用中的热点问题、关键问题及种种难题。

图书在版编目(CIP)数据

从零开始学 K 线(白金版)/周峰，陆佳编著. —北京：清华大学出版社，2017（2022.12 重印）
(从零开始学)
ISBN 978-7-302-47507-1

Ⅰ. ①从… Ⅱ. ①周… ②陆… Ⅲ. ①股票交易—基本知识 Ⅳ. ①F830.91

中国版本图书馆 CIP 数据核字(2017)第 142129 号

责任编辑：李玉萍
封面设计：郑国强
责任校对：张彦彬
责任印制：沈　露
出版发行：清华大学出版社
　　　　网　　　址：http://www.tup.com.cn, http://www.wqbook.com
　　　　地　　　址：北京清华大学学研大厦 A 座　　　邮　　编：100084
　　　　社 总 机：010-83470000　　　　　　　　邮　　购：010-62786544
　　　　投稿与读者服务：010-62776969, c-service@tup.tsinghua.edu.cn
　　　　质量反馈：010-62772015, zhiliang@tup.tsinghua.edu.cn
印 装 者：涿州市般润文化传播有限公司
经　　销：全国新华书店
开　　本：170mm×240mm　　印　张：20.5　字　数：410 千字
版　　次：2017 年 7 月第 1 版　　　　　印　次：2022 年 12 月第 4 次印刷
定　　价：49.00 元

产品编号：074543-01

前　　言

　　股市如战场，输赢就在一瞬间。为了成为股市中的赢家，很多股民忙着看股评、参加股市沙龙、钻研股票操作图书，可谓乐此不疲。令人遗憾的是，这些效果都不理想。

　　造成这种状况的根源在于，对 K 线理解得不够全面、不够深入，不能站在主力的角度去思考 K 线背后的含义，去理解 K 线所预示的多空双方力量的变化。另外，不能把其他分析技术(趋势、均线、成交量)融入到 K 线技术中去灵活地应用，从而建立属于自己的交易系统(包括预测系统和买卖决策系统)，实现投资资金每年翻倍增长。

　　为了能让股民在充满诱惑、变幻莫测、风云诡谲的股市中保护自己并使自己获胜，本书作者愿意将历经成千上万次腥风血雨、悲喜交集的股市实战后所总结的教训和经验，奉献给那些有志于在这个充满风险、充满寂寞的征程上默默前行的征战者，奉献给那些屡败屡战、愈挫愈勇并最终战胜失败、战胜自我的勇者。

本书特点

特　点	特点说明
13 章实战精讲	本书体系完善，由浅入深地对股市 K 线战法进行了 13 章专题精讲，其内容涵盖了 K 线的基础知识、大阳线的实战技巧、见底 K 线的实战技巧、看涨 K 线的实战技巧、见顶 K 线的实战技巧、看跌 K 线的实战技巧、其他重要的 K 线的实战技巧、K 线缺口的实战技巧、不同周期 K 线的实战技巧、K 线形态的实战技巧、K 线与成交量的实战技巧、K 线与趋势的实战技巧、K 线与跟庄的实战技巧等
128 个实战技巧	本书结合股市 K 线战法，讲解了 128 个交易技巧，其内容涵盖了突破大阳线的实战技巧、触底大阳线的实战技巧、见顶大阳线的实战技巧、见底 K 线的实战技巧、见顶 K 线的实战技巧、看涨 K 线的实战技巧、看跌 K 线的实战技巧、其他重要的 K 线的实战技巧、底部反转阶段缺口的实战技巧、上涨阶段缺口的实战技巧、顶部反转阶段缺口的实战技巧、下跌阶段缺口的实战技巧、年 K 线的实战技巧、月 K 线的实战技巧、周 K 线的实战技巧、60 分钟 K 线的实战技巧、底部反转形态的实战技巧、顶部反转形态的实战技巧、整理形态的实战技巧、牛市中的 K 线与成交量实战技巧、熊市中的 K 线与成交量实战技巧、上升趋势线的实战技巧、下降趋势线的实战技巧、管道线的实战技巧、黄金分割线的实战技巧、百分比回撤线的实战技巧、庄家试盘的实战技巧、庄家建仓的实战技巧、庄家拉高的实战技巧、庄家出货的实战技巧、庄家洗盘的实战技巧、庄家被套自救的实战技巧等

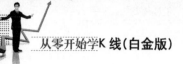

续表

特　点	特点说明
200多个实战案例	本书结合理论知识，在其讲解的过程中列举了200多个案例进行分析和讲解，让广大投资者在学习理论知识的同时，能更准确地理解其意义和更好地应用于实战
80多个技能提示	本书结合股市K线战法中遇到的热点问题、关键问题及种种难题，以技能提示的方式奉送给投资者，其中包括K线买入技巧、K线卖出技巧、K线跟庄技巧等
语言特色	本书的讲解都从基础知识和基本操作开始，读者无须参照其他书即可轻松入门；另外，作者充分考虑没有基础的读者的实际情况，在文字表述方面尽量避开专业术语，用通俗易懂的语言讲解每个知识点的应用技巧，让投资者在学习时更轻松，上手更快

本书结构

章节介绍	内容体系	作　用
第1章	本章首先讲解K线的基础知识，即K线的由来、组成、意义、类型；然后讲解如何读懂K线和正确认识K线；最后讲解透过K线看大势和K线运用注意事项	从整体上认识什么是K线，并掌握如何通过K线看大势及运用注意事项，为后面章节的学习打下良好的基础
第2~7章	讲解大阳线的实战技巧、见底K线的实战技巧、见顶K线的实战技巧、看涨K线的实战技巧、看跌K线的实战技巧和其他重要K线的实战技巧	要想在股票市场中成为赢家，必须精通各种K线的实战技巧，因为K线战法提供了精准的进场点与出场点，可以大大提高投资者的盈利能力
第8~10章	讲解K线缺口的实战技巧、不同周期K线的实战技巧、K线形态的实战技巧	要想在股票市场中取得成功，不仅要掌握各种K线的实战技巧，还要熟悉K线缺口，不同周期K线、K线形态的实战技巧，因为这些实战技巧可以给投资者提供更稳健更可靠的盈利机会
第11~13章	讲解K线与成交量的实战技巧、K线与趋势的实战技巧、K线与跟庄的实战技巧	投资者在利用K线进行交易时，还要把其他分析技术融入其中，这样可以大大提高投资成功率

本书适合的读者

本书适合于股票投资的初学者和爱好者，也适合于有一定炒股经验的股民，更适合于那些有志于在这个充满风险、充满寂寞的征程上默默前行的征战者和屡败屡战、愈挫愈勇并最终战胜失败、战胜自我的勇者。

创作团队

本书由周峰、陆佳编著，以下人员对本书的编写提出过宝贵意见并参与了部分编写工作，他们是刘志隆、王冲冲、吕雷、王高缓、梁雷超、张志伟、周飞、纪欣欣、葛钰秀、张亮、周科峰、王英茏、陈税杰等，在此一并表示感谢。

由于时间仓促，加之水平有限，书中的缺点和不足之处在所难免，敬请读者批评指正。

编　者

目　录

第 1 章

K 线快速入门

K 线是最基本的股市交易价格的统计方法，是股市技术分析的基础。利用 K 线可以捕捉买卖双方的力量对比，可以预测股价的未来走势，准确把握买入和卖出时机。

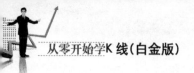

1.1　初识 K 线

在利用 K 线进行实战交易之前，我们先来了解一下 K 线的由来、组成及意义。

1.1.1　K 线的由来

K 线是用来记录交易市场行情价格的，因其形状如同两端有灯芯的蜡烛，故而在西方称之为蜡烛图(中国人习惯称之为阴阳线)。

K 线起源于日本德川幕府时代的 1710 年以后。当时日本大阪的堂岛大米会所开始经营世界最早的期货合约，K 线就是为记录大米每天涨跌的价格而发明的。

K 线实际上是为考察市场心理提供了一种可视化的分析方法，它简洁而直观，虽不具备严格的逻辑推理性，但是却有相当价值的统计意义。它真实、完整地记录了市场价格的变化，反映了价格的变化轨迹。

与西方的线形图相比，K 线图的出现要早 100 年左右，并且其表达形式更丰富、更直观、更灵活，如图 1.1 所示。

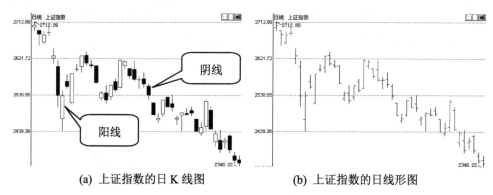

(a) 上证指数的日 K 线图　　　　　(b) 上证指数的日线形图

图 1.1　K 线图与线形图的对比

经过 300 多年的演化，特别是西方社会近 20 年的推广，K 线技术目前已被广泛应用于全世界的股票市场、期货市场、外汇市场、黄金白银市场等领域，成为技术分析中的最基本的方法之一。

1.1.2　K 线的组成

K 线是一条柱状的线条，由实体和影线组成。在实体上方的影线称为上影线；在实体下方的影线称为下影线。实体分阳线和阴线，当收盘价高于开盘价时，实体部分一般是红色或白色，称为阳线；当收盘价低于开盘价时，实体部分一般是蓝色或黑色，称为阴线。

　　K 线的绘制也很简单，它是由四个基本数据组成，分别是开盘价、最高价、最低价和收盘价。在日 K 线图中，"开盘价"就是某一个交易时段开始进行交易时的第一笔成交价格；"最高价"就是某一个交易时段成功交易的最高价格；"最低价"就是某一个交易时段成功交易的最低价格；"收盘价"就是某一个交易时段结束交易时的最后一笔成交价格，如图 1.2 所示。

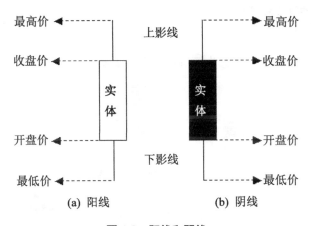

图 1.2　阳线和阴线

　　K 线具有直观、立体感强、携带信息量大的特点，它吸收了中国古代阴阳学说，蕴含着丰富的东方哲学思想，能充分显示股价趋势的强弱、买卖双方力量平衡的变化，从而较准确地预测后市。

　　利用 K 线图，投资者可以对变化多端的股市行情有一目了然的直接感受。K 线图最大的优点是简单易懂，运用起来十分灵活；最大的特点在于忽略了股价在变化过程中的各种纷繁复杂的因素，而将其基本特征显示在投资者面前。

1.1.3　K 线的意义

　　K 线是无字天书，是阴阳交错的历史走势图，它实际上包含着一种因果关系。从日 K 线图上看，上一个交易日是当前交易日的"因"，当前交易日是上一个交易日的"果"；而当前交易日又是下一个交易日的"因"，下一个交易日是当前交易日的"果"。正是这种因果关系的存在，股评家才能根据 K 线阴阳变化找出股市规律，并以此预测股价走势。

　　K 线的规律是，一些典型的 K 线或 K 线组合出现在某一位置时，股价或大盘指数将会按照某种趋势运行，当这些典型的 K 线或 K 线组合再次出现在类似位置时，就会重复历史的情况。如底部出现早晨之星，股价往往会由此止跌回升，掌握这一规律后，当再遇到底部出现的早晨之星，就可以判断股价反转在即，认真分析行情后可以择机建仓。

K 线的规律是股民在长期实战操作中摸索出来的，作为新股民，需要在学习别人经验的基础上，通过实战来提高自己观察和分析 K 线的能力，只有这样才能掌握 K 线的规律，才能灵活地应用 K 线。

1.2 K 线的分类

K 线按不同的标准，可以分为不同的类型，具体如图 1.3 所示。

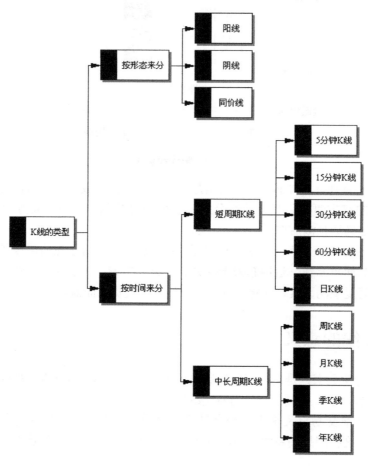

图 1.3　K 线的类型

1.2.1　按形态来分

按形态来分，K 线有三种，分别是阳线、阴线和同价线。

1)　阳线

阳线，即收盘价高于开盘价的 K 线，阳线按实体大小可分为大阳线、中阳线和小阳线，如图 1.4 所示。

2)　阴线

阴线，即收盘价低于开盘价的 K 线，阴线按实体大小可分为大阴线、中阴线和小阴线，如图 1.5 所示。

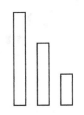

图 1.4　大阳线、中阳线和小阳线

图 1.5　大阴线、中阴线和小阴线

3)　同价线

同价线是指收盘价等于开盘价，两者处于同一个价位的一种特殊形式的 K 线，同价线常以"十"字形和"T"字形表现出来，所以又称十字线和 T 字线。同价线按上、下影线的长短、有无，又可分为长十字线、十字线、T 字线、倒 T 字线和一字线，如图 1.6 所示。

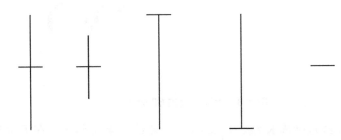

图 1.6　长十字线、十字线、T 字线、倒 T 字线和一字线

1.2.2　按时间来分

按时间来分，K 线有两种，分别是短周期 K 线和中长期 K 线。其中，短周期 K

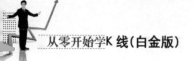

线包括 5 分钟 K 线、15 分钟 K 线、30 分钟 K 线、60 分钟 K 线、日 K 线等。

打开炒股软件，在日 K 线图状态下，单击工具栏上的 周期，弹出下拉菜单，如图 1.7 所示。

图 1.7　下拉菜单

在下拉菜单中，单击"60 分钟"子菜单命令，就可以看到上证指数的 60 分钟 K 线图，如图 1.8 所示。

图 1.8　上证指数的 60 分钟 K 线图

中长周期 K 线包括周 K 线、月 K 线、季 K 线、年 K 线等。在下拉菜单中，单击"月线"子菜单命令，就可以看到上证指数的月 K 线图，如图 1.9 所示。

提醒　按下键盘上的 F8 键，可以实现不同分析周期的切换。

不同的 K 线，有不同的作用。短周期 K 线反映的是股价短期走势，长周期 K 线反映的是股价长期走势。

图 1.9　上证指数的月 K 线图

　　所有 K 线的绘制方法都相同，即取某一时段的开盘价、收盘价、最高价、最低价进行绘制。如周 K 线，只需找到周一的开盘价、周五的收盘价、一周中的最高价和最低价，就能绘制出来。现在电脑软件已相当普及，不需要手工绘制各种 K 线图，但投资者最好懂得其原理及绘制方法，这样对研究判断股票走势是很有好处的。

1.3　读懂 K 线

　　无数的 K 线组成了一幅连续的 K 线分析图，但每根 K 线都有其自身的含义。K线可以分为强势 K 线、较强势 K 线、弱强势 K 线和无势 K 线。

1.3.1　强势 K 线

　　强势 K 线共有四种，分别是光头光脚阳线、光头光脚阴线、大阳线和大阴线。注意，如果这些强势 K 线出现在趋势的末端，则很可能是盛极而衰的征兆，如图 1.10所示。

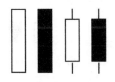

图 1.10　强势 K 线

(1)　光头光脚阳线：意味着极端强势上涨，后市看多。

(2)　光头光脚阴线：意味着极端强势下跌，后市看空。

(3)　大阳线：意味着强势上涨，后市看多。

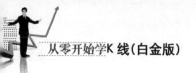

(4) 大阴线：意味着强势下跌，后市看空。

1.3.2 较强势 K 线

较强势 K 线共有四种，分别是光头阳线、光头阴线、光脚阳线和光脚阴线。注意，这些较强势 K 线出现在趋势的末端，疲软之势的反映，如图 1.11 所示。

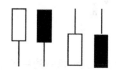

图 1.11 较强势 K 线

(1) 光头阳线：意味着较强势上涨，影线表示曾一度遭遇空方反击。
(2) 光头阴线：意味着较强势下跌，影线表示曾一度遭遇多方反击。
(3) 光脚阳线：意味着较强势上涨，影线表示遇到空方反击了。
(4) 光脚阴线：意味着较强势下跌，影线表示遇到多方反击了。

提醒 这四种 K 线都说明对方开始反击了，尽管尚未成功。

1.3.3 弱强势 K 线

弱强势 K 线从图形上看是四种，其实是两种，如图 1.12 所示，①和②是一种，③和④是一种。如果强强势 K 线出现在趋势的末端，往往有变局的意味。

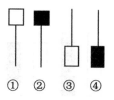
① ② ③ ④

图 1.12 弱强势 K 线

①和②如果出现在连续上涨的顶部，则称之为上吊线，表示曾遇到剧烈反击，后市有变；如果出现在连续下跌的底部，则称之为锤子线，表示曾遇到过剧烈反击，后市有变。

③和④如果出现在连续上涨的顶部，则称之为射击之星或流星线，意味着摸高受阻，后市有变；如果出现在连续下跌的底部，则称之为倒锤子线，意味着曾经大涨，后市有变。

提醒　弱强势 K 线都有较长的影线，出现在连续运动后，说明对手激烈反击过，后市有变。

1.3.4　无势 K 线

无势 K 线表示趋势僵持不下，但如果出现在趋势的末端，比前面的大阴阳线，更有变局之意，如图 1.13 所示。

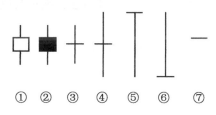

① ② ③ ④ ⑤ ⑥ ⑦

图 1.13　无势 K 线

①、②和③分别表示小阳线、小阴线、十字星线，当它们出现时，一般不能确定后市运动方向。但在连续上涨后出现，则说明涨势停顿，后市有变；在连续下跌后出现，则说明跌势停顿，后市有变。

④表示长十字线，又称为长十字星线，其意义与十字星线一样，但疲软的性质和僵持的意义更强烈。

⑤如果出现在连续上涨的顶部，称之为风筝线，这表明曾遇到剧烈反击，后市有变；如果出现在连续下跌的底部，则称之为多胜线，这表明曾遇到剧烈反击，后市有变。

⑥如果出现在连续上涨的顶部，称之为灵位线，这表明摸高受阻，后市有变；如果出现在连续下跌的底部，则称之为空胜线，这表明曾遇到过剧烈反击，后市有变。

提醒　前面这六种无势 K 线，说明多、空双方僵持不下，走势不明，但在连续涨、跌势的末端，则往往意味着可能转势。

⑦表示一字线，说明开盘价、收盘价、最高价、最低价在同一价位，出现于股市中的涨跌停板处。

总体来说，阳线实体越长，越有利于价格上涨，阴线实体越长，越有利于价格下跌；但连续强势上涨后，谨防盛极而衰；连续强势下跌之后，可能否极泰来。如果影

线相对实体来说非常小,则可以忽略不计,等同于没有;如果影线很长,则说明多、空双方争斗非常激烈,后市走势不确定。十字星线的出现往往是过渡信号,而不是反转信号,它意味着市场暂时失去了方向感,投资者可以继续观察几个交易日。

1.4 正确认识K线

初学K线,不能只套用图形,K线在不同的位置、不同的时间,所表达的信息是不同的,在运用K线时要注意具体问题具体分析。

第一,市场中没有百分之百正确的预测方法,利用K线分析股市也仅仅是基于经验的总结,不能迷信。

第二,分析K线必须结合关键位置上的表现,要看股价在支撑位、压力位、成交密集区、有意义的整数区、绝对高位、相对高位、绝对低位、相对低位等关键位置的表现形式。

第三,K线分析方法必须与其他方法相结合,用其他分析方法已经做出了买卖决策后,再用K线选择具体的出入市时机。

第四,注意对关键K线的分析,即对大阳线、大阴线及重要的K线组合的分析,另外还要关注重要K线的成交量。

第五,分析K线要看一系列K线的重心走向,也就是K线均价的走向。

第六,根据自己的实战经验,加深认识和理解K线和K线组合的内在、外在的意义,并在此基础上不断修改、创造和完善一些K线组合,做到"举一反三,触类旁通"。

总之,对于K线,最重要的是它的相对位置,不同的位置意味着不同的价格区间;其次是它的图形,即是否带影线、长短等;最后才是它的颜色,即阴线或阳线,千万不要因为大阳线或大阴线就匆忙下结论。

有时,对于连续出现的几根K线不容易识别其意义,我们不妨做些简化或压缩工作,通过将几根K线简化成一根K线的形式,能更直观地了解价格运动的本质,如图1.14所示。

可简化为

图1.14 简化K线

简化K线的方法具体如下。

第一,取第一根K线的开盘价作为简化后的K线开盘价。

第二，取所有 K 线中的最高价作为简化后的 K 线最高价。

第三，取所有 K 线中的最低价作为简化后的 K 线最低价。

第四，取最后一根 K 线的收盘价作为简化后的 K 线收盘价。

简化 K 线的目的，是让我们更直观、更清楚地认识 K 线，从而了解 K 线的本质。但并不是所有的 K 线都可以简化，如图 1.15 所示。

图 1.15　不可简化的 K 线

随着炒股经验的积累，渐渐明白了 K 线的本质，就没有必要做简化动作了。

1.5　透过 K 线看大势

K 线的作用很大，利用 K 线可以判断大盘或个股的大势。很多投资者对 K 的技术意义一清二楚，但始终没有发现可以利用 K 线了解大势，下面就来详细讲解如何利用 K 线识大势。

利用 K 线认识和了解大盘、个股的运行趋势，要"登高远眺"，然后从大到小、由粗到细地详细观察。例如，要查看某只股票，就要先看它的月 K 线，甚至季 K 线、年 K 线，这样可以对该股票的整个运行情况有所了解，然后再看其周 K 线、日 K 线，对一些重点部分还可以把它放大，近期趋势还可以察看它的 60 分钟 K 线、30 分钟 K 线，甚至 5 分钟 K 线。

这样由大到小、由粗到细查阅、研究 K 线图有何好处呢？通过查看大盘的年 K 线或月 K 线，就可以了解大盘 20 年来的走势。例如，月 K 线 5 连阴，就会出现一次报复性反弹，甚至反转，所以投资者看到月线 5 连阴后，就不要再盲目斩仓。又如，某月的月 K 线实体特别长，技术上称为"巨阳线"，巨阳线之后就是一轮持续的下跌，原因是短期内升幅过大，透支了未来行情，当然要调整。所以投资者看到巨阳线后，要心中有数，无论当时日 K 线走势有多好，都是表面现象，大的调整趋势是不会改变的，这时一定要逢高减仓或退出观望。

另外，从月 K 线上投资者要看到大盘现在所处于什么技术图形，如头肩顶、双头、双底、头肩底，还要明确技术图形的颈线在什么位置、密集成交区在什么位置，这都是很重要的信息。

提醒 K线技术图形在后面章节要详细讲解，这里不再多说。

总之，投资者不能只看日 K 线，这样有"坐井观天"之嫌，另外，看日 K 线、周 K 线、月 K 线时要认真研究，互相对照，重点分析，这样投资者才可以理出 K 线图的头绪，了解大盘或个股的整个运行趋势，才能感受 K 线的作用和魅力。

 提醒 在利用 K 线分析大势时，还可以把上证指数 K 线、深证指数 K 线、上证180指数 K 线、沪深 300 走势 K 线等互相对照，分析某只股票时，可以把它与属于同一板块的个股相互对照，分析某一时期的强势股时，可以把不同时期的强势股 K 线图拿出来互相对照等，这样就可以发现一些别人看不见的东西，从而给自己的实际操作带来更大的帮助，并获得更大的收益。

1.6　K 线运用注意事项

每一个 K 线都在试图向我们发出信号，告诉我们市场正在发生的变化。投资者只有静下心来，看清楚市场主力的动作，辨识主力的真正意图，例如，当出现某 K 线，以 K 线理论解释代表可以加仓跟进，这其实有可能是主力在操纵市场进行反技术操作，即诱多，投资者一旦加仓，很可以被套。

K 线不是一门科学，而是一种行为艺术和投资哲学的实践，其本质是市场群体心理因素的集中反映。投资者可以掌握它的性，但把握不了它的度，它给每个人留下了很多主观的判断。那些试图量化它的，最终都不得不陷入败局，如著名的投资大师江恩，晚年也只记录手法和操作规则，而不言其他。

在股票市场，没有完美的分析技术，任何技术都有其缺点，K 线的缺点就是发出错误信号太多，当然优点也很明显，就是可以推测更合适的交易价格，以获得较大的收益。所以投资者在利用 K 线技术进行操作时，不能拘泥于图形，而要究其内在的本质，洞悉多、空双方力量对比的变化。

投资者一定在心中熟记常用的 K 线图，明白其具体意义及发出的买卖信号，再结合市场特征、主力操作手法和其他分析技术进行综合研判，才能作出买卖决定。

提醒 任何技术都只有在特定条件下运用才是正确的。

第 2 章

大阳线的实战技巧

　　大阳线在 K 线家族中是相当重要的，弄明白了大阳线，就
弄明白了 K 线的一半窍门。所以只要弄清大阳线在不同位置所
担任的角色和市场意义，投资者就可以正确把握大势，做好股
票投资。

2.1 初识大阳线

按实体和影线特征，大阳线一般可分为光头光脚大阳线、光头大阳线、光脚大阳线、穿头破脚大阳线。

> **提醒** 大阳线是指阳线的实体不能小于涨幅的 8%，即以大阳线的收盘价与开盘价相比，涨幅达 8% 以上。在涨停版制度下，最大的日阳线实体可达当日开盘价的 20%，即以跌停板开盘，涨停板收盘。

2.1.1 光头光脚大阳线

光头光脚大阳线是指最高价与收盘价相同，最低价与开盘价相同，没有上下影线，并且阳线的实体不小于涨幅的 8% 的阳线。光头光脚大阳线如图 2.1 所示。

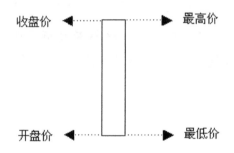

收盘价 ◄┄┄┄┄► 最高价

开盘价 ◄┄┄┄┄► 最低价

图 2.1　光头光脚大阳线

光头光脚大阳线的技术含义是，当日股价从开盘买方就积极进攻，中间也可能出现买卖双方的争斗，但买方始终占优势，使股价一路上涨，直到收盘。

光头光脚大阳线的分析要点是，光头光脚大阳线表示股价强烈的涨势，买方疯狂涌进，不限价买进。手中持有股票者，因看到买气旺盛，不愿抛售并持筹待涨，从而出现供不应求的状况。

> **提醒** 阳线的实体越长，表示买方力量越强。

2.1.2　光头大阳线

光头大阳线是指最高价与收盘价相同，最低价低于开盘价，有下影线但没有上影线，并且阳线的实体不小于涨幅的 8%的阳线。光头大阳线的图形如图 2.2 所示。

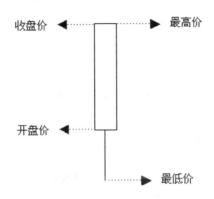

收盘价　　　　　　　　最高价

开盘价

最低价

图 2.2　光头大阳线

光头大阳线的技术含义是，开盘后，卖气较足，股价下跌，即跌破开盘价，但在某低价位得到买方的支撑，卖方受挫，价格向上推升过开盘价，之后一路上涨，直至收盘收于最高价上。

光头大阳线的分析要点是，总体来说，出现先跌后涨，买方力量较大，但下影线的长短不同，买方与卖方力量对比不同。具体来说，若下影线较短，表明股价下跌不多就受到买方支撑，价格上涨过开盘价后，又大幅推升，表明买方实力很强；若下影线较长，表明买卖双方交战激烈，但总体上是买方占主导地位，对买方有利。

2.1.3　光脚大阳线

光脚大阳线是指最高价大于收盘价，最低价与开盘价相同，有上影线，却没有下影线，并且阳线的实体不小于涨幅的 8%的阳线。光脚大阳线的图形如图 2.3 所示。

光脚大阳线的技术含义是，开盘后，买气较强，股价一路上涨，但在高价位遇到卖方压力，从而使股价上升受阻，卖方与买方交战的结果是买方略胜一筹。

光脚大阳线的分析要点是，总体来说，出现先涨后跌，买方力量较大，虽然在高价位遇到阻力，部分多头获利回吐，但买方仍是市场的主导力量，后市继续看涨。

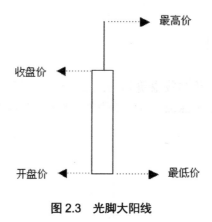

图2.3　光脚大阳线

2.1.4　穿头破脚大阳线

穿头破脚大阳线是指最高价大于收盘价，最低价小于开盘价，带有上下影线，并且阳线的实体不小于涨幅的8%的阳线。穿头破脚大阳线的图形如图2.4所示。

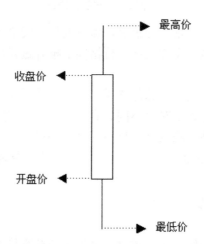

图2.4　穿头破脚大阳线

穿头破脚大阳线的技术含义是，开盘后，股价下跌并且跌破开盘价，遇买方支撑，双方争斗后，买方力量增强，股价一跌后上涨，但在收盘前，部分买家获利回吐，收盘价低于最高价。

穿头破脚大阳线的分析要点是，如果在大涨之后出现，表示高位震荡，若成交量放大量，后市很可能会下跌；如果在大跌后出现，后市可能会反弹。这里上下影线和实体长度的不同又可分为两种情况：第一，若上影线长于实体，表示买方力量受挫折，若实体长于上影线，表示买方虽受挫，但仍占优势；第二，若下影线长于实体，表明买方尚需接受考验，若实体长于下影线，表明买方虽受挫，但仍居于主动地位。

2.2　大阳线的应用技巧

根据 K 线理论，在低位出现大阳线是做多信号，这一般来说是对的。但实战中并没有这么简单，因为我们的对手是主力、庄家，他们的操盘是很狡猾的，常常拉出大阳线后，股价没有接着涨上去，而是往下跌。所以，如何正确预测大阳线的后走势，即大阳线后几天的走势，是相当关键的。

大阳线后，股价经过几天运行，会出现超强、强、一般、偏弱、弱几种走势情况，下面来具体分析。

2.2.1　大阳线后表现为超强势

在大阳线之后，第二根 K 线或以后几根 K 线在大阳线的收盘价上方运行，此时可作出走势为超强势的判断，如图 2.5 所示。

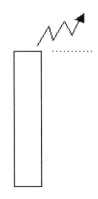

图 2.5　大阳线后表现为超强势

大阳线后，出现超强走势，投资者应采取积极跟进的策略。如果你是激进型投资者，可在第二根 K 线收于大阳线之上时跟进；如果你是稳健型投资者，可以多观察几天，在确保向上有效突破后再跟进。

2.2.2　大阳线后表现为强势

在大阳线之后，第二根 K 线及以后的几根 K 线，在大阳线的收盘价与开盘价的

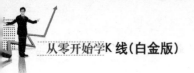

1/2 上方运行，此时可作出走势为强势的判断，如图 2.6 所示。

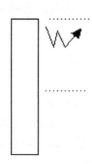

图 2.6　大阳线后表现为强势

大阳线后表现为强势，如果你是激进型投资者，可以采取少量跟进的策略，等股价向上有效突破大阳线收盘价后再积极跟进；如果你是稳健型投资者，应该观望，等股价向上有效突破大阳线收盘价后再积极跟进。

2.2.3　大阳线后表现一般

在大阳线之后，第二根 K 线及以后的几根 K 线，在大阳线的收盘价与开盘价的 1/3～1/2 之间运行，此时可作出走势为一般的判断，如图 2.7 所示。

图 2.7　大阳线后表现为一般

大阳线后表现一般，投资者应采取观望的策略，即持该股票的投资者不加仓，也不急于抛出，没有持该股票的投资者暂不买进，等股价向上有效突破大阳线收盘价后再积极跟进。

2.2.4　大阳线后表现为偏弱

在大阳线之后，第二根 K 线及以后的几根 K 线，在大阳线的收盘价与开盘价下方的 1/3 之间运行，此时可作出走势为偏弱的判断，如图 2.8 所示。

图 2.8　大阳线后表现为偏弱

大阳线后表现为偏弱，投资者应采取持币的策略。不过需要注意的是，大阳线后主力进行洗盘，有时股价走势会出现这种偏弱的状况，因此，只要往后股票收盘价不跌破大阳线的开盘价，持有该股的投资者不宜盲目出局，应继续持股观望。

2.2.5　大阳线后表现为弱势

在大阳线之后，第二根 K 线或以后的几根 K 线，在大阳线的收盘价下方运行，此时可作出走势为弱势的判断，如图 2.9 所示。

大阳线后表现为弱势，投资者应该采取止损出局的策略。通过上述分析，投资者以后再碰到大阳线，就应该知道如何操作了。但从实战角度来说，最难把握的是大阳线后表现为强势、一般和偏弱这三种走势，因为它们变化较多，很难对它们作出严格意义上的区分。那么，碰到这种情况，投资者该如何操作呢？根据作者多年实战经验的总结，这里有三种情况，具体如下。

图 2.9　大阳线后表现为弱势

第一，大盘处于强势而拉大阳线的个股又在低位运行时，考虑到此时主力做多意愿强烈，因此，无论大阳线后的走势表现为强势、一般还是偏弱，都要以看多、做多为主。

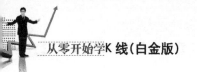

第二，当大盘处于弱势而拉大阳线的个股在高位运行时，考虑到此时主力做多意愿不强，因此，即使大阳线后的走势表现为强势，也要谨慎对待，切不可重仓持有。

第三，如果个股拉大阳线后，其走势表现为偏弱，就应以减仓为主，并做好随时撤退的准备。

2.3 突破大阳线的实战技巧

大盘或个股在突破重要阻力位时，常常是放量拉大阳线，但投资者要明白主力、庄家在操盘时是相当狡猾的，所以要认真识别大阳线，分清是真突破大阳线还是假突破大阳线。

2.3.1 上涨趋势初期的突破大阳线

图 2.10 所示是上证指数的日 K 线图。2007 年 10 月，上证指数创出 6124 高点后，开始大幅下跌，在不到一年的时间内大幅下跌到 1664 点，跌幅高达 73%。

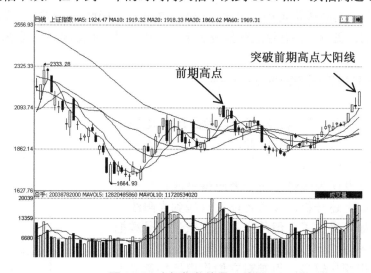

图 2.10 上证指数的日 K 线图

上证指数大幅下跌后开始反弹，在震荡行情中并没有再创出新低，2009 年 2 月 6 日还放量拉出大阳线，并且该大阳线突破了前期高点，从 K 线角度来看，大势转强；再来看一下均线，这时可以看到 5 日、10 日和 30 日均线都向上发散，并且股价沿着 5 日均线上行，所以从均线角度来看，大势转强；从成交量来看，成交量在最近几天放量上涨，即股涨量升，符合量价关系，所以上涨是健康的，这里可以判断大势已慢慢转强。

　　按下键盘上的"→"键，可以向右移动日 K 线图，就可以看到其日后的走势，如图 2.11 所示。

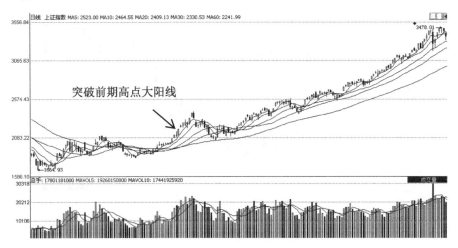

图 2.11　突破前期高点后的走势图

　　上证指数突破前期新高后，不断震荡上扬，最高涨到 3478 点，涨幅高达 100%。下面来放大看一下大阳线后几天的走势，如图 2.12 所示。

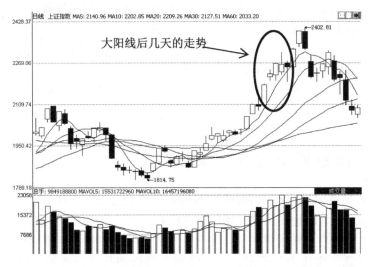

图 2.12　大阳线后的几天走势

　　上证指数拉出大阳线后，第二天跳空高开并收出小阳线，并且随后几天没有跌破大阳线的收盘价，所以表现为超强势，从这里也可以进一步证明大势已慢慢转强。

　　图 2.13 所示是曙光股份(600303)的日 K 线图。股价经过小阳小阴慢慢上涨后，跳

空高开高走拉出大阳线，并且突破前期新高，不过成交量没有放大，价量不健康，所以这时投资者不要盲目看多。

图 2.13　曙光股份(600303)的日 K 线图

再来看一下大阳线之后的走势，第二天的 K 线是高开假大阴线，即第二天收盘价略低于大阳线的收盘价，但由于高开从图形上是大阴线。第三天又收出大阳线，并完全吃掉第二天的大阴线，并且成交量放大，表明多空双方战斗很激烈，最后是多方完胜，所以从千股 K 线来看，投资者可以适量加仓。

再从大盘趋势上来看，2008 年 10 月开始大盘慢慢震荡上涨，到 2009 年 2 月大盘已由弱转强，所以从大盘上来看，这里可以适量加仓。

再从均线上来看，均线已由黏合转为向上发散，并且形成多头排列，所以从均线上来看，这里可以适量加仓。

2.3.2　上涨趋势中的假突破大阳线

图 2.14 是招商银行(600036)的日 K 线图。股价经过大幅下跌后，开始震荡盘升，需要注意的是，这里股价受到中长期均线 30 日、60 日均线压制。在 A 处，股价经过四天努力，终于拉出大阳线突破了 30 日均线的压制，但投资者要明白，由于股价刚刚经过大幅下跌，市场人气不足，一般情况下股价都是要回调的，所以这里不应买进，而是逢高减仓，即进行短线高抛低吸策略。

通过其后走势可以看出，股价在 30 日均线上方运行 3 天后，第 4 天一根大阴线跌破 30 日均线，接下来 3 天的向上突破都失败，直到 B 处才再次突破成功。在 C 处，股价经过 3 天努力才突破 60 日均线的压制，由于是第一次突破，这里要逢高减仓。所以在这里要明白，A 处和 C 处的大阳线都是假突破大阳线。

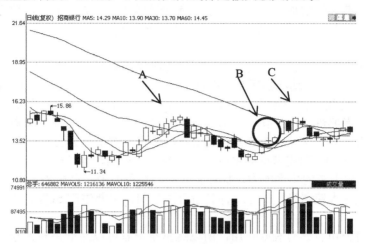

图 2.14 招商银行(600036)的日 K 线图

提醒 股价大幅下跌后，由于势弱，在反弹突破重要压力线或阻力区时，一般都不会一蹴而就，而是经过多次震荡后才能真正突破，所以第一次突破时要逢高卖出，等回调到位再逢低买进，获取更大的收益。

2.3.3 整理行情中的大阳线

图 2.15 所示的是曙光股份(600303)的日 K 线图。

图 2.15 曙光股份(600303)的日 K 线图

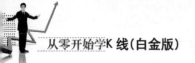

股价经过一段时间的上涨后，开始回调，经过连续大阴线下跌后，由于曙光股份中报有业绩预期大幅增加的可能，所以在 A 处连续上拉三根大阳线。鉴于股票刚刚下跌，并且受 30 日和 60 日均线的压制，这里应采取逢高卖出策略，没有该股票的投资者在这里不能盲目追涨。

在 B 处，股价拉出大阳线突破 30 日均线的压制，并且在其后的几天走势为强势，因为还受到 60 日均线的压制，在这里投资者可以适量加仓。在 C 处，股价已成功站上 60 日均线，价量配合良好，其后几天的走势一般，但考虑到均线呈多头排列，这时投资者要进一步加仓。在 D 处，股价连拉大阳线，放量突破前期新高，并且具有"投资组建大连曙光汽车零部件制造有限公司"的重大公告，公告内容如下。

为了解决 SUV 和皮卡车的生产瓶颈，减少对外购车身的依赖，减少物流成本，提高 SUV 和皮卡车的生产能力，提高企业核心竞争能力，公司决定出资 2 亿元独资在大连投资组建大连曙光汽车零部件制造有限公司，主要生产 SUV、皮卡车车身和客车的前后围。

该公告对公司股票有利好作用，所以这里投资者可以逢低果断加仓，短期内会有不错的收益。

提醒 要在获得利好消息的第一时间买入股票，一旦利好证实，就获利卖出，当然，最好结合技术分析果断逢低介入。

2.3.4　下跌趋势中的假突破大阳线

如图 2.16 所示是中国联通(600050)的日 K 线图。

图 2.16　中国联通(600050)的日 K 线图

2005 年到 2007 年的大牛市，中国联通从 2.11 元上涨到 16.90 元，涨幅高达 700%，然后开始了慢慢的下跌之旅。在 A 处，股价经过快速下跌后，出现一根大阳线，这根大阳线有一定的迷惑性，因为这时股价已经过快速下跌，很多做短线的，可能手痒想买多了，这时一买就套，如果没有止损位，可能会深度套牢。

　　在 B 处，由于股价已经过超大幅度上涨，这里是跌势的初期，并且均线是空头排列的，所以投资者一定要忍住，不能操作。B 处的大阳线更具有迷惑性，并且该大阳线突破了 60 日均线，成交量放大，即量价健康，这是明显的诱多行情，如果投资者在这里有设置止损，损失可能较小，否则就会损失惨重。在 B 处拉出大阳线后几天走势呈现弱势，所以如果 K 线技术过硬，在这里也不会有太大损失。

> **提醒**　还要注意，在 B 处的 60 日均线是向下走的，30 日均线刚刚走平，说明该股行情呈弱势。

　　下面来看 C 处，股价连拉三根阳线，并突破 30 日均线和 60 日均线，这是诱多行情，如果技术不过硬，很容易被套。在 C 处，60 日均线是向下走的，表明弱势，并且 K 线出现跳空逃跑 K 线组合，这是一个明显的卖出信号，所以投资者在这里一定要及时止损出局，否则会损失惨重。

> **提醒**　在判断个股走势时，要时时关注大盘的走势，如果大盘处于强势，个股出现买入信息，则可以积极加仓；如果大盘处于弱势，个股出现买入信号，要多观察几天，然后作出操作决定。

2.4　触底大阳线的实战技巧

　　大盘或个股无论是在短期底部、中期底部，还是在长期底部，往往是以大阳线确定底部区域，但投资者要时时注意主力在下跌过程中出现的假触底大阳线，如果一不小心碰到了假触底大阳线，要及时止损出局，否则很可能被套牢。

2.4.1　下跌趋势中的触底大阳线

　　图 2.17 所示是民生银行(600016)的日 K 线图。民生银行的股价(复权后的股价)从 56.54 元快速下跌到 32.26 元，在短短 4 个月的时间内股价下跌幅度高达 40%，下跌速度不可谓不快，那么，A 处的大阳线是不是触底大阳线？

图 2.17　民生银行(600016)的日 K 线图

从成交量上来看，股价拉出大阳线，成交量放大，以后几天的走势一般，并且在第四天创出新高，这里是否可以加仓？

答案是不可以，因为这时大盘还处在弱势，并且该股也处于空头行情中，也不适合加仓，所以 A 处是假触底大阳线。B 处同 A 处一样，也是假触底大阳线，只有短线高手才可以少量加仓搏反弹，但也不能期望太高。

> **提醒**　如果你是短线高手，具有超强的市场敏锐度，并且技术过硬，可以进行快进快出的超短线操作，不过风险很大。

按下键盘上的"→"键，向右移动日 K 线图，就可以看到其日后走势，如图 2.18 所示。

C 处是真的触底大阳线，但需要靠其后的走势来验证。所以是不是底部不能靠猜，只能等股价走出后才能确定。在 D 处，拉出的大阳线就是突破大阳线，从成交量上来看价量配合，从均线角度来看，均线已由空头排列变成多头排列。

> **提醒**　在 D 处，投资者可以加仓参与，但仓位不要太重，并且要进行高抛低吸，因为股价还处在长期均线的压制之下，即 120 日均线和 250 日均线的压制。

图 2.18　向右移动日 K 线图

2.4.2　上涨趋势中的触底大阳线

图 2.19 所示是民生银行(600016)的日 K 线图。这里利用均线设置，只显示 60 日均线、120 日均线和 250 日均线。

图 2.19　民生银行(600016)的日 K 线图

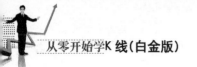

A 处是突破 120 日均线后的调整中的触底大阳线，由于突破 120 日均线时，该均线一直向下走，所以突破不久股价开始回调，回调到 120 日均线处受到支撑，股价拉出大阳线开始震荡上升，所以 A 处大阳线是真的触底大阳线，投资者可以加仓，由于 250 日均线还是向下走的，这里还要采取低吸高抛的策略。

B 处是突破 250 日均线后的调整中的触底大阳线，由于突破 250 日均线时，该均线一直向下走，所以突破不久股价开始回调，回调到 250 日均线处受到支撑，股价拉出大阳线开始震荡上升，所以 B 处大阳线是真的触底大阳线，投资者可以加仓。由于除 250 日均线向下走外，其他均线都向上发散，所以在这里投资者可以重仓买进并持筹待涨，这个过程最好以捂股为主。

股价经过连续阳线上涨后，出现了回调，在 C 处股价触底拉出大阳线。

股价经过大幅上涨后，创出 36.73 元的高价，涨幅高达 120%，然后就开始快速大幅下跌，在 D 处拉出一根大阳线。这时下跌刚刚开始，并且 60 日均线开始向下调头，所以这里不能加仓，通过以后几天的走势可以看出，这是一次诱多行情。所以，D 处的大阳线是假的触底大阳线。

提醒 鉴于 250 日均线和 120 日均线都向上走，所以后面走势会比较复杂，出现震荡行情的可能性较大，投资者要及时改变策略，可以利用少量资金进行短线高抛低吸操作，这样可以保住大部分获利成果。如果自己短线操作水平不高，可以空仓等待下一次加仓机会。

2.5 见顶大阳线的实战技巧

主力要为高位派发获取筹码，就要制造做多的热烈气氛，引诱中小散户在高位抢筹接盘，否则主力把获利筹码派发给谁？又如何在高位实现胜利大逃亡呢？主力最常用的逃顶方法之一，就是拉大阳线诱多出货，这时的大阳线不是加仓信号，而是果断卖出信号，下面来具体详细讲解。

2.5.1 拉大阳线诱多出货的特征

拉大阳线诱多出货是主力逃顶时最常用的阴招，投资者对此一定要高度警惕。该出货方法的特征有五点，具体如下。

第一，在大阳线出现前，股价处于相对平稳的上升途中。

第二，突破后在某一日或几日出现低开高走，并拉出大阳线(少数情况下，大阳线至封涨停，或跳空高开至封涨停，其阳线的实体相对较短，但在意义上可视为大阳线的变化形态)。

第三，大阳线后股价出现了冲高回落或形成了短期横盘走势。

第四，在大阳线出现当日及随后的一段时间里，成交量开始明显放大。

第五，大阳线后股价重心出现下移的迹象。

投资者在 K 线图中发现在高位拉出大阳线后出现上述特征，就可以基本上确定为主力在利用大阳线进行诱多出货了。一旦主力完成筹码的派发任务，行情就会开始回落，甚至急转直下。

根据实战经验，拉大阳线诱多出货这一招成功概率很高，被忽悠的投资者不计其数，特别是中小散户。正因为这一招屡试不爽，所以主力对此招情有独钟，不断地用它来进行胜利逃顶。

2.5.2　拉大阳线诱多出货

图 2.20 所示是狮头股份(600539)的日 K 线图。狮头股份出现的三个大的头部都是在拉出大阳线后形成的，并且成交量明显放大。该股主力频繁地使用拉大阳线诱多出货，使其在高位派发筹码，所以投资者了解该股操作手法后，要对该方法特别警惕，从而与主力同步出货。

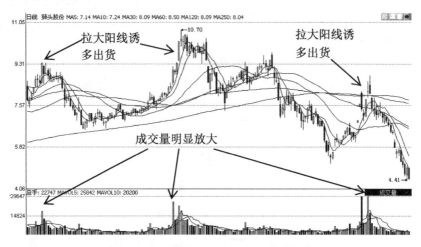

图 2.20　狮头股份(600539)的日 K 线图

图 2.21 所示是国电南瑞(600406)的日 K 线图。该股主力也是频繁利用拉大阳线诱多出货。从图中可以看到，几个重要的头部都是拉出涨停收盘或接近涨停收盘的大阳线后出现的。奇怪的是，主力使用这一招竟连连得手，所以对这一现象，投资者要高度重视。还有些主力，极力烘托做多气氛，以便有充分的时间来派发高位筹码，常常间断使用拉大阳线诱多出货。

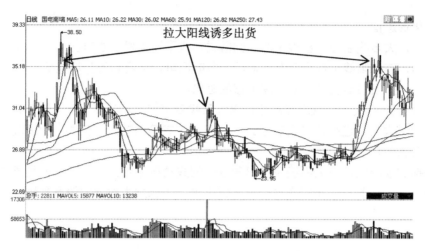

图 2.21　国电南瑞(600406)的日 K 线图

图 2.22 所示是动力源(600405)的日 K 线图。该股主力在高位出货时，拉出了几根大阳线，其中两根大阳线以涨停报收。主力先拉出一根大阳线，将市场对该股的做多激情煽动起来，然后就在大阳线上方进行高位整理，在整理期间悄悄地派发了许多筹码。当整理结束股价要回落时，主力又接连拉了两根大阳线，这样就将市场对该股的做多热情再一次煽动起来。但接下来的走势让投资者意想不到，盘中先出现一根大阴线和一根下跌小十字线，注意这里是放量的，这一下子就把主力拉大阳线出货的意图暴露无遗。如果能看明白主力的操作手法，及时止损出局，就可以避开该股的大跌，如果不明白主力的操作意图，就会被深度套牢，套牢时间可能长达一两年。还有些主力连续集中使用拉大阳线，从而把诱多的氛围推高到极至，以便高位派发筹码更顺利。

图 2.22　动力源(600405)的日 K 线图

图 2.23 所示是永生投资(600613)的日 K 线图。永生投资在 2001 年是一个典型的小盘题材股，主力借朦胧题材将其炒高，为了能在高位顺利派发手中的获利筹码，采取连续拉出涨停大阳线来对市场进行诱多，趁投资者对其追捧之际向外大量发货，短短几天就完成了出货任务，此后股价就像断线的风筝一般下跌。如果投资者在高位买进并一路持有，不仅会错过近 15 年来的所有股市行情，甚至直到今天还被深度套牢。

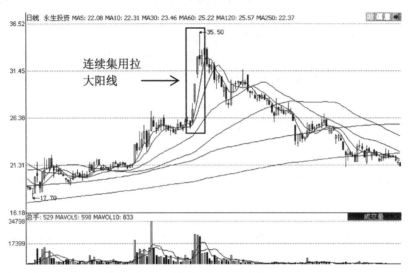

图 2.23　永生投资(600613)的日 K 线图

投资者要清醒地认识拉大阳线诱多出货的欺骗性，为了防范这方面的风险，避免陷入主力的圈套，下面来简述一下应对的四项策略。

第一，将主力拉大阳线诱多出货的常见图形熟记于心，这样日后见到这样的类似的 K 线图就能立即引起警惕，不致于高位深度套牢。

第二，严格按照大阳线买卖规则进行操作，如高位大阳线的开盘价被击穿，就要第一时间止损，一定不能存侥幸心理，不能果断止损出局，就会被越套越深。

第三，对于盘中的一些重要现象要密切注意，如突然在高位拉出大阳线，并且以后几天的成交量明显放大，这不是什么好现象，或者在高位拉出大阳线后出现横盘，并且成交量相对较大。

第四，要认真仔细观察盘面变化，寻找主力出货的规律。投资者要注意盘面细节的变化，就能发现许多主力隐藏在背后的秘密，如很多主力在操作时有个习惯，第一次用这个方法取得成功，那么第二次、第三次仍然会故伎重演。所以只要熟悉主力的操作习惯，就可以跟庄操作，从而实现获利。

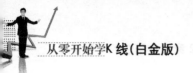

2.6 辩证看待大阳线

一轮行情的起来，往往是因为一根大阳线拔地而起，从而改变了股价运行趋势，在这个时期大阳线扮演的是积极看多、做多，吹响冲锋号的角色；一轮行情的衰败和终结，往往也是因为在高位拉出一根或几根大阳线，从而构筑头部，甚至急转直下。另外，在上升趋势中，大阳线扮演中途加油、为市场鼓劲的角色；在下跌趋势中，大阳线扮演掩护主力出逃、坑害投资者的角色。

总之，大阳线具有双重性质，既是投资者的朋友，又是投资者的敌人，投资者要学会辩证地看待，多总结规律，从而使大阳线成为自己投资的得力助手。

2.6.1 强势市场和弱势市场

股市进入强势，大阳线的出现对行情基本上起到的是一个助推作用，即行情继续向上拓展；而股市进入弱势，大阳线往往是主力的一个诱多信号，多半表示反弹行情即将结束。

那么，什么是强势市场和弱势市场呢？其实这是一个相对的概念，大牛市是一个强势市场，熊市中爆发的中级反弹行情也是一个强势市场。总之，强势市场是指一个总体有利于看多、做多的市场，而弱势市场是一个总体有利于看空、做空的市场。从技术上来说，大盘指数的 60 日均线必须有效站稳，并始终处于向上运行状态，表示市场强势，一旦 60 日均线向下调头或失守，表示市场进入弱势，如图 2.24 所示。

图 2.24 强势市场和弱势市场

2.6.2 低位区和高位区

股价处于高位区，大阳线自然就会被主力作为出货手段加以利用；反之，股价处于低位区，大阳线就会被主力作为积极做多的手段加以利用。那么，如何判断股价在高位区还是低位区呢？具体方法有三种。

1) 看市盈率的高低

如果市盈率处于历史低位，则可视为低位，如果市盈率处于历史高位，则可视为高位。打开炒股软件，输入招商银行的股票代码(600036)，然后单击回车键，就可以看到招商银行的市盈率，如图 2.25 所示。

★★★★★ 招商银行 600036		
委比	+14.38%	1909
卖⑤	15.75	1385
卖④	15.74	920
卖③	15.73	1746
卖②	15.72	703
卖①	15.71	930
买①	15.70	696
买②	15.69	1058
买③	15.68	2597
买④	15.67	2591
买⑤	15.66	649
最新	15.70 开盘	15.71
涨跌	+0.03 最高	15.86
涨幅	+0.19% 最低	15.64
振幅	1.40% 均价	15.76
总手	242,931 量比	0.83
金额	38,282 换手	0.14%
现手	11 市盈(动)	19.02
涨停	17.24 跌停	14.10

图 2.25　招商银行的市盈率

提醒　市盈率可分为静态市盈率和动态市盈率，我们平时所说的市盈率都是静态市盈率，即以目前市场价格除以已知的最近公开的每股收益后的比值。众所周知，我国上市公司收益披露目前仍为半年报一次，而且年报集中公布在被披露经营时间结束的 2～3 个月后。这给投资人的决策带来了许多盲点和误区。

动态市盈率，其计算公式是以静态市盈率为基数，乘以动态系数，该系数为 $1 \div (1+i) \times n$，i 为企业每股收益的增长性比率，n 为企业的可持续发展的存续期。比如说，上市公司目前股价为 20 元，每股收益为 0.38 元，去年同期每股收益为 0.28 元，成长性为 35%，即 $i=35\%$，该企业未来保持该增长速度的时间可持续 5 年，即 $n=5$，则动态系数为 $1 \div (1+35\%) \times 55 = 22\%$。相应地，动态市盈率为 11.6 倍，即 $52 \times$(静态市盈率 20 元 $\div$ 0.38 元 $=52$)$\times 22\%$。两者相比，相差之大，相信普通投资者看了会大吃一惊，立马恍然大悟。动态市盈率理论告诉我们一个简单朴素而又深刻的道理，即投资股市一定要选择有持续成长性的公司。于是，我们不难理解资产重组为什么会成为市场永恒的主题，以及有些业绩不好的公司在实质性的重组题材支撑下成为市场黑马。

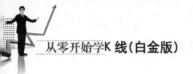

2) 与同行业的股价进行比较

与同行业的股价进行比较，如果远低于平均水平之下，就是低位；如是远高于平均水平之上，则是高位。在招商银行的技术分析图中，按下键盘上的"F10"键，就可以查看该股票的资料信息，单击"行业对比"，就可以看到最近半年报或年报的同行业股票的数据对比信息，如图2.26所示。

招商银行 600036

股票代码	股票简称	排名	每股收益(元)	每股净资产(元)	每股现金流(元)	净利润(亿元)	营业收入(亿元)	总资产(亿元)	净资产收益率(%)	资本公积比率(%)	销售毛利率(%)	总股本(亿股)
601166	兴业银行	1	2.25	16.70	0.75	439.82	1186.58	58169.04	14.11	5.98	-	190.52
600036	招商银行	2	2.07	15.72	-14.25	521.42	1602.91	55639.90	13.77	7.14	-	252.20
601229	上海银行	3	2.02	19.13	19.42	109.11	264.19	16509.24	14.86	6.29	-	54.04
600000	浦发银行	4	1.87	15.26	-6.93	406.82	1209.28	55642.82	12.86	6.55	-	216.18
002142	宁波银行	5	1.63	11.65	21.91	63.43	179.40	8376.89	14.79	6.01	-	39.00
601997	贵阳银行	6	1.46	8.93	19.15	26.98	70.64	3273.20	17.24	6.53	-	22.99
600926	杭州银行	7	1.42	14.74	21.77	33.57	107.20	6341.42	10.09	5.47	-	23.56
600015	华夏银行	8	1.37	12.01	6.83	146.17	475.95	22737.23	11.82	6.56	-	106.86
000001	平安银行	9	1.09	10.38	-8.91	187.19	819.68	27912.38	11.02	7.10	-	171.70
600016	民生银行	10	1.07	8.95	23.45	391.63	1163.81	56365.77	12.44	5.96	-	364.85

图2.26 同行业股票的数据对比信息

3) 看技术形态

如果股价刚从底部形态走出，可视为低位；如果已上涨了很长时间，特别是有很大的涨幅，技术上呈现价升量增或价平量增时，要视为高位。这部分在后面章节会详细讲解，这里不再多说。

投资者在分析股价处于高位还是低位时，还应该注意当时的股市环境，因为在不同的市场环境下，股票的估值标准也不一样。例如，在牛市中，市场给予业绩优秀、成长性预期良好的股票的合理市盈率为三四十倍，当股价低于该市盈率水平时，可以认为股价处于低位；但到了熊市，市场给予业绩优秀、成长性预期良好的股票的合理市盈率会大幅降低，当股价仍处于三四十倍市盈率水平时，市场就会认为股价处于高位。所以，投资者衡量股价是在低位还是在高位时，也要因时而异，因市而异。

第 3 章

见底 K 线的实战技巧

K 线图是主力与市场对话的唯一方式，只要对 K 线图进行深入研究，就可以了解主力的意图，从而实现与主力共舞。利用见底的 K 线组合，投资者可以把握建仓或加仓的最佳时机。

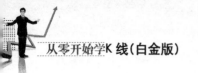

3.1 早晨十字星和早晨之星的实战技巧

早晨十字星，又称希望十字星，出现在下跌趋势中，是由三根 K 线组成，第一根 K 线为阴线，第二根 K 线是十字星，第三根 K 线是阳线，并且第三根 K 线实体深入到第一根 K 线实体之内。早晨十字星的标准图形如图 3.1 所示。

早晨十字星的技术含义是，股价经过大幅回落后，做空能量已大量释放，股价无力再创新低，呈现见底回升态势，这是较明显的大势转向信号。早晨十字星常见的变化图形如图 3.2 所示。

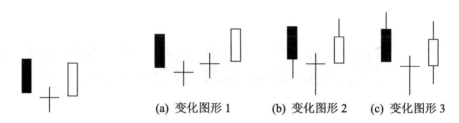

(a) 变化图形 1　　(b) 变化图形 2　　(c) 变化图形 3

图 3.1　早晨十字星　　　　　　　图 3.2　早晨十字星常见的变化图形

早晨十字星是见底信号，后市看涨，其中，第二根 K 线的上、下影线越长，见底信号越明显。早晨之星，又称希望之星，和早晨十字星相似，区别是早晨十字星的第二根 K 线是十字线，而早晨之星的第二根 K 线是小阳线或小阴线，早晨之星的标准图形如图 3.3 所示。早晨之星也是一种见底回升信号，但其信号不如早晨十字星强。早晨之星常见的变化图形如图 3.4 所示。

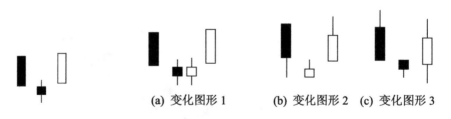

(a) 变化图形 1　　(b) 变化图形 2　(c) 变化图形 3

图 3.3　早晨之星　　　　　　　图 3.4　早晨之星常见的变化图形

在实战操作中，如果同时碰到出现早晨十字星和早晨之星的个股，就应选择出现早晨十字星的个股买入。虽然早晨十字星和早晨之星都是见底信号，都有可能给投资者带来获利机会，不过因为早晨十字星中间的那一根 K 线是"十字线"或"长十字线"，表明多空双方在该位置战斗激烈，股价处于十字路口，其转势信号比一般的小阳线、小阴线更强烈，所以，在相同条件下，应优先选择早晨十字星的股票。

在利用早晨十字星和早晨之星操作个股时，还要注意以下几点。

（1）　如果大盘向上走，即大盘的 30 日均线向上走，同时个股也向上走，即个股的 30 日均线也向上走，出现早晨十字星或早晨之星 K 线组合，激进型投资者可以采取积极买进策略，而稳健型投资者可以采取分批买进策略。

（2）　如果大盘向上走，个股向下走，出现早晨十字星或早晨之星 K 线组合，投资者要采取持币观望策略。

（3）　如果大盘向下走，个股向上走，出现早晨十字星或早晨之星 K 线组合，激进型投资者可以利用少量资金尝试性买进，而稳健型投资者要采取持币观望策略。

图 3.5 所示是中国联通(600050)的日 K 线图。在 A 处是一个早晨之星 K 线组合，股民小李却认为不可以买进，原因是股价从 2.19 元已上涨到 2.57 元，涨幅高达 17%，这里加仓成本太高，你认为他说的对吗？为什么？

图 3.5　中国联通(600050)的日 K 线图

笔者认为这里可以买进，原因有四。

第一，这段时间大盘处于强势。

第二，该股通过放量拉出大阳线突破前期高点，为了洗出短线获利筹码，进行震荡洗盘，并且在震荡过程中成交量缩小。

第三，该股在震荡回调到前期成交密集区时，出现了早晨之星 K 线组合，这是一个见底信号。

第四，均线呈多头排列，30 日均线向上走，即该股表现为强势。

综上所述，投资者在 A 处要逢低果断加仓，就可以获得不错的收益，该股其后走势如图 3.6 所示。

图 3.6　中国联通(600050)的其后走势

在 B 处出现早晨十字星 K 线组合，从 K 线和均线上来看，也是不错的加仓点。

> **提醒**　中国联通在 2005 年到 2007 年这波大牛市中，股价从 2.19 元一直上涨到 13.50 元，涨幅高达 516%，在这个过程中，投资者利用 K 线和均线技术会找到很多不错的买点，这样就可以成为股市赢家。

如果股价已经过大幅上涨，在高位横盘时出现早晨十字星或早晨之星买入信号，投资者就要小心了，否则很可能买在"高高的山顶"，如果没有及时止损，就会被深深套牢，成为"山顶的放哨人"。图 3.7 所示是中国联通大幅上涨后的日 K 线图。

图 3.7　中国联通(600050)大幅上涨后的日 K 线图

在 A 处，首先要明白中国联通的股价已翻了五倍多，涨幅已巨大，并且这个阶段大盘已明显处于弱势，所以在这里投资者最好不要再操作了，如果你是短线高手，在这里可以进行短线操作，但不要忘记止损。

在 B 处，股价经过大幅下跌企稳后，开始向上突破 30 日均线，并且出现早晨之星 K 线组合，这是非常具有迷惑性的，因为从 K 线和均线角度来讲，都可以买进，但投资者要明白，股价经过巨幅上涨后，主力获利非常丰厚，并且不希望可以在顶部实现全部出货，所以有实战经验的投资者都明白，这里是主力在骗线，利用技术进行反向操作，让不明真相的投资者在这里接货，即最常见的反弹拉高出货。中国联通的其后的走势如图 3.8 所示。

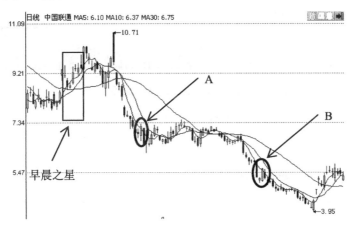

图 3.8　中国联通(600050)的其后走势

股价经过再反弹后，又开始大幅下跌，在下跌过程中会有一些小的反弹或横盘，但投资者在该股没有走强之前，最好不要操作，即使操作也要利用少量资金进行快进快出的短线操作。在 A 处和 B 处，出现了早晨之星，鉴于该股的 30 日均线向下走，并且大盘也没有走强，所以这里不能进行操作。

 提醒　中国联通的股价从 18.50 元一直下跌到 3.95 元，跌幅高达近 80%。

通过上述分析可知，如果某股经过大幅上涨后，最好不要轻易买进，如果一不小心在高位被套，也要等到中级反弹时，逢高斩仓出局。只有该股重新走强，才可以再操作。当然随着做空机制的到来，投资者可以在高位做空。

股价经过大幅下跌后，探明底部并震荡走高时，投资者可以再次利用 K 线技术进行操作。需要注意的是，由于股价大幅下跌后，受到长期均线的压制，所以该股走势处于弱势，这里要采取逢低买进、逢高卖出的短线操作，只有当股价突破 60 日均线、120 日均线、250 日均线等重要长期均线压制后，才可以重仓买进并持股待涨。

图 3.9 所示是中国联通大幅下跌后的日 K 线图。

图 3.9 中国联通(600050)大幅下跌后的日 K 线图

中国联通的股价从 18.50 元下跌到 3.95 元后，经过不断震荡盘整，低点不断抬高，这表明底部区域已探明。在 A 处出现了早晨十字星 K 线组合，由于该股已探明底部，在 A 处发出买入信号，但还受 30 日均线压制，所以这里可以少量加仓博反弹。

图 3.10 所示是中国联通探明底部后震荡上涨的日 K 线图。

图 3.10 中国联通(600050)探明底部后震荡上涨的日 K 线图

在 A 处，股价放量拉出大阳线突破前期高点，接着又跳空高开突破 250 日均线的压制，这表明该股已突破所有的压制线，开始慢慢走强。在 B 处和 C 处，出现了早晨之星 K 线组合，并且 B 处和 C 处在突破前期高点上方，所以这里见底信号很强，投资者如果能逢低加仓，则获利机会很大，该股其后走势如图 3.11 所示。

图 3.11　中国联通(600050)的日 K 线图

3.2　好友反攻、曙光初现和旭日东升的实战技巧

好友反攻，出现在下跌趋势中，是由一阴一阳两根 K 线组成，第一根 K 线是大阴线，接着跳空低开，而收盘时却收了一根中阳线或大阳线，并且收在前一根大阴线的收盘价附近或相同的位置上。好友反攻的标准图形如图 3.12 所示。

好友反攻也是一种常见的见底信号，它提示投资者不要再盲目看空了。好友反攻常见的变化图形如图 3.13 所示。

图 3.12　好友反攻　　　　　　　　　　　图 3.13　好友反攻的变化图形

曙光初现，出现在下跌趋势中，是由一阴一阳两根 K 线组成，先是出现一根大阴线或中阴线，接着出现一根大阳线或中阳线，并且阳线的实体深入到阴线实体的 1/2 以上位置。曙光初现的标准图形如图 3.14 所示。

曙光初现的阳线实体深入阴线实体的部分越多，则见底转势信号越强。曙光初现的见底信号比好友反攻强，但比旭日东升弱。曙光初现常见的变化图形如图 3.15

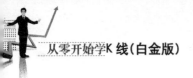
所示。

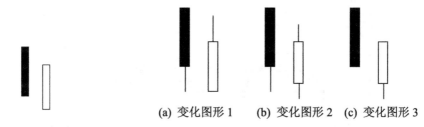

(a) 变化图形 1   (b) 变化图形 2   (c) 变化图形 3

图 3.14　曙光初现　　　　　　图 3.15　曙光初现常见的变化图形

　　旭日东升，出现在下跌趋势中，是由一阴一阳两根 K 线组成，先是出现一根大阴线或中阴线，接着出现一根高开的大阳线或中阳线，并且阳线的收盘价已高于前一根阴线的开盘价。曙光初现的标准图形如图 3.16 所示。

　　旭日东升的阳线实体高出阴线实体的部分越多，则见底转势信号越强。旭日东升的见底转势信号比曙光初现和好友反攻都要强。旭日东升常见的变化图形如图 3.17 所示。

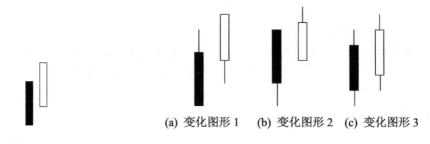

(a) 变化图形 1   (b) 变化图形 2   (c) 变化图形 3

图 3.16　旭日东升　　　　　　图 3.17　旭日东升常见的变化图形

提醒　在这三种见底信号中，好友反攻的转势信号最弱。

　　在利用好友反攻、曙光初现和旭日东升操作个股时，要注意以下几点。

　　(1)　如果大盘向上走，同时个股也向上走，出现好友反攻、曙光初现或旭日东升 K 线组合，激进型投资者可以采取积极买进策略，而稳健型投资者可以采取分批买进策略。

　　(2)　如果大盘向上走，个股向下走，出现好友反攻、曙光初现或旭日东升 K 线组合，投资者要采取持币观望策略。

　　(3)　如果大盘向下走，个股向上走，出现好友反攻、曙光初现或旭日东升 K 线组合，激进型投资者可以利用少量资金法尝试性买进，而稳健型投资者要采取持币观望策略。

(4)　在实战操作中，如果同时碰到出现好友反攻、曙光初现和旭日东升 K 线组合的个股，应选择出现旭日东升的个股买入。

图 3.18 所示是四川长虹(600839)的日 K 线图。

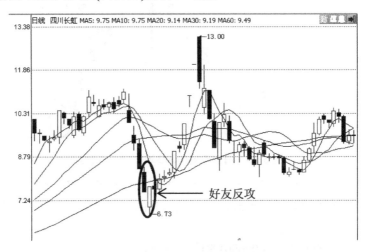

图 3.18　四川长虹(600839)的日 K 线图

四川长虹从 2.95 元开始，经过半年时间上涨到 11.15 元，涨幅已巨大，接着连续四根大阴线快速下跌，第五根就是一个低开高走的大阳线，即好友反攻组合。投资者见到该组合后，就不要盲目杀跌，可以少量持有股票，等待反弹。从后市来看，出现好友反攻见底信号后，股价快速反弹，并创出新高，投资者一定要注意，在反弹时要坚决减仓或清仓。

图 3.19 所示是科达机电(600499)的日 K 线图。科达机电通过两根大阴线快速下跌，第三根就是一根低开高走的中阳线，即好友反攻组合，投资者见此 K 线组合后，就不要盲目做空了，如果手中有资金，可以少量加多仓。

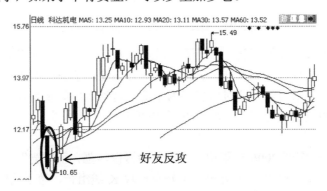

图 3.19　科达机电(600499)的日 K 线图

图 3.20 所示是海信电器(600060)的日 K 线图。

图 3.20　海信电器(600060)的日 K 线图

　　海信电器经过接连大跌后，出现了曙光初现 K 线组合，预示黑夜已经过去，黎明即将来临，说明股价已到阶段性底部，见底回升的可能性很大，这时投资者可以考虑买进一些股票，适量做多。

　　图 3.21 所示是青岛海尔(600690)的日 K 线图。

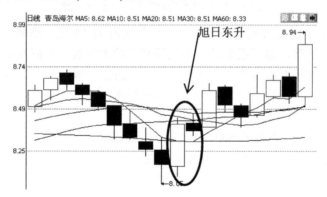

图 3-21　青岛海尔(600690)的日 K 线图

　　青岛海尔经过接连的下跌，出现了旭日东升 K 线组合，表示空方已无力再继续打压股价，多方奋起反击，并旗开得胜，股价高开高走，前景开始光明起来。这时投资者要转变思维，逢低吸纳，适时做多。为了更清楚地了解好友反攻、曙光初现和旭日东升在实战中的应用技巧，下面结合 30 日均线来进一步讲解。

　　图 3.22 所示是曙光股份(600303)的日 K 线图。

　　从 2005 年年底到 2006 年年初，大盘开始慢慢转强，而曙光股份的股价经过快速上涨后，快速回调过程中在 A 处出现了好友反攻 K 线组合，鉴于这时 30 日均线向上走，即该股走势偏强，所以这里可以加仓。但该股已有一段升幅，所以这里只适合短线操作。

图 3.22　曙光股份(600303)的日 K 线图

股价接连大阳线后开始较长时间的回调之后，在 B 处出现了曙光初现 K 线组合，由于股价这时已在 30 日均线下方，并且回调幅度不大，所以这里不是好的加仓点。又经过长时间的窄幅震荡后，在 C 处出现了早晨十字星 K 线组合，并且这时 30 日均线开始走高，短期均线黏合，这里是一个变盘点，所以投资者要多加关注。

在早晨十字星 K 线组合出现后的第二天，又放量拉出一根大阳线突破 30 日均线，并且均线呈向上发散状，所以这里可以加仓。该股其后不断震荡走高，最高涨到 17.68 元，如图 3.23 所示。

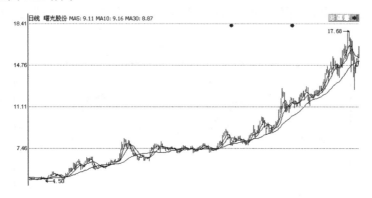

图 3.23　曙光股份(600303)其后的日 K 线图

在股价震荡走高的过程中，只要在 30 日均线上方快速回调过程中出现好友反攻、曙光初现或旭日东升 K 线组合时，都可以加仓。

图 3.24 所示是曙光股份大幅上涨后的日 K 线图。

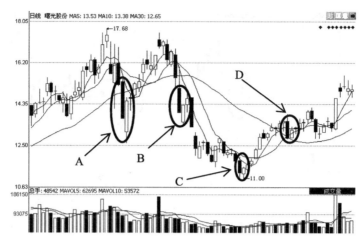

图 3.24　曙光股份(600303)大幅上涨后的日 K 线图

股价经过大幅上涨后，在 A 处快速下跌，出现曙光初现 K 线组合，要注意，股价这时已在高位，并且跌破 30 日均线(30 日均线还向上走)，所以这里只能利用少量资金做短线反弹。股价经过快速大幅下跌后，在 B 处出现好友反攻 K 线组合，而 30 日均线开始向下走，并且均线出现死亡谷，所以这里不能加仓。

在 C 处，经过快速下跌后出现曙光初现 K 线组合，而 30 日均线离 5 日均线和 10 日均线很远，这时可能要反弹，短线高手可以少量参与，一般投资者最好不要参与。在 D 处，股价已突破 30 日均线，并且均线开始向上走，投资者可以加仓，但此时股价升幅已巨大，并且调整不充分，所以这里只能做波段操作，不能做长线。该股其后走势如图 3.25 所示。

图 3.25　曙光股份(600303)其后的日 K 线图

通过图 3.25 可以看出，在 A 处，主力反复在高位震荡出货，所以投资者一定要明白主力出货是一个区域，有时需要在高位反复震荡或横盘，一旦出货完毕，股价就会大幅下跌。所以投资者一定不要碰涨幅巨大的股票，否则很可能在高位被套住。

3.3　平底的实战技巧

平底，又称钳子底，出现在下跌趋势中，由两根或两根以上的 K 线组成，但这些 K 线的最低价在同一水平位置上。平底的标准图形如图 3.26 所示。

平底是见底回升的信号，如果出现在较大的跌势之后，所提示的股价反转的可能性就很大。投资者见到此 K 线形态，可考虑适量买进。平底的变化图形如图 3.27 所示。

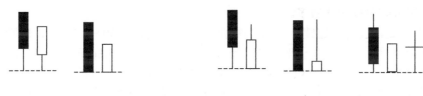

图 3.26　平底　　　　　　　　图 3.27　平底的变化图形

股价处在明显的上升趋势中，并且上涨幅度不大，如果这时出现回调，在回调过程中出现平底，是一个不错的买入时机。图 3.28 所示是青岛双星(000599)的日 K 线图。

图 3.28　青岛双星(000599)的日 K 线图

青岛双星的股价探明最低点 2.75 元之后，开始上升，虽然上升过程中有回调，但股价都没有有效跌破 30 日均线，

📖 **提醒** 30日均线有效跌破的条件是，股价跌破30日均线幅度在5%以上，并且时间超过3天。

在A处，股价两根阴线杀下来，但下跌到3.40元开始止跌反弹，虽然其后两天股价也有反复，但每次跌到3.40元附近时，就会有买盘介入，从而推动股价上升。这样股价就在3.40元附近形成了一个平底，所以在3.40元附近买进就能抄一个短底。另外，在这里可以看到股价上涨时是放量的，而下跌时是缩量的，即量价状态良好，所以从量价角度来看，这里是回调，在A处可以加仓买进，并且仓位可以略重一些。再从30日均线来看，股价跌破30日均线后，没有继续下跌，而随后又收到30日均线上方，所以这里是一个假突破，即利用假突破来诱空，让散户交出手中的低廉筹码。

随后股价震荡上升，在这里可以看到30日均线对股价有相当强的支撑，所以只要股价不跌破30日均线，原有的仓位可以持有；另外，如果仓位不重，在回调到30日均线附近时可以加仓做多。

在B处，股价先连续5天窄幅震荡，震荡区域是4.30~4.55元，即股价每涨到4.55元附近时，就有卖盘出现，从而使股价下行；每跌到4.30元附近时，就有买盘出现，从而推动股价上涨。虽然随后7天，股价波段范围有所扩大，但每次股价跌到4.30元附近时，就会止跌回升，所以4.30元附近有一个强大的支撑，在这个附近就是一个相当不错的买点。

股价如果已经过较长时间较大幅度的上涨，然后在高位震荡，这时出现平底信号，可以轻仓跟进，但要注意控制风险。另外，如果股价处在明显的下跌趋势中，出现平底信号，最好不要进场，因为下跌趋势中的反弹力度有时很弱，进场被套的可能性很大。

图3.29所示是阳光股份(000608)的日K线图。

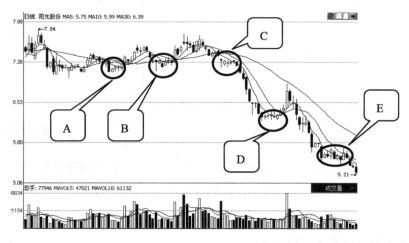

图3.29　阳光股份(000608)的日K线图

在 A 处和 B 处，是高位震荡中的平底，如果能做到快进快出，短线会有一部分利润，但如果不能盯盘，很容易被套在高位。

在 C 处、D 处、E 处，股价已处于明显的下降趋势。这时出现平底信号，最好以观望为主，就算要操作也一定要轻仓，并且要能做到严格止损，否则必然被深套。

在 C 处，股价处在前期低点附近，这时的平底信号可以搏得再次反弹的利润，但要注意，股价高位平台震荡的时间较长，随时有下跌的可能，所以一定要严格止损。在 D 处，由于股价连续大幅下跌，并且平底盘整了 6 天，所以有做多动能，但这里是下降趋势，利润不能看得太高，有不好的信号要及时止赢出局。

在 E 处，股价平底盘整了 9 天，没有向上突破，而是直接向下突破，所以要及时出局为妙。

3.4　塔形底的实战技巧

塔形底，因其形状像一个倒扣的塔顶而得名，其特征是，在一个下跌行情中，股价在拉出长阴线后，跌势开始趋缓，出现了一连串的小阴小阳线，随后蹿出一根大阳线，宣告升势确立。塔形底的图形如图 3.30 所示。

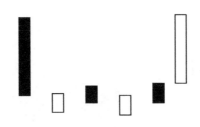

图 3.30　塔形底

一般来说，股价在低位形成塔形底后，如果有成交量的配合，往往会有一段较好的涨势出现。投资者见此 K 线组合后，应抓准机会，跟进做多。

股价经过大幅下跌之后，探明了底部区域，然后开始震荡上升，在这个过程中出现回调，回调过程中出现塔形底，要敢于重仓买进并持有。

图 3.31 所示是美菱电器(000521)的日 K 线图。

美菱电器的股价经过大幅下跌后，探明了最低点 2.25 元，然后开始震荡上升，虽然上涨过程中有多次回调，但每次回调的低点越来越高，上升趋势明显，所以在这个过程中，股价回调后出现见底信号，要敢于重仓买进。

在 A 处和 B 处，股价回调后出现了塔形底见底信号，所以在这里要敢于加仓做多。另外从均线上看，存在 30 日均线的跌破再收回情况，即 30 日均线假突破做多信号；在回调过程中，成交量也不是放大的，而是缩小的，即价升量增，价跌量缩，符

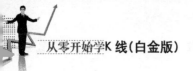
合上涨过程中的洗盘特征。

图 3.31　美菱电器(000521)的日 K 线图

如果股价经过一段时间的上涨之后，在中高位震荡，震荡过程中出现塔形底，可以短线做多跟进，但要小心主力诱多，把自己套在高位。

图 3.32 所示是东北制药(000597)的日 K 线图。

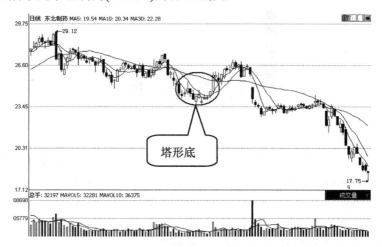

图 3.32　东北制药(000597)的日 K 线图

东北制药从 7 元起步开始上涨，经过一年的时间上涨到 29.12 元，然后开始在高位震荡盘整。在高位盘整过程中出现了塔形底，虽然这是个见底信号，但一定要多留个心眼，因为毕竟前期涨幅过大，所以可以短线轻仓跟多，但一旦有不好的信号，要及时止赢或止损出局。

> **提醒** 30 日均线下行，而 5 日均线和 10 日均线上行，即均线紊乱，就表示现在是震荡行情；如果均线是多头排列，即 5 日均线在 10 日均线上方，10 日均线在 30 日均线上方，并且都是向上运行，就表示现在是上涨行情；如果均线是空头排列，即 5 日均线在 10 日均线下方，10 日均线在 30 日均线下方，并且都是向下运行，就表示现在是下跌行情。

股价在高位区域震荡后，开始下跌，在下跌初期出现了塔形底，这很可能是主力在诱多，要万分警惕。

图 3.33 所示是兴蓉投资(000598)的日 K 线图。兴蓉投资探明 24.40 元最高点后，开始震荡下跌，其间虽然有多次反弹，但都没有突破下降趋势线，所以，这时即使出现塔形底见底信号，也不能轻易进场抄底，因为这样很容易被套在半山腰。

图 3.33　兴蓉投资(000598)的日 K 线图

3.5　圆底的实战技巧

圆底，出现在下跌趋势中，即股价形成一个圆弧底，并且圆弧内的 K 线多为小阴小阳线，最后以向上跳空缺口来确认圆底形态成立。圆底的图形如图 3.34 所示。

当股价在下跌或横向整理时，出现圆底 K 线形态，表示市场做空力量已大大减弱，后市很可能转为升势。投资者见到该 K 线形态，可考虑适量买进。股价经过大幅下跌之后，探明了底部区域，然后开始震荡上升，在这个过程中出现回调，回调过程中出现圆底，要敢于重仓买进并持有。

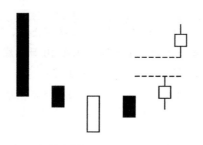

图 3.34 圆底

图 3.35 所示是北京城建(600266)的日 K 线图。

图 3.35 北京城建(600266)的日 K 线图

北京城建的股价经过大幅下跌之后，探明了最低点 5.36 元，之后开始反弹，但反弹力度很弱，在 6.5～7.2 元区间震荡，震荡 20 多个交易日后，开始大幅下跌。并且股价上涨时成交量是放大的，而在下跌时，成交量是缩小的，所以这一次下跌很可能是主力在最后洗盘。

在下跌到前期低点(5.36 元)附近时，股价没有继续下跌，而是出现了三根小阳线，这表明空方力量已释放得差不多了，多方力量开始聚集，并且随时有反攻的可能。三根小阳线之后，多方已吸足了低位筹码，于是开始跳空上攻，从而在前期低点附近形成了圆底见底信号，并且股价站上了 5 日均线和 10 日均线，所以这时是相当不错的买点，一定要敢于重仓买进，否则就会错过获得暴利的机会，只能看着行情一涨再涨。

看到行情一涨再涨，实在管不住自己了，就追了进去，结果被套在了高位，这就是散户最常见的心态，也是最常见的操作，当然也是散户亏损的主要原因之一。

如果股价已处在相对高位，然后再震荡盘整，在这个过程中出现圆底，可以短线做多，但要时时警惕，因为毕竟是在高位，要防止被套在高位。

图 3.36 所示是重庆港九(600279)的日 K 线图。

股价经过一段时间的上涨之后，开始在高位震荡盘整。我们一定要明白，股价在震荡过程中出现的见底信号的可信度不是太高；另外，股价是在高位震荡，主力常常会采用见底信号来诱散户买进，从而让散户高位接盘，把散户套牢在高位。

图 3.36　重庆港九(600279)的日 K 线图

重庆港九的股价在高位震荡过程中出现了一个圆底，从其后走势上看，股价没有继续发力上攻，而是在缺口上方震荡。一般来说，只要股价不回补缺口，就有继续发力上攻的动能，而在这里可以看到股价在缺口上方盘整了 4 天，第 5 天，一根大阴线回补了缺口，这表明圆底见底信号是假的，所以这一天要果断出局，否则最终会被套在高位。从其后的走势可以看出，股价回补缺口后，没有继续下跌，只是做横向盘整，但总的来说重心在不断下移，所以面对这种行情，及时出局观望为妙。

提醒　圆底的缺口一旦回补，圆底见底信号就是假的，要及时出局观望为好。

3.6　低档五阳线的实战技巧

低档五阳线，又称下档五阳线，其特征是，在下跌持续一段时期后，K 线图连续出现了五条阳线(有时也可能是六条或七条)，表示在此价位多方的承接力量较强。低档五阳线的图形如图 3.37 所示。

低档五阳线的出现，预示着股价可能已经见底或者到了一个阶段性底部，这是一种买入信号。投资者如果逢低适量买进，风险不大，短线获利机会较多。

图 3.37　低档五阳线

如果股价已经过较长时间、较大幅度的下跌，然后在低位出现了低档五阳线，这时可以轻仓跟随，但要设好止损，即破了整理平台的低点要及时出局，如果突破了整理平台的高点时也可以顺势加仓。图3.38所示是*ST松辽(600715)的日K线图。

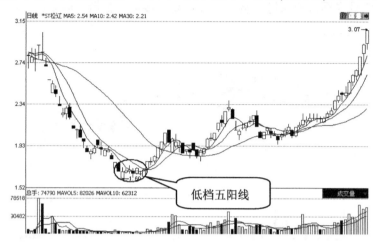

图3.38　*ST松辽(600715)的日K线图

该股股价经过连续大幅下跌，从3.03元一口气跌到1.60元，几乎下跌了一半，然后开始在低位盘整，出现了低档五阳线见底信号，这时，我们要明白，股价已下跌过多，并且在低位反复盘整，市场主力到底在干什么，是在出货吗？不，是在吸货，所以在这里可以轻仓跟随，然后再顺势加仓。

接着第二天股价又是一根大阳线，并站上了5日均线和10日均线，所以在这里可以再加仓。随后5天，股价连续上涨，并且是沿着5日均线上涨，所以只要不破5日均线都可以持有。股价跌破5日均线后，虽有回调，但回调幅度不大，并且上涨放量，下跌缩量，没有跌破30日均线，所以当股价跌到30日均线附近就可以适量加仓做多。

在股价上涨初期，主力一般是不会让其有效跌破30日均线的，即使跌破，也会很快再收回来，所以30日均线是其生命线，只要不被有效跌破，中线投资者就可以一直持股不动；短线投资者可以在跌破5日均线时减仓，等回调到30日均线附近再把筹码补回来。如果股价已经过较大幅度的上涨，然后在相对高位震荡，在这个过程中出现了低档五阳线，在突破整理平台的高点时可以加仓，但一定要小心主力在诱多，毕竟股价在高位。

图3.39所示是云维股份(600725)的日K线图。

云维股份的股价从8元左右开始上涨，一路上涨到24.40元，上涨幅度高达205%，然后股价先是快速下跌，下跌到18.50元，接着就在高位震荡。在震荡过程中出现了低档五阳线，这到底是二次启动上涨行情还是主力在高位出货呢？

图 3.39 云维股份(600725)的日 K 线图

　　无论如何在这里一定要防范风险，所以在这里可以短线轻仓跟进，但一旦有不好信号就要及时止赢出局。股价出现了低档五阳线后，连续上涨了 5 天，第 6 天就是一根大阴线跌破了 5 日均线，所以一定要及时出局观望。如果在这里你还心存幻想，三天之后的一根大阴线跌破了低档五阳线的最低点，这时就一定要及时止损出局，否则就会被深套。

3.7 低位并排阳线的实战技巧

　　低位并排阳线的特征是，股价经过一段时间的下跌，出现一根跳空低开的阳线，至收盘时仍留下缺口，紧接着又出现一根与之并列的阳线。低位并排阳线的图形如图 3.40 所示。

　　在下跌趋势中，出现低位并排阳线，往往是股价已到谷底或阶段性底部的信号。投资者见到该 K 线形态，可适量建仓买进。股价处于明显的上升趋势，并且上涨幅度还不大，在上涨回调过程中，如果出现低位并排阳线见底信号，则要敢于果断加仓跟进，否则就会错过最佳获利时机。

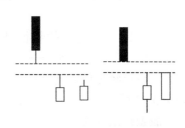

图 3.40 低位并排阳线

　　图 3.41 所示是华能国际(600011)的日 K 线图。

　　华能国际的股价从 19.25 元开始下跌，一路下跌到 5.47 元，下跌幅度高达71.6%。股价创出 5.47 元新低后，没有继续下跌，而是在低位开始震荡并连续收出阳线，即出现低位并排阳线见底信号，所以如果这时你手中还有该股，就不要再杀跌了，如果有资金，则可以利用少量资金搏反弹，即适量多做。

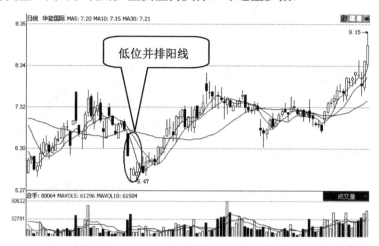

图 3.41 华能国际(600011)的日 K 线图

随后股价又站上 5 日和 10 日均线，这里可以再加仓做多，接着股价又继续上涨，站上了 30 日均线，所以可以继续持股。另外，这一波行情是沿着 10 日均线上涨的，所以只要股价不跌破 10 日均线，都可以持股不动。虽然其后股价也跌破了所有均线，但没有再创新低，并且不久又站上了所有均线，所以可以重仓做多，因为上升趋势已成立。

3.8　连续跳空三连阴的实战技巧

连续跳空三连阴的特征是，在下跌途中，连续出现三根跳空低开下跌的阴线，这代表股价已经见底。连续跳空三连阴的图形如图 3.42 所示。

股票在出现连续跳空三连阴后，若连续拉出一根或两根阳线及时回补下跌的第三个缺口，则可以说明多方反攻在即，股价上升的可能性是很大的。投资者见此 K 线后，可以待股价企稳时，适量买进一部分股票，持筹待涨。

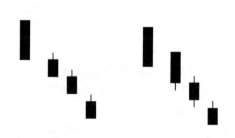

图 3.42　连续跳空三连阴

股价已经过较长时间、较大幅度的下跌，在下跌的后期出现了连续跳空三连阴，这表明下跌动力已接近尾端，主力在最后加速赶底，所以这时耐心等待，底很快就可以见到。

图 3.43 所示是宁波联合(600051)的日 K 线图。

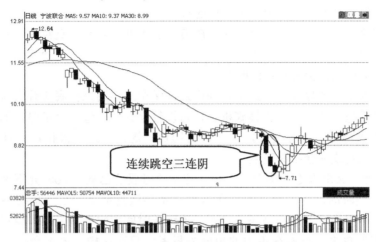

图 3.43　宁波联合(600051)的日 K 线图

宁波联合的股价从 12.64 元开始下跌，一路下跌到 8.6 元时出现止跌现象，但止跌后，股价没有上涨，而是横向盘整，即在 8.6～9.6 元区间盘整了 20 多天，然后快速下跌，出现了连续跳空三连阴，这三根大阴线，把整理平台进去的筹码全部洗出，然后主力在低位开始吸货，吸货完毕后开始快速拉升。在明显的下跌趋势中，特别是下跌幅度不大时，出现连续跳空三连阴，短线有见底信号，但不要轻易抄底，因为很容易被套。

图 3.44 所示是招商银行(600036)的日 K 线图。

图 3.44　招商银行(600036)的日 K 线图

在 A 处，股价震荡下跌之后，出现了连续跳空三连阴，虽然短线有见底信号，但

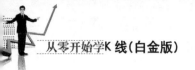

在这里进场风险很大。从其后走势看，如果轻仓介入，不会有多大利润，并且不及时出局就会被套，从而在心理上受到严重的打击。

股价震荡之后，又开始大幅下跌。在 B 处，股价又出现了连续跳空三连阴，注意这时也只能轻仓介入，有不好的信号就出局。在这里你介入了，随后几天连续大涨，如果及时出局的话，会有不错的收益。

总之，在下跌初期和下跌途中，利用连续跳空三连阴来抄底有较大风险，所以最好的策略是观望。如果怕失去抄底机会，可以轻仓介入，看其后走势，如果符合自己的预测，再顺势加一部分仓位，但一定要明白，这是在逆势操作，一旦有不好的信号，要及时减仓或清仓出局观望。

在 C 处，又出现连续跳空三连阴。注意这时股价已从 35.66 元下跌到 10 元左右，并且下跌时间已有半年多了。在这里一定要认真考虑，主力是在不计成本地出货，还是在利用快速下跌来恐吓散户呢？连续长时间大幅下跌之后，会不会是主力在加速赶底呢？总之，要站在主力的角度去思考，只有这样，才不会被表面现象所迷惑，才会与主力同步。所以，在这里如果你手中还有筹码，就不要急着止损出局了，而是耐心持有。如果手中有较多资金，还可以逢低再加一部分仓位，即采用左侧建仓法，与主力一起建仓，从而享受其后的拉升。

3.9 锤头线的实战技巧

锤头线，出现在下跌趋势中，阳线或阴线的实体很小，下影线大于或等于实体的两倍，一般没有上影线，即使有，也短得可以忽略不计。锤头线的标准图形如图 3.45 所示。

通常，在股价大幅下跌后出现锤头线，则股价止跌回升的可能性较大，其效果与以下四点有关。

(1) 锤头实体越小，下影线越长，止跌作用就越明显。

(2) 股价下跌时间越长、幅度越大，锤头线见底信号就越明确。

(3) 锤头线有阳线锤头与阴线锤头之分，作用意义相同，但阳线锤头力度要大于阴线锤头。

(4) 如果锤头线与早晨十字星一起出现，见底信号更可靠。

激进型投资者见到下跌行情中的锤头线，可以试探性地做多；稳健型投资者可以多观察几天，如果股价能放量上升，可以适量做多。锤头线的变化图形如图 3.46 所示。

股价处于明显的上升趋势，并且上涨幅度不大，在上涨回调过程中，如果出现锤头线见底信号，激进型投资者可以试探性地做多；稳健型投资者可以多观察几天，如果股价能放量上升，可以适量做多。

图 3.45   锤头线   图 3.46   锤头线的变化图形

图 3.47 所示是哈飞股份(600038)的日 K 线图。哈飞股份股价见底后，开始反弹，大阳线冲高后，在高位震荡了 3 天，然后开始回调，回调 4 天后，第 5 天出现了一个锤头线，这是一个见底信号，由于时间空间都有调整到位的可能，所以在这一天，可以轻仓试多，然后再顺势加仓。

图 3.47   哈飞股份(600038)的日 K 线图

注意，股价在出现锤头线见底信号那一天，先是跌破 30 日均线，然后又收回，所以这里也是一个 30 日均线假突破买进信号。另外，从成交量上看，股价上涨时放量，回调时缩量，所以后市还会有新高。

如果股价已处在相对高位，然后震荡盘整，在这个过程中出现锤头线见底信号，可以短线做多，但要时时警惕，因为毕竟是在高位，谨防被套在高位。

图 3.48 所示是南海发展(600323)的日 K 线图。

股价经过大幅上涨之后，开始在高位震荡盘整。在 A 处，股价经过连续 4 天下跌之后，先是出现一个阳锤头线，然后又出现一个阴锤头线，并且这个位置是前期震荡盘整的支撑位置，所以这时可以轻仓试多。但一定要明白，股价处在高位震荡中，并且是在抄底，一旦有不好信号，要及时出局，否则很容易被套在高位。

从其后的走势来看，连续反弹 3 天，成交量也没有明显放量，第 4 天出现一个阴

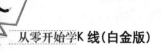

十字星，这是一个不好的信号，第 5 天又出现一根大阴线，这表明反弹可能结束，要及时减仓或清仓出局观望。两根大阴线，就把股价砸回到起涨点，在这里盘整了 4 天，然后又大幅下跌，这表明支撑被跌破，这时一定不能再心存幻想，要及时出局。

图 3.48　南海发展(600323)的日 K 线图

如果股价已处在明显的下降趋势中，出现锤头线见底信号，观望为好，如果实在想操作，也只能轻仓入场，并且要有获利就跑的短线思维，因为下降趋势中做多，是很容易被套的。

图 3.49 所示是华发股份(600325)的日 K 线图。

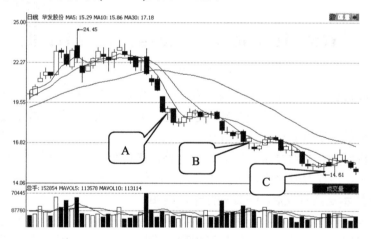

图 3.49　华发股份(600325)的日 K 线图

在 A 处，股价连续大幅下跌 4 天后，出现了一个锤头线，如果这时抄底的话，第二天就被套了。在 B 处，股价连续下跌之后，又出现一个锤头线，如果你抄底，有耐心再等几天，也许有解套机会，但如果你心存幻想，不及时出局，就会被深套。在 C

处，股价盘整 3 天后，又出现一个锤头线，这里短线见底的可能性较大，如果抄底，短线会有一点利润，但不及时出局，也会被套。

3.10　倒锤头线的实战技巧

倒锤头线，出现在下跌趋势中，因其形状像个倒转锤头而得名。阳线或阴线的实体很小，上影线大于或等于实体的两倍，一般没有下影线，即使有，也短得可以忽略不计。倒锤头线的标准图形如图 3.50 所示。

倒锤头线出现在下跌过程中，具有止跌回升的意义。如果它与早晨之星同时出现，则行情反转向上的可能性更大，投资者可以适量参与做多。倒锤头线的变化图形如图 3.51 所示。

图 3.50　倒锤头线　　　　　　　图 3.51　倒锤头线的变化图形

股价处于明显的上升趋势，并且上涨幅度不大，在上涨回调过程中，如果出现倒锤头线见底信号，激进型投资者可以试探性地做多；稳健型投资者可以多观察几天，如果股价能放量上升，可以适量做多。

图 3.52 所示是美克股份(600337)的日 K 线图。

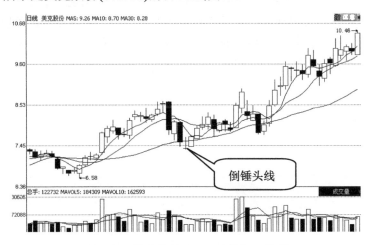

图 3.52　美克股份(600337)的日 K 线图

股价在上涨过程中，出现回调，在连续回调 3 天后，出现了倒锤头线见底信号，虽然这一天也跌破了 30 日均线，但第二天股价收了一根中阳线，又站上了 30 日均线，所以这是 30 日均线的假突破，并且又有倒锤头线见底信号，这一天可以加仓买进。随后股价震荡上行，并且没有跌破 30 日均线，所以可以一路持股，并且回调到 30 日均线附近时，如果手中有资金可以再加仓。

如果股价已处在明显的下降趋势中，出现锤头线见底信号观望为好，如果实在想操作，也只能轻仓跟随，并且要有获利就跑的短线思维，因为下降趋势中做多，是很容易被套的。

图 3.53 所示是澳柯玛(600336)的日 K 线图。

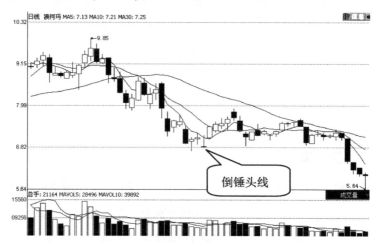

图 3.53　澳柯玛(600336)的日 K 线图

股价从 9.85 元开始下跌，一路下跌到 6.68 元，先是出现一个锤头线，然后又出现一个十字星，接着又出现一个倒锤头线，连续出现三个见底信号，可以轻仓试多。但一定要注意，现在还是一个明显的下跌趋势，并且下跌幅度不大，所以在这里只能轻仓搏反弹，并且有不好的信号就跑。

第 4 章

看涨 K 线的实战技巧

股价见底后，一般不会立即展开上涨行情，而会在底部反复震荡洗盘，从而形成一个底部区域。在底部区域买股票是安全的，但如果买入过早，股票长时间不上涨，而只是反复震荡，就会浪费掉大量的时间，从而造成资金利用率不高。其实最佳买入股票的时机是在上涨初期、中期，根据看涨信号的 K 线和 K 线组合来买入，从而实现快速盈利。

4.1 红三兵和冉冉上升形的实战技巧

红三兵的特征是，在上涨趋势中，出现三根连续创新高的小阳线。注意，当三根小阳线收于最高点或接近最高点时，称为"三个白色武士"，其作用要强于普通的红三兵，投资者应高度重视。红三兵的图形如图4.1所示。

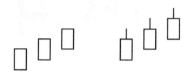

图4.1 红三兵

红三兵是推动股价上涨的信号。一般来说，在股价见底回升或横盘后出现红三兵，表明多方正在蓄积力量，准备发力上攻。如果在红三兵后，股价上冲时成交量能同步放大，说明已有主力加入，后面继续上涨的可能性极大。投资者见此K线组合，应大胆买进，从而轻松、快速地获利。

冉冉上升形的特征是：股价经过一段时间横盘后，出现了向上倾斜的一组小K线，一般不小于八根，其中小阳线居多。这种不起眼的小幅上升走势就如冉冉上升的旭日，故名为冉冉上升形。冉冉上升形的图形如图4.2所示。

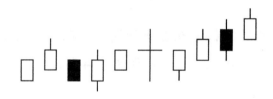

图4.2 冉冉上升形

冉冉上升形往往是股价日后大涨的前兆，如果再有成交量的温和放大配合，这种可能性就会很大。从沪深股市历来的一些大牛股来看，它们的启动初期常常以这种形式表现。所以，投资者见此K线组合，可先试着做多，如若日后股价出现拉升，再继续加码买进。在利用红三兵和冉冉上升形操作个股时，还要注意以下几点。

(1) 如果大盘向上走，即大盘的30日均线向上走，同时个股也向上走，即个股的30日均线也向上走，出现红三兵或冉冉上升形K线组合，激进型投资者可以采取积极买进策略，而稳健型投资者可以采取分批买进策略。

(2) 如果大盘向上走，个股向下走，出现红三兵或冉冉上升形K线组合，投资者要采取币策观望策略。

(3) 如果大盘向下走，个股向上走，出现红三兵或冉冉上升形 K 线组合，激进型投资者可以利用少量资金法尝试性买进，而稳健型投资者要采取币策观望策略。

图 4.3 所示是宝钢股份(600019)的日 K 线图。

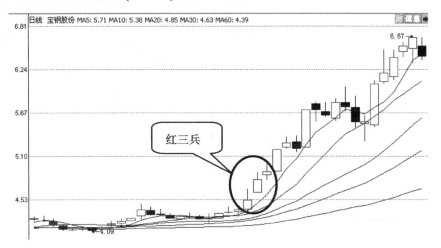

图 4.3 宝钢股份(600019)的日 K 线图

宝钢股份的股价见底后，主力经过很长时间的小幅震荡吸货，然后出现了红三兵 K 线组合，该 K 线组合是上涨行情初期的买入信号。投资者见此 K 线组合后，可以及时买入，或等这一波上涨调整时买入，然后持股待涨，会赢利丰厚。

宝钢股份这一大波上涨，从 4 元多涨到了 22.12 元，上涨了五倍多，如图 4.4 所示。

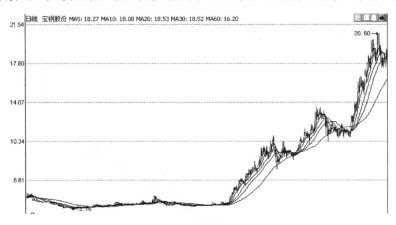

图 4.4 红三兵前后的宝钢股份(600019)走势

通过图 4.4 可以看到，宝钢股份从 2005 年 11 月 14 日见到新低 3.76 元，到 2006 年 10 月 27 日红三兵出现，用了将近一年的时间来震荡吸货。如果投资者在见到新低 3.76 元附近买入，即看到见底信号买入，则在近一年时间的获利很少，很多投资者很可能在大涨的前夕卖出该股票，从而错过大好赢利机会。所以看到买入信号的 K 线组合买进，比看到见底信号的 K 线组合买进要好一些。

图 4.5 所示是青岛海尔(600690)的日 K 线图。

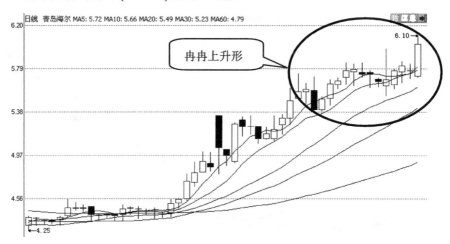

图 4.5　青岛海尔(600690)的日 K 线图

青岛海尔从底部启动后，首先出现的是红三兵买入信号，然后又出现了冉冉上升形买入信号，这两个信号都是股票大涨前的买入信号。投资者见到这些信号，特别是见到多个买入信号同时出现后，要大胆买入，不要怕涨，拿好手中的投票，从而做大赢家。青岛海尔这一大波，从 4 元多启动，最高涨到 28.37 元，涨幅高达七倍，如图 4.6 所示。

图 4.6　冉冉上升形前后的青岛海尔(600690)走势

如果在下跌趋势中出现红三兵，投资者要采取持筹观望的态度，因为这很可能是是主力在进行反技术诱多操作。

图 4.7 所示是浦发银行(600000)的日 K 线图。

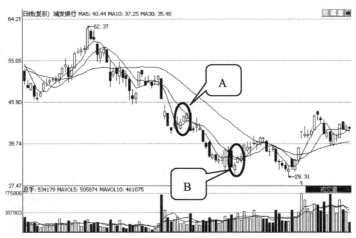

图 4.7　浦发银行(600000)的日 K 线图

　　浦发银行的股价从 2006 年 8 月的 6 元左右,在仅仅 1 年多的时间内就上涨到 62.70 元,涨幅巨大,然后刚开始下跌,在 A 处和 B 处出现了红三兵 K 线组合,同时 该股的股价受 30 日均线压制,所以处于下跌趋势中,另外,这时大盘也处于下跌趋 势中,所以在 A 处和 B 处都不能加仓。

　　通过图 4.7 可以看到,如果在 A 处加仓,就会被套,不及时止损,很可能长期深 度套牢。在 B 处加仓,如果是短线高手,可以获得短线收益,但从风险与收益的比例 来讲,还是很不划算的。该股其后走势如图 4.8 所示。

图 4.8　浦发银行(600000)的日 K 线图

该股在下跌过程中虽有反弹,但反弹力度很小,所以投资者在这个过程中最好空仓等待。如果在下跌趋势中出现冉冉上升形，投资者要采取持筹观望的态度，因为这很可能是是主力在进行反技术诱多操作。

图4.9所示是中国联通(600050)的日K线图。

图4.9　中国联通(600050)的日K线图

该股的股价经过快速下跌后，又出现冉冉上升形K线组合，那么在这里可以进行买入操作吗？首先股价还在 30 日均线压制之下，同时大盘仍处在下跌趋势中，所以这里不能操作。另外，成交量也不配合，即成交量没有温和放大。

该股其后走势如图 4.10 所示，股价在这里经过多次努力也没有突破 30 日均线压制，最后又进入漫漫下跌之路，如果在这里买进而没有进行止损，也会损失惨重。

图4.10　中国联通(600050)其后的日K线图

4.2　多方尖兵的实战技巧

多方尖兵的特征是，股价在上升过程中，遇到空方打击，出现了一根上影线，股价随之回落整理，但多方很快又发动了一次攻势，股价穿越了前面的上影线。多方尖兵的图形如图 4.11 所示。

图 4.11　多方尖兵

多方尖兵的技术意义是，多方在发动大规模攻击前曾做过一次试控性的进攻，在 K 线上留下一根较长的上影线。有人把它比喻成深入空方腹地的尖兵。多方尖兵的出现，表示股价会继续上涨，投资者见此 K 线组合，要跟着做多，会有不错的获利机会。如果股价处在明显的上升行情中，并且上涨幅度不大，这时出现多方尖兵看涨信号，表明上涨动力仍在，可以继续看涨，还可以逢低加仓。

图 4.12 所示是南京高科(600064)的日 K 线图。

图 4.12　南京高科(600064)的日 K 线图

南京高科的股价从 8 元启动上涨，一路上涨到 16 元以上，上涨幅度超过 100%之

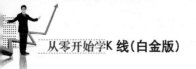

后，开始在相对高位盘整，在盘整的过程中，股价重心还是在不断上移，即上升趋势没有变化。

股价经过调整后，2009 年 5 月 25 日从 16.37 元开始震荡上升。在 A 处，股价先拉出一根中阳线，但收盘时留下一根较长的上影线，这到底是上涨无力呢？还是上涨之前的最后洗盘呢？

从其后走势看，股价小幅回调 3 天后，就开始上攻，最终又站在上影线上方，这样就出现多方尖兵看涨信号。这表明拉出的带有上影线的中阳线是多方的试探性进攻，是大涨之前的最后洗盘，所以当股价突破上影线高点时要敢于加仓，这样就可以享受其后股价拉升的快感。如果股价已上涨较长时间，并且上涨幅度较大，在高位震荡，这时出现多方尖兵看涨信号，短线可以轻仓跟进，但要时时警惕，以防被主力套在高位。

图 4.13 所示是葛洲坝(600068)的日 K 线图。

图 4.13　葛洲坝(600068)的日 K 线图

葛洲坝股价从 4.39 元启动上涨，上涨到 13 元多后，上涨幅度高达 142%，开始步入高位宽幅震荡。

在 A 处，股价先拉出一根带有上影线的大阳线，随后经过 6 天调整，第 7 天突破上影线的高点，即出现了多方尖兵看涨信号，在这里我们要明白，当前股价处在明显的高位震荡行情中时，可以看多，但只能轻仓跟随，并且有不好信号要及时出局，从其后走势看，多方尖兵后，仅上涨 3 天，就开始了回调，所以要及时止赢出局为好。在 B 处，出现多方尖兵看涨信号后，第二天就冲高回落，所以要及时止损出局。

如果股价处在明显的下跌趋势中出现了反弹，在反弹过程中出现了多方尖兵看涨信号，这很可能是主力在诱多，要小心，要有随时出局观望的思维。

图 4.14 所示是特变电工(600089)的日 K 线图。

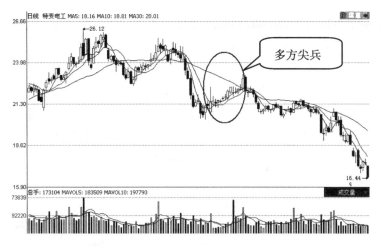

图 4.14　特变电工(600089)的日 K 线图

　　特变电工的股价经过连续大幅下跌之后，出现了企稳反弹信号，可以轻仓试多，然后又出现多方尖兵看涨信号，在这里可以加仓做多，但一定要注意，这是下跌趋势，有可能是主力在拉大阳线诱多。所以一旦有不好信号，一定要及时出局。多方尖兵看涨信号出现后，股价在第二天没有继续上涨，而是大跌，所以一定要及时出局，否则被深套是必然的。

4.3　两红夹一黑的实战技巧

　　两红夹一黑的特征是，左右两边是阳线，中间是阴线，三根 K 线的中轴基本上是处在同一水平位置上，两根阳线的实体一般比阴线实体长。两红夹一黑的图形如图 4.15 所示。

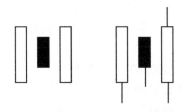

图 4.15　两红夹一黑

　　如果两红夹一黑出现在跌势中，则暗示股价会暂时止跌，有可能见底回行；在上涨趋势中，特别是在上升初期，表示股价经过短暂的休整，还会继续上涨。股价经过长时间的大幅下跌之后，探明了底部区域，开始震荡上升，出现两红夹一黑看涨信号，预示着后市还会大涨，可以顺势加仓。

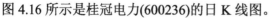

图 4.16 所示是桂冠电力(600236)的日 K 线图。

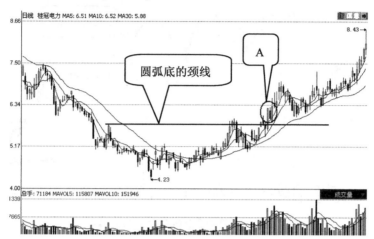

图 4.16　桂冠电力(600236)的日 K 线图

桂冠电力的股价从 9 元开始下跌，不到 3 个月的时间下跌到 4.23 元，幅度高达 50%，然后在低位盘整，股价重心不断上移。在第一次向上突破圆弧底颈线时，没有成功，从而引发回调，但也没有再创新底，这表明新的上升行情开始。

在 A 处，一根大阳线突破了圆弧底的颈线，第二天，股价没有继续上涨，而是低开低走，收了一根中阴线，这让很多投资者开始困惑，胆小的也许就会清仓出场。可第三天，股价低开高走，一举吃掉了中阴线，即出现了两红夹一黑看涨信号，很多投资者大呼上当，但由于股价已高，也不敢追多，就错过了其后的几天行情。

还有一些投资者，在中阴线那天出局后，看到股价一涨再涨，实在忍不住，就追了进去，可没有几天股价就开始回调了，从而把自己套在了次高位。虽然从其后行情来看，可以解套，但心理上受到的伤害肯定很大。

另外，整波行情是沿着 30 日均线上涨的，所以只要不破 30 日均线，中线投资者都可以持仓不动，另外当股价回落到 30 日均线附近，手中还有资金的，仍可以加仓做多。

图 4.17 所示是天方药业(600253)的日 K 线图。

天方药业的股价从 2.47 元启动上涨，经过一年多时间，涨到 9 元多，然后开始高位宽幅震荡。在 A 处，股价出现了两红夹一黑看涨信号，这是主力在进行最后一轮的拉升出货，所以在这里只能轻仓跟随做多。在 B 处，股价进入高位出货阶段，又出现两红夹一黑看涨信号，需要注意的是，这里主力已经开始出货，所以在这里可以继续持有原来的仓位，但不要再加仓了。

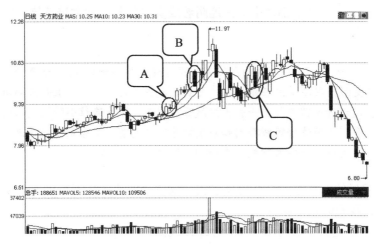

图 4.17 天方药业(600253)的日 K 线图

随后股价有上涨，但很快就下跌回来，这表明主力在加大出货力度。在 C 处，股价又在高位大幅震荡，出现了两红夹一黑看涨信号，在这里一定要明白，主力就是利用这种大幅的变动来吸引短线投资者进场接货的，没有高超的短线技术，最好在场外观望为好，否则很容易被套。

4.4 上升三部曲的实战技巧

上升三部曲，又称升势三鸦，在上升途中出现。上升三部曲由五根 K 线组成，先拉出一根大阳线，接着连续出现三根小阴线，但没有跌破前面阳线的开盘价，随后出现一根大阳线或中阳线，其走势有点类似英文字母"N"。上升三部曲的图形如图 4.18 所示。

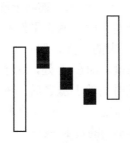

图 4.18 上升三部曲

上升三部曲的 K 线组合中有三连阴，投资者不要就此认为股价会转弱，开始做空。投资者看到该 K 线组合后，可以认定它是一个买入信号，要敢于买进，并持股待

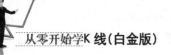

涨。如果投资者把上升三部曲中的三连阴看成卖出信号，就大错特错，抛股离场，会错失一大段行情。

> **提醒** 上升三部曲的变形图形很多，投资者只要明确该 K 线组合的实战意义就行了，碰到变形图形不要太在意形状，更多的是在于它的含义。上升三部曲的真正含义是主力在发动行情前先拉出一根大阳线进行试盘，接着连拉小阴线或以阴多阳少的方式进行压盘，从而清除短线获利筹码或持筹不坚定者，正当短线投资者看空之际，突然发力，再度拉出一根大阳线，宣告调整结束。

股价在明显的上升趋势中，出现了较大幅度的调整，在调整后期出现了上升三部曲看涨信号，要及时加仓跟进。

图 4.19 所示是武钢股份(600005)的日 K 线图。

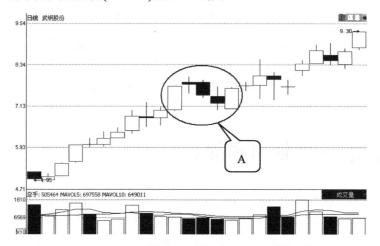

图 4.19　武钢股份(600005)的日 K 线图

武钢股份这一波是从 4.95 开始上涨的，连续上涨了 10 天后，出现一个十字星，这表明上涨无力，可能要出现调整，随后两天果然在调整，但应该注意的是，没有跌破前面那根阳线的最低点，接下来的一天，股价没有继续下跌，而是收出一根中阳线，这表明三根阴线是主力在洗盘。即在 A 处，这个上升三部曲，可以继续看涨，要敢于继续加仓做多。股价经过长时间的上涨之后，进入高位区域震荡，这时出现上升三部曲看涨信号，短线可以轻仓跟随，但要时时警惕，谨防被主力套在高位。

图 4.20 所示是上柴股份(600841)的日 K 线图。

上柴股份从 11.90 元开始上涨，仅仅用了 11 天就上涨到 23.46 元，然后又快速下跌到 16 元左右，接着就开始在相对高位进行震荡。

图 4.20　上柴股份(600841)的日 K 线图

在 A 处，股价出现上升三部曲看涨信号，不过这是震荡行情，不是趋势行情，只能用短线思维，轻仓跟随，有不好信号要及时出局。从其后走势看，先是连续上涨几天，然后在高位震荡 3 天，就开始下跌，这时及时出局还有利润，否则就会被套。

在 B 处，又出现变形的升势三鸦，在这里如果跟进，第二天就会被套住。

如果股价处在明显的下跌趋势中时出现了反弹，在反弹过程中又出现了上升三部曲看涨信号，这很可能是主力在诱多，要小心，要有随时出局观望的准备。

图 4.21 所示是中国医药(600056)的日 K 线图。

图 4.21　中国医药(600056)的日 K 线图

中国医药的股价从 26.80 元开始下跌，快速下跌到 16 元附近，然后进入了横向震荡盘整。首先要明白，这是下跌途中的震荡盘整，出现做多信号，可以轻仓试多，但

不宜盲目看多，并且有不好信号要及时出局观望。

在 A 处，出现了升势三鸦看涨信号，可以轻仓跟多，以免错过行情。但在进场之前一定要设好止损，并且能严格执行，否则在这里看多是相当危险的。从其后的走势看，第二天股价就大跌，如果不及时出局，就会被深套。

4.5　稳步上涨形的实战技巧

稳步上升形的特征是，在上涨过程中，众多阳线中夹着较少的小阴线，股价一路上扬。如果后面的阳线对插入的阴线覆盖速度越快、越有力，则上升的潜力就越大。稳步上升形的图形如图 4.22 所示。

图 4.22　稳步上升形

稳步上升形的出现，表明股价仍会继续上涨，这是一个做多信号。投资者见到该 K 线组合，应以持股为主，不要轻易卖出股票。如果股价处在明显的上升行情中，并且上涨幅度不大，这时出现稳步上涨形看涨信号，表明上涨动力仍在，可以继续看涨，还可以逢低再加仓。

图 4.23 所示是南京中商(600280)的日 K 线图。

图 4.23　南京中商(600280)的日 K 线图

南京中商仅用 10 个月的时间，就从 27.50 元一路下跌到 4.98 元，下跌幅度高达 82%，然后就开始震荡盘整，并且股价重心在不断提高，走出明显的上升趋势，均线也是明显的多头排列。

在 A 处，股价先是上涨 7 天，然后调整 2 天，接着又上涨 4 天，又调整 4 天，接着又上涨，在这种震荡上升过程中，股价重心在上移，表明主力在震荡洗盘，如果手中有这只股票，可以耐心持有，如果没有还可以逢低再加仓，因为这是一个明显的稳步上涨形看涨信号。从其后走势看，股价洗盘结束后，连续 10 天上涨，每天都是阳线。

图 4.24 所示是大恒科技(600288)的日 K 线图。

图 4.24　大恒科技(600288)的日 K 线图

大恒科技先是从 2.90 元开始上涨，上涨到 8 元多后开始回调，回调到 4 元多时止损企稳，然后开始震荡。

深幅调整后，股价从 4.10 元开始上涨，在上涨初期，即 A 处，出现了稳步上涨看涨信号，这时前期仓位可持有，还可以逢低再吃进一部分筹码。因为市场主力只要不大幅拉升，是不可能出货的，因为他们也有成本，也是为了获取利润。

随后股价连续拉升，经过两波上涨之后，上涨到了 11 元多，然后开始回调，接着进入了高位宽幅震荡。在 B 处，股价已处在明显的高位，这时出现稳步上涨形看涨信号，不要轻易进场，因为很可能是市场主力在诱多，一不小心就会被套在高位。如果股价处在明显的下跌趋势中出现了反弹，在反弹过程中出现了稳步上涨形看涨信号，也很可能是主力在诱多，要小心，要有随时出局观望的准备。

图 4.25 所示是亿阳信通(600289)的日 K 线图。

股价进入下跌阶段之后，出现稳步上涨形看涨信号，也不要入场操作，否则很容易被套在高位。在 A 处、B 处、C 处，只要你进场，就会被套，并且不及时止损出局，还会被深套。

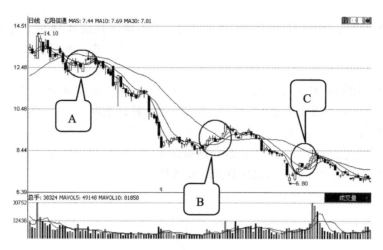

图 4.25　亿阳信通(600289)的日 K 线图

4.6　徐缓上升形的实战技巧

徐缓上升形的特征是，在上涨行情的初期，连续出现几根小阳线，随后出现一两根中、大阳线。徐缓上升形的图形如图 4.26 所示。

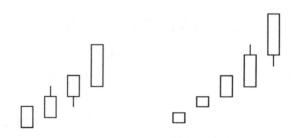

图 4.26　徐缓上升形

在股价刚启动或横盘后股价往上抬升时，出现徐缓上升形 K 线组合，表明多方力量正在逐步壮大，后市虽会有波折，但总趋势向上的格局已初步奠定。投资者看到该 K 线组合，可以适量跟进。

> **提醒**　如果在连续大幅上涨后，出现该 K 线组合，表示升势可能接近尾声，投资者要随时注意见顶信号的出现，然后再结合均线进行抛售。

图 4.27 所示是上海九百(600838)的日 K 线图。

图 4.27 上海九百(600838)的日 K 线图

上海九百从 2.96 元开始上涨，在 A 处出现了徐缓上升形看涨信号，这里最好不要追高买进，最好等回调后再买进。当然如果你有足够的耐心，也可以追高买进，从其后走势上看，只要你能沉得住气，会有翻几倍的收益。

股价经过长时间震荡之后，在 B 处，一根大阳线突破了下降趋势线，这里就是一个最佳买点，要敢于重仓买进。

随后股价一路震荡上涨。在 C 处，股价又出现一个徐缓上升形看涨信号，这表明上涨行情继续，前期仓位继续持有，并且还可以等回调再加仓。

在 D 处，也出现了一个徐缓上升形看涨信号，仍可逢低加仓做多。总之，只要我们有耐心坚持在正确的方向上持有仓位，时间越长，获得的收益越大。

股价经过长时间的上涨之后，进入高位区域，然后在高位震荡，这时出现徐缓上升形看涨信号最好观望，不要轻易进场，以防被主力套在高位。

图 4.28 所示是上工申贝(600843)的日 K 线图。

上工申贝从 7.44 元开始上涨，用到 3 个月的时间上涨到 17 元附近，即 A 处，在这里股价出现了一个徐缓上升形看涨信号。由于股价已上涨了 3 个月，并且上涨幅度较大，所以在这里最好保持原来的仓位，不要再加仓了。

随后股价虽然又连续上涨，并创出 20.45 元的新高，但很快又跌了下来，如果没有高超的短线技术，最好不要参与，即在 A 处考虑的是风险，而不是扩大收益，所以要时时注意不好信号，随时准备获利出局。

创出新高后，股价就开始大幅下跌，最终在 12 元附近止损，然后震荡上涨，在 B 处，出现了一个徐缓上升形看涨信号。不过这是反弹行情，并且反弹高度已差不多了，随时有结束的可能，所以在这里想的不应该是加仓做多，而应该是减仓或清仓出局观望。

图 4.28　上工申贝(600843)的日 K 线图

从其后走势来看，股价虽然又出了新高点，但如果不及时止赢的话，最终会被套住，如果抱有不解套不出局的想法，最终会被深套。

4.7　上升抵抗形的实战技巧

上升抵抗形的特征是，在股价上升过程中，连续跳高开盘，收出众多阳线，其中夹着少量阴线，但这些阴线的收盘价均比前一根 K 线的收盘价高。上升抵抗形的图形如图 4.29 所示。

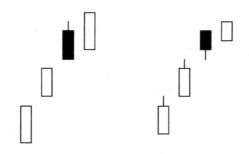

图 4.29　上升抵抗形

股价上升时出现上升抵抗形，是买方力量逐渐增强的一种表现，显示日后股价仍会继续上涨，少数情况下，还可能出现加速上扬的走势。投资者见到该 K 线组合，可以考虑适量买进。

> **提醒**　从推动股价上涨的短期作用来说，力量最强的是上升抵抗形，其次是徐缓上升形，之后是稳步上升形，最后是冉冉上升形。但这仅仅对短线操作有参考价值，对中长线操作而言，不疾不慢的上升走势反而让人放心。

图 4.30 所示是招商银行(600036)的日 K 线图。

图 4.30　招商银行(600036)的日 K 线图

招商银行的股价从 6 元左右启动，一路上涨到 8 元多，并且上涨趋势保持良好。这时在 A 处，股价连续跳空高开，出现了上升抵抗形看涨信号，这表明上涨动力仍在，可以继续持有前期筹码，还可以等充分回调后再逢低加仓做多。

在 B 处，股价连续三天跳空高开大涨，出现了上升抵抗形看涨信号，但这时已上涨到 19 元附近，由于上涨时间很长，涨幅巨大，所以在这里不能盲目追高，而是应该进行波段操作，即逢高减仓，然后等充分回调后再进场。在 C 处，股价经过充分回调后，又出现上升抵抗形看涨信号，这时可以继续看涨，但也不要太盲目，最好等回调时逢低进场，或分批进场。

图 4.31 所示是民生银行(600016)的日 K 线图。民生银行的股价从 4 元左右启动，用了一年多一点的时间上涨到 18 元，然后在高位震荡。我们要明白的是，市场主力拉高股价的目的是为了获利，最终还是要出货的，所以大幅上涨后的股价再操作只能是短线，并且一定要以保护赢利为主。股价最高上涨到 18.09 元，然后开始震荡下跌，下跌到 15 元左右时开始止损反弹，反弹速度很快，连续跳空高开大阳线上攻，即在 A 处，出现了上升抵抗形看涨信号，虽然可以看涨，但在这么高的位置，主力到底要干什么？是在吸货吗？是怕散户来抢筹码吗？不是，这是主力在利用快速赚钱效应来吸引散户入场接货。如果我们有高超的短线技术，可以短线操作，但一定要注意

风险，一旦有不好的信号，就必须要及时止损或止赢出局。

图4.31 民生银行(600016)的日K线图

4.8 下探上涨形的实战技巧

下探上涨形的特征是，在上涨行情中，某日股价突然大幅低开，甚至以跌停板开盘，但当日却引出一个大阳线或以涨停板报收，从而在图中拉出一根低开高走的大阳线。这就构成了先下跌后上涨的形态，故命名为"下探上涨形"。下探上涨形的图形如图4.32所示。

从技术含义上来说，下探上涨形往往预示着后面将有一段较好的上扬行情。如果这种 K 线出现在涨势初期，就是一个可靠的买入信号。投资者见此 K 线，可以继续买进，并采取持筹待涨的策略。

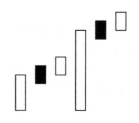

图4.32 下探上涨形

提醒 下探上涨形 K 线组合是一个强烈的做多信号，特别是在股价刚刚启动时出现。出现该 K 线组合，股价十有九涨，因此有人把下探上涨形中的那根从底部崛起的长阳线形象地称为"擎天柱"。擎天柱一旦出现，后市的前景就相当光明了。股市实战高手相当看重该 K 线组合，因为股价从低位开盘拉起，最后拉到高位收盘，这样的力度有多大，即拉升的主力实力肯定不小。

图4.33 所示是特变电工(600089)的日 K 线图。

图 4.33　特变电工(600089)的日 K 线图

　　特变电工经过连续下跌后，然后进行反弹，这时出现了下探上涨形的 K 线组合，这是一个买入信号，投资者可以适量买进，然后持筹待涨。如果股价在高位，出现下探上涨形的 K 线组合，投资者要小心是主力在诱多。

　　图 4.34 所示是招商银行(600036)的日 K 线图。招商银行从 2008 年 10 月份开始反弹，股价在不到一年的时间内从 10.96 元上涨到 19 元多，涨幅已经很大，这时在 A 处出现了下探上涨形的 K 线组合，从时间和涨幅上来看，该股的股价都已上涨得差不多了，所以这里不能盲目加仓，即使加仓也只能是少量资金进行操作。

图 4.34　招商银行(600036)的日 K 线图

　　股价在出现下探上涨形的 K 线组合后不久见顶，之后快速下跌，从 26.28 元一直跌到 18.02 元，然后又开始反弹，反弹过程中在 B 处又出现下探上涨形的 K 线组合，

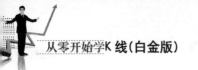

而这时的股价已反弹到 25 元，接近前期新高了，这里可不可以加仓呢？

从大势上来说，大势已由强慢慢转弱，并且该股股价不太可能一次突破前期高点，这里出现下探上涨形是告诉投资者股价要大涨了，让投资者快些加仓，但这个信号是真是假呢？投资者一想就会明白，很可能是在诱多，因为在大势不好的情况，想一次就突破前期高点是太不现实的。

4.9　上涨二颗星和上涨三颗星的实战技巧

上涨二颗星，在上涨初期、中期出现，由一大两小三根 K 线组成。在上涨时，先出现一根大阳线或中阳线，随后就在这根阳线的上方出现两根小 K 线，既可以是小十字线，也可以是实体很小的阳线或阴线。上涨二颗星的图形如图 4.35 所示。

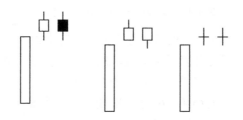

图 4.35　上涨二颗星

上涨二颗星的出现，表明涨势仍会继续，股价很可能在短期内展开新一轮的升势。投资者看到该 K 线组合，可适量增加仓位，持筹待涨。

上涨三颗星，在上涨初期、中期出现，由一大三小四根 K 线组成。在上涨时，先出现一根大阳线或中阳线，随后就在这根阳线的上方出现三根小 K 线，既可以是小十字线，也可以是实体很小的阳线或阴线。上涨三颗星的图形如图 4.36 所示。

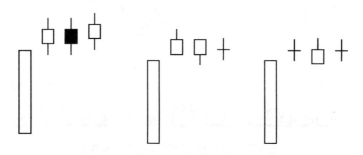

图 4.36　上涨三颗星

上涨三颗星与上涨二颗星的含义相同，这里不再重复。

图 4.37 所示是民生银行(600016)的日 K 线图。

图 4.37　民生银行(600016)的日 K 线图

　　民生银行股价见底后，开始震荡上升，然后出现了上涨二颗星 K 线组合，这是一个买入信号，表明涨势仍会继续，股价很可能在短期内展开新一轮的升势。投资者看到该 K 线组合，可适量增加仓位，持筹待涨。如果股价已经过较长时间的上涨，然后在高位震荡，这时出现上涨二颗星 K 线组合，不要想当然地买进，而是要根据大势情况来确定是否操作，并且要轻仓，一有不好信号就要及时出局，毕竟股价现在在高位。

　　图 4.38 所示是中国联通(600050)的日 K 线图。

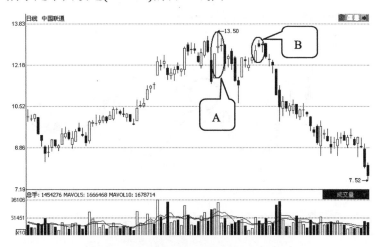

图 4.38　中国联通(600050)的日 K 线图

　　中国联通的股价从 2 元左右上涨，一路上涨到 13 元左右，然后开始在高位震荡，这时出现上涨二颗星，这不是买进信号，而是上涨无力，主力在出货的信号，对于这一点我们一定要清楚。在 A 处和 B 处，如果投资者想当然地买进，并且不及时止损出局，就会被套在高高的山岗上。

图 4.39 所示是四川长虹(600839)的日 K 线图。

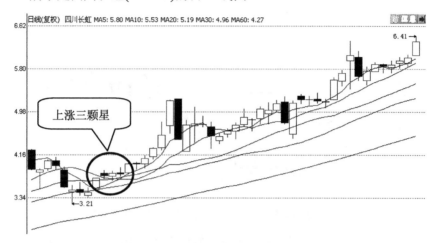

图 4.39   四川长虹(600839)的日 K 线图

四川长虹在横向震荡洗盘后，开始震荡上升，出现了上涨三颗星 K 线组合，这是一个买入信号。投资者可以适量参与，持筹待涨。如果股价已大幅上涨，然后在高位震荡，这时出现上涨三颗星 K 线组合，就不能买入，同样在下跌行情中，出现上涨三颗星 K 线组合，也不能买入，如图 4.40 所示。

图 4.40   上港集团(600018)的日 K 线图

 提醒   主力就是利用反技术手段欺骗中小散户投资者的。

4.10　跳空上扬形和高位并排阳线的实战技巧

跳空上扬形，又称升势鹤鸦缺口，其特征是在上升趋势中，出现了一根跳空上扬的阳线，但第二天股价不涨反跌拉出一根阴线，不过其收盘价收在前一天跳空处附近，但缺口并没有被填补。跳空上扬形的图形如图 4.41 所示。

跳空上扬形的出现，表示股价在攀升的过程中遇到了一些麻烦，之后多方经过努力，克服或战胜了这一挫折，继续把股价往上推。跳空上扬形，是一个继续看涨信号，常常出现在上升行情的初期、中期，然后经过短暂的调整，就开始向上发力进攻。投资者看到该 K 线组合，可以适量买入或持股待涨。

高位并排阳线，又称升势恋人肩并肩缺口，其特征是在行情上涨途中，两个有着大约相同开盘价格的阳线跳空升起，与前一日的阳线之间形成一个缺口。高位并排阳线的图形如图 4.42 所示。

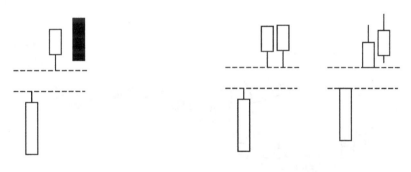

图 4.41　跳空上扬形　　　　　　　　图 4.42　高位并排阳线

高位并排阳线的出现，表明股价还会继续上涨，其缺口往往会成为今后一段时期内股价运行的支撑区域，即当股价下跌至该区域时，一般能够得到较强的支撑。

图 4.43 所示是日照港(600017)的日 K 线图。日照港在不断攀升的过程中，出现了跳空上扬形 K 线组合。该 K 线组合是一个继续看涨信号，投资者可以适量买入持股待涨。

图 4.44 所示是中海发展(600026)的日 K 线图。

中海发展在不断攀升的过程中，出现了高位并排阳线 K 线组合。该 K 线组合后，一般股价会有一个调整，有的时间较长，有的时间较短，然后又发力上攻。投资者看到该 K 线组合，可以等其调整后适量买进。如果股价已大幅上涨或在下跌趋势中，出现跳空上扬形或高位并排阳线 K 线组合都不能买入。

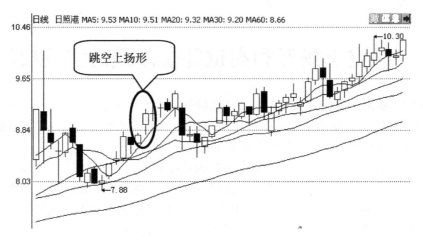

图 4.43　日照港(600017)的日 K 线图

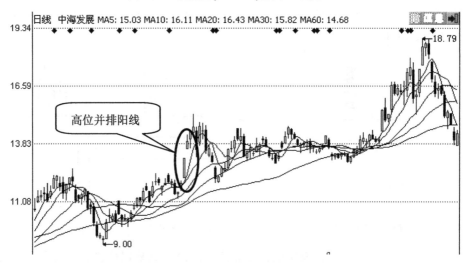

图 4.44　中海发展(600026)的日 K 线图

4.11　蛟龙出海的实战技巧

　　蛟龙出海的意思是像一条久卧海中的蛟龙，一下子冲天而起，其特征是，拉出大阳线，一下子把短期、中期和长期几根均线全部吞吃，有过五关，斩六将的气势。蛟龙出海的图形如图 4.45 所示(图中用直线"——"表示短期移动平均线，如 5 日均线；用虚线"………"表示中期移动平均线，如 10 日均线；用点划线"－－－" 表示长期移动平均线，如 30 日均线)。

　　蛟龙出海是明显的见底信号，如果成交量随之放大，说明主力已吸足筹码，现在就要直拉股价。这时投资者可以买进，但要警惕主力用来诱多，所以投资者最好在拉出大阳线后，多观察几日，如果重心上移，则可再加码追进。

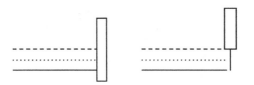

图 4.45　蛟龙出海

提醒　标准的蛟龙出海是很少见的，但变形的蛟龙出海却不少，投资者要学会认真辨别。

图 4.46 所示是中国石化(600028)的日 K 线图及不同的移动平均线。

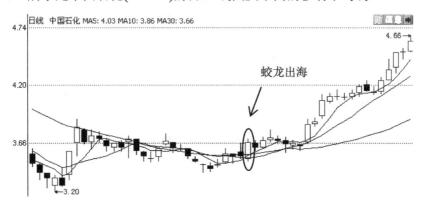

图 4.46　中国石化(600028)的日 K 线图及不同的移动平均线

中国石化大幅下跌创出新低后，开始反弹并盘整，这里所有均线开始走平，然后出现一根大阳线，一下子把短期、中期和长期几根均线全部吞吃，这时投资者就可以适量买进，也可以观察几天，看一下股价重心是否上移，如果上移，就可以再追加仓位。

当大盘或个股的月 K 线出现"蛟龙出海"的阳线时，表明中期底部或长期底部已探明，投资者可以积极做多。

图 4.47 所示是上证指数的月 K 线图，1996 年 4 月和 1999 年 5 月都出现了蛟龙出海 K 线，即一根阳线同时上穿 5 日、10 日和 30 日均线，这是一个明显的做多信号，投资者要敢于重仓介入，会有不错的投资回报。

图 4.48 所示是宝钢股份(600019)的月 K 线图，在 2003 年 1 月份出现了蛟龙出海 K 线，投资者可以积极做多。

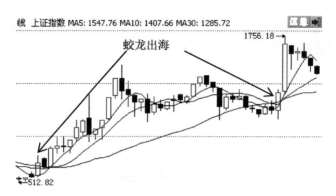

图 4.47　上证指数的月 K 线图

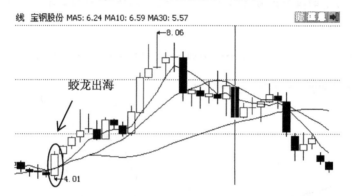

图 4.48　　宝钢股份(600019)的蛟龙出海 K 线图

第 5 章

见顶 K 线的实战技巧

逃顶技术很多，但见顶信号的 K 线和 K 线组合是最有效、最直接的分析技术，只要能熟悉掌握并灵活运用见顶信号的 K 线和 K 线组合，就能把握好卖出时机，从而找准股市节拍，实现快乐炒股。

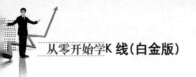

5.1 黄昏十字星的实战技巧

黄昏十字星的特征是，股价经过一段时间的上涨后，出现向上跳空开盘，开盘价与收盘价相同或非常接近，并且留有上下影线，形成一颗"十字星"，接着第 2 天跳空拉出一根下跌的阴线。黄昏十字星的标准图形如图 5.1 所示。

黄昏十字星的出现，表示股价已经见顶或离顶部不远，股价将由强转弱，一轮跌势将不可避免。投资者见此 K 线图，离场出局为妙。黄昏十字星常见的变化图形如图 5.2 所示。

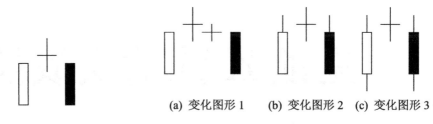

(a) 变化图形 1　　(b) 变化图形 2　　(c) 变化图形 3

图 5.1　黄昏十字星　　　　　　　图 5.2　黄昏十字星常见的变化图形

股价经过长时间的大幅上涨之后，出现了黄昏十字星见顶信号，这表明多方力量已衰竭，空方开始聚力反攻，所以这时要及时清仓出局观望，否则获得的收益可能会回吐，不及时出局，甚至还会被套。

图 5.3 所示是皖维高新(600063)的日 K 线图。

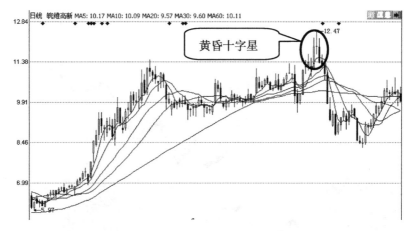

图 5.3　皖维高新(600063)的日 K 线图

皖维高新的股价经过多次拉升后，创出了 12.47 元的高价，这时的 K 线组合就是黄昏十字星，是最明显的股价见顶信号，准确率高达 85%以上。看到此 K 线组合，要尽快卖出手中的投票，否则就会损失惨重。

股价见顶后，开始大幅下跌，然后又快速反弹，在反弹的末端如果出现黄昏十字星见顶信号，抄底多单要及时出局，否则也会被套在高位。

图 5.4 所示是招商银行(600036)的日 K 线图。

图 5.4　招商银行(600036)的日 K 线图

招商银行从 6 元左右开始起步上涨，一路上涨到 46.33 元，上涨幅度高达 672%。经过这么长时间的上涨，上涨幅度这么大，主力已经获利丰厚。主力操作股票的目的是为了获利，不是为了与股票谈恋爱，所以在高位一定要多长个心眼，要随时准备逃顶。

股价见顶后，开始震荡下跌，主力为了出货，常常下跌后又开始反弹，让不明真相的投资者认为股价又开始新的波段上涨了，从而把散户诱骗在高位。

在 A 处，股价经过两波反弹，出现了黄昏十字星见顶信号，在这里如果还持有该股，一定要果断出局，否则后面就没有机会了。从其后走势看，股价一路下跌，从 46.33 元一路下跌到 10 元左右，如果不及时卖出，受到惨重损失是必然的。股价如果探明底部区域，开始震荡上升，但涨幅不大，这时出现黄昏十字星见顶信号，短线可以减仓，然后再逢低把仓位补回来，中线可以持仓不动。

图 5.5 所示是哈飞股份(600038)的日 K 线图。

哈飞股份的股价从 35.02 元开始下跌，经过近一年的时间已下跌到 7 元，下跌幅度高达 80%。之后开始震荡盘升，这时如果出现黄昏十字星见顶信号，投资者不必过于害怕，因为这么长时间的大幅下跌，股价已没有继续大幅下跌的动能，这里很可能是主力在诱空，短线可以减仓，中线可以持仓不动。

从其后的走势来看，股价回调后就开始大幅拉升，这一波从 7 元一路上涨到 38 元。

图 5.5　哈飞股份(600038)的日 K 线图

5.2　黄昏之星的实战技巧

黄昏之星，出现在上升趋势趋中，是由三根 K 线组成的，第一根 K 线是实体较长的阳线；第二根 K 线是实体较短的阳线或阴线，如果是阴线，则其下跌力度要强于阳线；第三根 K 线是实体较长的阴线，并深入到第一根 K 线实体之内。黄昏之星的标准图形如图 5.6 所示。

黄昏之星是股价见顶回落的信号，预测股价下跌可靠性较高，据统计有 80%以上。所以，投资者见到该 K 线组合，不宜再继续买进，应考虑及时减仓，并随时做好止损离场的准备。黄昏之星常见的变化图形如图 5.7 所示。

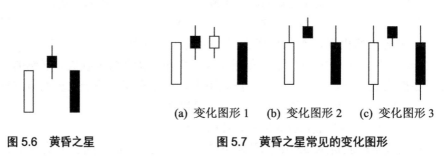

(a)　变化图形 1　　　(b)　变化图形 2　　　(c)　变化图形 3

图 5.6　黄昏之星　　　　　　　图 5.7　黄昏之星常见的变化图形

提醒　黄昏之星见顶信号没有黄昏十字星强。

黄昏十字星和黄昏之星都是很明显的见顶信号，其技术意义是，盘中做多的能量在拉出一根大阳线或中阳线后就戛然而止，随后出现一个冲高回落的走势，这表明多方的最后努力失败了，然后从右边出现一根大阴线或中阴线，将左边的阳线吞吃，此时空方已完全掌握了局势，行情开始走弱。如果股价重心开始下移，那么就是明显的见顶信号，接下来将是慢速或快速的大幅回调。投资者还要注意，在形成黄昏十字星或黄昏之星时，如果成交量明显放大，或者是关键的技术点位被其击破，那么见顶信号就更明显了，要果断斩仓，否则就会出现重大的投资失误。

　　如果股价经过大幅上涨，并且出现快速拉升后出现了黄昏之星 K 线组合，则股价明显已见顶或即将见顶，投资者这时要果断逢高出局为妙，如图 5.8 所示。

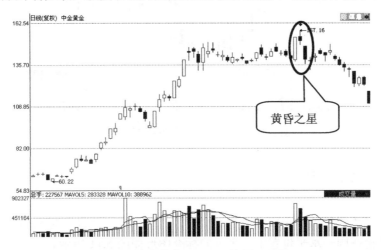

图 5.8　中金黄金(600489)的日 K 线图

　　如果股价见顶后，快速下跌再反弹，在反弹中出现黄昏之星 K 线组合，投资者要果断出局，否则会被深套，如图 5.9 所示。

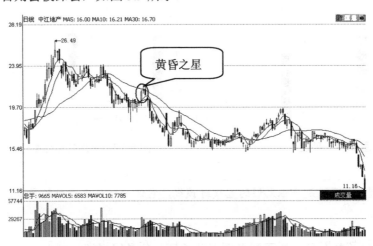

图 5.9　中金黄金(600489)其后的走势

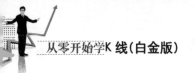

如果股价已处于明显的上升趋势中，并且升幅不大，出现了黄昏之星K线组合，短线投资者要减仓，中长线投资者则可以持仓不动，如图5.10所示。

图5.10　黄山旅游(600054)的日K线图

5.3　平顶的实战技巧

平顶，又称钳子顶，出现在涨势行情中，由两根或两根以上的K线组成，但这些K线的最高价在同一水平位置上。平顶的标准图形如图5.11所示。

平顶是见顶回落的信号，它预示股价下跌的可能性大，特别是与吊颈线、射击之星等其他见顶K线同时出现时。投资者见到此K线形态，只有"三十六计，走为上计"，快快躲开这个是非之地。平顶的变化图形如图5.12所示。

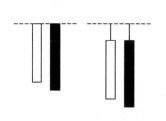

图5.11　平顶

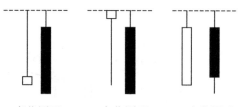

(a) 变化图形1　(b) 变化图形2　(c) 变化图形3

图5.12　平顶的变化图形

> **提醒**　平顶就是一根无形的直线封锁线，它像一道不可逾越的屏障，迫使股价掉头下行。

股价经过较长时间、较大幅度的上涨之后，在高位出现平顶见顶信号，要及时出局观望，最少要减仓应对风险。

图 5.13 所示是啤酒花(600090)的日 K 线图。

图 5.13　啤酒花(600090)的日 K 线图

啤酒花的股价从 8.62 元开始上涨，经过 3 个多月的上涨，上涨到 16.18 元。

在 A 处，股价在高位震荡，连续几次向上冲击 16.20 元，虽然有一天冲高到 16.35 元，但当天就下跌回来，这表明 16.20 元一线有相当强的压力，股价很难突破，即在 16.20 元一线出现了平顶见顶信号。所以这里要减仓以应对风险，等突破 16.20 元以后再把仓位补回来。从其后的走势看，股价开始一路下跌，所以在第二次反弹不能向上突破时，就要及时清仓出局观望。

股价处于明显的下跌趋势中，如果出现了反弹，在反弹的过程中出现了平顶见顶信号，也可及时出局观望，以防被套在半山腰。

图 5.14 所示是云天化(600096)的日 K 线图。

图 5.14　云天化(600096)的日 K 线图

云天化从 31.60 元开始下跌，快速下跌到 23 元附近止跌反弹，反弹到 27.80 元附近又出现了回调。回调到前期低点 23 元附近时，出现了止跌信号，这是一个相当不错的入场点，即 A 处，在这里可以加仓买进。

反弹到 B 处，即前期高点 27.80 元附近，连续 4 天都没有突破 27.80 元压力位，说明这里出现了平顶见顶信号，同时也表明这里压力很重，还是及时减仓或清仓出局观望为妙。如果股价已经过长时间的下跌，并且跌幅较大，然后开始震荡上升，在上涨初期出现了平顶见顶信号，短线可以减仓，中线可以持仓不动。

图 5.15 所示是中科英华(600110)的日 K 线图。

图 5.15　中科英华(600110)的日 K 线图

中科英华的股价从 32 元一路下跌到 3.5 元，然后开始震荡盘升。在上涨的初期，由于上涨幅度不大，出现平顶见顶信号，短线可以减仓，中线可以持仓不动。在 A 处，股价连续 4 天都没有突破 5.6 元，即出现了平顶见顶信号，有回调的风险，但从其后的走势看，回调幅度很少，并且很快又向上突破了。

5.4　塔形顶的实战技巧

塔形顶的特征是，在一个上涨行情中，首先拉出一根较有力度的大阳线或中阳线，然后出现一连串向上攀升的小阳线或小阴线，之后上升速度减缓，接着出现一连串向下倾斜的小阴线或小阳线，最后出现一根较有力度的大阴线或中阴线，这样塔形顶就形成了。塔形顶的图形如图 5.16 所示。

当股价在上涨时，出现塔形顶 K 线形态，投资者就要高度警惕，并及时抛空出局。塔形顶的变化图形如图 5.17 所示。

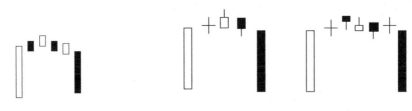

图 5.16　塔形顶　　　　　　　　　图 5.17　塔形顶的变化图形

提醒　塔形顶的左右两根实体较长的大阳大阴线之间，聚集的 K 线越多，其见顶信号越强；左右两根 K 线的实体越长，特别是右边的阴线实体越长，信号就越强。

根据作者多年的实战经验，一旦发现见顶信号，应及早做好撤退准备或先卖出一部分筹码，接下来紧盯盘面，如果后面的 K 线走势确认了见顶信号，那就应果断止损离场。

股价经过较长时间、较大幅度的上涨之后，在高位出现塔形顶见顶信号，一定要及时出局观望，不要心存幻想，否则很可能被套在高高的山顶，甚至好几年都解不了套。

图 5.18 所示是云天化(600096)的日 K 线图。云天化的股价从 15.45 元开始启动，在 3 个月的时间内上涨到 29 元附近，然后开始高位震荡。震荡一周左右，一根大阳线拉起，创出了新高，很多投资者以为新的上涨行情开始，于是开始追高买进，可接下来的几天，股价没有继续上涨，而是连续收了四根十字星，这表明主力很可能利用大阳线来拉高出货，一定要小心。接着一根大阴线杀下来，出现了塔形顶见顶信号，这时要果断出局，否则就会被套在高高的山顶。

图 5.18　云天化(600096)的日 K 线图

如果股价处在明显的下降趋势中，出现了反弹，在反弹的中后期出现了塔形顶见顶信号，也要及时出局，否则就会被套在山腰。

图 5.19 所示是中船股份(600072)的日 K 线图。

图 5.19　中船股份(600072)的日 K 线图

中船股价的股价从 2 元左右开始启动，经过长时间的上涨后，上涨到 64 元左右，然后开始大幅回调，回调到 33 元左右止跌，开始反弹。股价震荡，反弹到 46 元附近，就出现反弹无力的现象，即在 A 处。在 46 元附近连续盘整了 12 天，这是明显的滞涨信号，一旦向下突破，投资者要果断出局。最终股价向下突破，出现了塔形顶见顶信号，所以越早止损或止赢出局越妙。

如果股价经过较长时间、较大幅度的下跌之后，探明了底部区域，开始震荡上升，在这个过程中出现塔形顶见顶信号，不要过分害怕，短线可以减仓应对风险，中线可以持仓不动。

图 5.20 所示是人福医药(600079)的日 K 线图。

图 5.20　人福医药(600079)的日 K 线图

人福医药的股价从 16.34 元开始下跌，一路下跌到 2.88 元，然后震荡上升。由于下跌时间较长，并且下跌幅度较大，所以在震荡上升的初期，在 A 处和 B 处连续出现塔形顶都不可怕，短线只需减仓，中线可以持仓不动。

5.5　圆顶的实战技巧

圆顶，出现在涨势行情中，股价形成一个圆弧顶，并且圆弧内的 K 线多为小阴小阳线，最后以向下跳空缺口来确认圆顶形态成立。圆顶的图形如图 5.21 所示。

当股价在上涨或横向整理时，出现圆顶 K 线形态，表示多方已无力推高股价，后市很可能转为跌势。投资者见到该 K 线形态，就要尽快清仓出局。股价经过较长时间、较大幅度上涨之后，在高位出现圆顶见顶信号，要及时出局观望，最少要减仓应对风险。

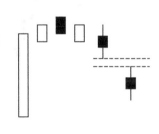

图 5.21　圆顶

图 5.22 所示是江苏索普(600746)的日 K 线图。

图 5.22　江苏索普(600746)的日 K 线图

江苏索普的股价从 7.12 元开始启动上涨，不到半年的时间，就上涨到 11 元附近。在 A 处，股价先是一根大阳线突破 11 元，随后几天股价没有继续上涨，而是在 11 元附近震荡，这表明上涨动力不足，震荡 6 天后，第 7 天股价跳空低开，并且当天收了一根大阴线，即圆顶见顶信号出现，在这一天一定要及时出局观望，否则就会越

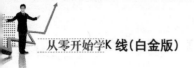

套越深。

在明显的下跌行情中,如果股价在反弹过程中出现圆顶见顶信号,也可及时出局观望,否则很容易被套在半山腰。

图 5.23 所示是大连控股(600747)的日 K 线图。

图 5.23　大连控股(600747)的日 K 线图

在 A 处,股价一根大阳线开始了反弹之路,但随后几天股价没有继续上涨,而是在横向盘整,最后一根跳空阴线打破了这种震荡平衡,所以在这一天要果断止损出局观望。如果股价已经过长时间的下跌,并且幅度较大,之后开始震荡上涨,在上涨初期出现了圆顶见顶信号,短线可以减仓,中线可以持仓不动。

图 5.24 所示是中航重机(600765)的日 K 线图。

图 5.24　中航重机(600765)的日 K 线图

中航重机的股价从 53.8 元开始下跌，一路下跌到 6.61 元，然后震荡上升。在上涨的初期，如果出现了圆顶见顶信号，不要过分担心，短线可以减仓控制风险，中线可以持仓不动。

在 A 处出现了圆顶见顶信号，跳空下跌那一天如果减仓，你会发现第二天股价就收出一根中阳线，这表明圆顶可能是主力在诱空，第三天一根大阳线突破圆顶的高点，这进一步说明是主力在诱空，要及时把仓位补回来。虽然这里出现了低卖高买，但控制了风险，是正确的操作方法。

5.6　淡友反攻、乌云盖顶和倾盆大雨的实战技巧

淡友反攻的特征是，在上升行情中，在出现中阳线或大阳线的次日，股价跳空高开，但上攻无力，继而下跌，其收盘价与前一根阳线的收盘价相同或相近，形成一根大阴线或中阴线。淡友反攻的图形如图 5.25 所示。

淡友反攻是见顶信号，它提示投资者不要再盲目看多了。淡友反攻与乌云盖顶的区别是，阴线实体未深入阳线实体，其预示下跌的可靠性不如乌云盖顶。但上升行情中如果出现淡灰反攻，并伴随着成交量急剧放大，其领跌作用甚至要超过乌云盖顶，这一点投资者不可忽视。所以见到该 K 线组合，投资者要适量减仓。

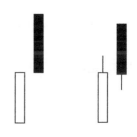

图 5.25　淡友反攻

> **提醒**　淡友反攻，又称黑云压阵，意思是说股价在上涨途中遇到黑云压在头顶上，那其后的走势就岌岌可危了。虽然此 K 线组合出现后，股价不会马上跌下来，但这朵压在头上的"黑云"一旦化成"暴雨"，股价就要大跌了。

乌云盖顶的特征是，在上升行情中，出现一根中阳线或大阳线后，第二天股价跳空高开，但没有高走，反而高开低走，收了一根中阴线或大阴线，阴线的实体已经深入到第一根阳线实体的 1/2 以下处。乌云盖顶的图形如图 5.26 所示。

乌云盖顶是一种见顶信号，表示股价上升势头已尽，一轮跌势即将开始。投资者见此 K 线组合，应警觉

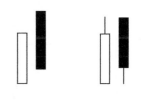

图 5.26　乌云盖顶

起来，可以先抛掉一些筹码，余下的筹码视其后势而定，如果发现股价重心下移，就可以确定见顶信号已被市场确认，此时很有可能要大幅下跌了，投资者要果断抛空所有筹码，出局观望。

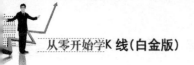

倾盆大雨的特征是，在股价有了一段升幅之后，先出现一根大阳线或中阳线，接着出现了一根低开低收的大阴线或中阴线，其收盘价已比前一根阳线的开盘价要低。倾盆大雨的标准图形如图 5.27 所示。

倾盆大雨，即股市要遭受暴雨袭击，这种 K 线组合对多方是极为不利的，投资者应及时退出观望。倾盆大雨常见的变化图形如图 5.28 所示。

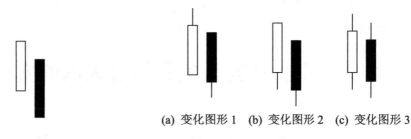

(a) 变化图形 1　(b) 变化图形 2　(c) 变化图形 3

图 5.27　倾盆大雨　　　　图 5.28　倾盆大雨常见的变化图形

提醒　倾盆大雨杀伤力很强，因为该 K 线组合的第二根阴线已经跌破了前面一根阳线的开盘价，形势一下子变得非常不妙。特别是当股价已有大幅上涨后出现该 K 线组合，意味着行情已见顶，股价就要出现重挫了。

股价大幅上涨，并且经过快速拉升后出现淡友反攻、乌云盖顶或倾盆大雨 K 线组合，表明股价已见顶或即将见顶，这时投资者要万分小心，应及时减仓，如图 5.29 所示。

如果股价已处于明显的下跌趋势中，并且处于下跌初期或下跌途中，出现了反弹，在反弹末期出现淡友反攻、乌云盖顶或倾盆大雨 K 线组合，要果断清仓离场，如图 5.30 所示。

如果股价经过大幅下跌，成功探出底部后开始震荡上升，在上升途中出现了淡友反攻、乌云盖顶或倾盆大雨 K 线组合，短线投资者要减仓或清仓，而中长期投资者可以持仓不动，如图 5.31 所示。

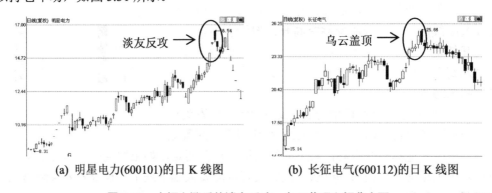

(a) 明星电力(600101)的日 K 线图　　　(b) 长征电气(600112)的日 K 线图

图 5.29　大幅上涨后的淡友反攻、乌云盖顶和倾盆大雨

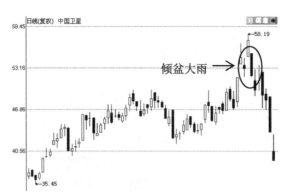

(c)中国卫星(600118)的日 K 线图

图 5.29 大幅上涨后的淡友反攻、乌云盖顶和倾盆大雨(续)

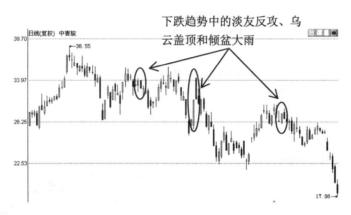

图 5.30 中青旅(600138)的日 K 线图

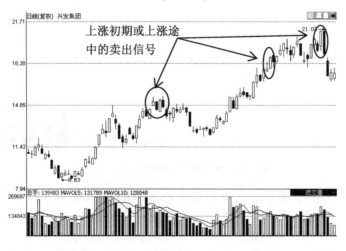

图 5.31 兴发集团(600141)的日 K 线图

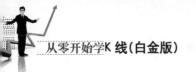
5.7　双飞乌鸦的实战技巧

　　双飞乌鸦的特征是，在上升行情中，连续出现两根阴线，第一根阴线的实体部分与上一根 K 线的实体形成一段小缺口，形成起飞的形态，可惜翅折羽断，没有飞起来，出现了高开低走的情形；第二根阴线也重蹈第一根阴线的覆辙，同样高开低走，不过第二根阴线比较长，把第一根阴线完全吞并。从图形上看，好象两个乌鸦在空中盘旋，所以被起名为双飞乌鸦。双飞乌鸦的图形如图 5.32 所示。

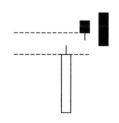

图 5.32　双飞乌鸦

　　双飞乌鸦的出现是令人生厌的，说明人们对股市已很腻烦，做多力量严重不足，后市由升转跌的可能性很大。股价经过较长时间、较大幅度的上涨之后，在高位出现双飞乌鸦见顶信号，要及时出局观望，最少也要减仓应对风险。

　　图 5.33 所示是太原刚玉(000795)的日 K 线图。

　　太原刚玉从 7.72 元开始上涨，先是小阳小阴地震荡上升，然后放量大幅拉升，并且在 A 处出现了双飞乌鸦，这是一个不好的信号，表明主力开始进行获利出货，所以一定要高度警惕。

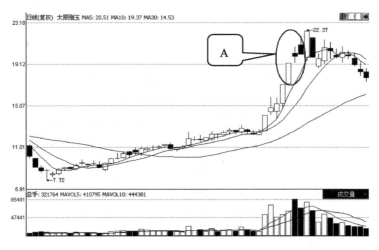

图 5.33　太原刚玉(000795)的日 K 线图

　　双飞乌鸦出现后，股价还在 5 日均线之上，所以可以暂时持有，随后股价没有下跌，而是又拉出一根大阳线，但大阳线后股价是低开低走，收了一根中阴线，跌破了 5 日均线，所以在这里要果断出局观望。如果股价已经过长时间的下跌，并且跌幅较大，然后开始震荡上升，在上涨初期出现了双飞乌鸦见顶信号，短线可以减仓，中线可以持仓不动。

图 5.34 所示是上证指数(000001)的日 K 线图。

图 5.34　上证指数(000001)的日 K 线图

上证指数从 6124 点开始下跌，一路下跌到 1664 点，下跌幅度高达 72%，然后开始震荡上升，在上涨初期出现双飞乌鸦见顶信号，这时投资者不要恐慌，耐心关注均线的变化即可。在 A 处出现双飞乌鸦见顶信号，由于上涨幅度不大，并且没有跌破 5 日均线，可以耐心持有，关注其后几天的变化，随后股价没有继续下跌，而是低开高走，并不断创新高，所以可以持有。

5.8　三只乌鸦的实战技巧

三只乌鸦，又称暴跌三杰，其特征是，在上升行情中，股价在高位出现三根连续跳高开盘，但却以阴线低收的 K 线。三只乌鸦的图形如图 5.35 所示。

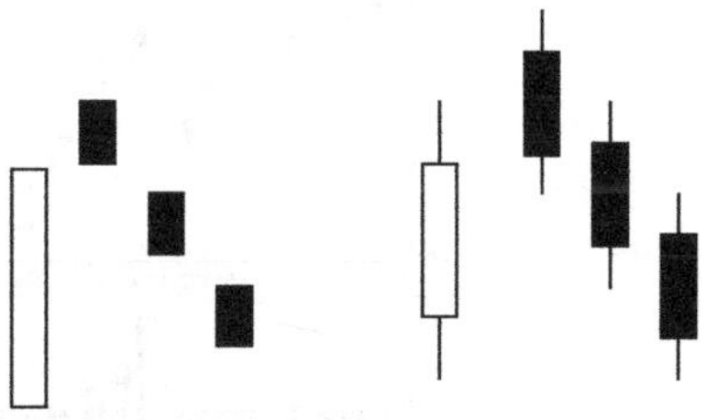

在上涨趋势中出现三只乌鸦，说明上档卖盘压力沉重，多方每次跳高开盘均被空方无情地打了回去。这是股价暴跌的先兆，是个不祥的信号，投资者要及早离场。股价经过较长时间、较大幅度的上涨之后，在高位出现三只乌鸦见顶信号，要及时出局观望，最少也要减仓应对风险。

图 5.35　三只乌鸦

图 5.36 所示是 ST 宝硕(600155)的日 K 线图。

图 5.36　ST 宝硕(600155)的日 K 线图

ST 宝硕的股价从 3.61 元开始上涨，连续七个涨停，第八个涨停上涨到 5.94 元，但当天就大幅下跌，大跌后又开始震荡上涨。股价一根大阳线突破前期 5.94 元高点，但股价没有继续上涨，而是收了一个十字星，这是不好的信号，随后三天股价都是高开低走，即在 A 处出现了三只乌鸦见顶信号，这时最好快速出局，否则就会被套在高位。

如果股价已经过长时间的下跌，并且幅度较大，然后开始震荡上升，在上涨初期出现了三只乌鸦见顶信号，短线可以减仓，中线可以持仓不动。

图 5.37 所示是长春一东(600148)的日 K 线图。

图 5.37　长春一东(600148)的日 K 线图

长春一东从 17.47 元一路下跌到 3.21 元，然后开始震荡上升。在上涨初期，如果出现三只乌鸦见顶信号，不用害怕，耐心持有即可。

5.9　高档五阴线的实战技巧

高档五阴线，在上涨持续一段时期后，K 线图连续出现了五根阴线(有时也可能是六根或七根)，表示在此价位空方力量已很强大。高档五阴线的图形如图 5.38 所示。

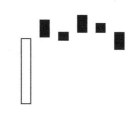

高档五阴线也是一种股价见顶信号，表明空方力量比较强大，随时都可能见顶。投资者见此 K 线图，离场出局为妙。股价经过较长时间、较大幅度上涨之后，在高位出现三只乌鸦见顶信号，要及时出局观望，至少也要减仓应对风险。

图 5.38　高档五阴线

图 5.39 所示是宏图高科(600122)的日 K 线图。

图 5.39　宏图高科(600122)的日 K 线图

宏图高科的股价从 4 元左右启动上涨，经过长时间的上涨之后，到了 30 多元，然后在 27～32 元区间反复震荡。我们一定要明白，在高位震荡的时间越长，其后下跌起来越猛，原因在于主力一旦在高位出完货就会大幅下跌。在 A 处，出现了高档五阴线见顶信号，虽然股价还没有大幅下跌，但这种信号就表明上涨无力，还是及早出局观望为好。如果股价已经过长时间的下跌，并且幅度较大，然后开始震荡上升，在上涨初期出现了高档五阴线见顶信号，短线可以减仓，中线可以持仓不动。

图 5.40 所示是长春一东(600148)的日 K 线图。

长春一东的股价从 17.47 元一路下跌到 3.21 元，然后开始震荡上升。在 A 处，出现了高档五阴线见顶信号，但由于上涨幅度很小，所以不用害怕，很可能是主力在诱空，让你交出低廉筹码。所以短线可以减仓，中线暂时可以持股不动。

图 5.40   长春一东(600148)的日 K 线图

5.10   射击之星和吊颈线的实战技巧

射击之星，因其像弓箭发射的样子而得名，另外，人们还根据其特点给它起了一些浑名，如扫帚星、流星。射击之星的特征是，出现在已有一段升幅的上涨行情中，阳线或阴线的实体很小，上影线大于或等于实体的两倍，一般没有下影线，即使有，也短得可以忽略不计。射击之星的图形如图 5.41 所示。

射击之星是一种明显的见顶信号，它暗示着股价可能由涨转为跌，投资者如不及时出逃，就会被流星、扫帚星击中，从而倒上大霉。

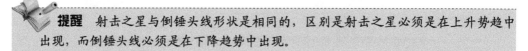

提醒   射击之星与倒锤头线形状是相同的，区别是射击之星必须是在上升势趋中出现，而倒锤头线必须是在下降趋势中出现。

吊颈线，又称绞弄线，其特征是，在上涨行情的末端，阳线或阴线的实体很小，下影线大于或等于实体的两倍，一般没有上影线，即使有，也短得可以忽略不计。吊颈线的图形如图 5.42 所示。

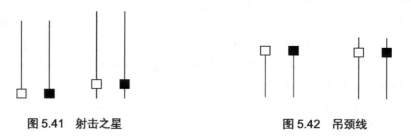

图 5.41   射击之星   图 5.42   吊颈线

一般来说，在股价大幅上涨后出现的吊颈线 K 线组合，是明显的见顶信号。投资者见到此 K 线，应高度警惕，不管后市如何，可先减仓，一旦发现股价掉头向下，及时抛空出局。

 提醒 吊颈线与锤头线形状是相同的，区别是吊颈线必须是在上升势趋中出现，而锤头线必须是在下降趋势中出现。

图 5.43 所示是力诺太阳(600885)的日 K 线图。力诺太阳连续拉四个涨停板，然后出现了一个射击之星，这是明显的见顶信号。投资者见到该 K 线，要及时出逃，否则会损失惨重。

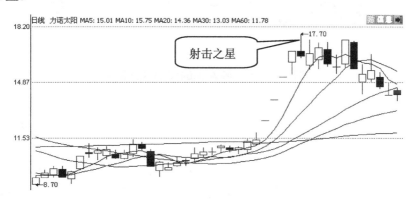

图 5.43   力诺太阳(600885)的日 K 线图

民生银行(600016)大幅上升后出现实体为阳线的射击之星，然后主力震荡出货后逐波下跌，如图 5.44 所示。小天鹅 A(000418)大幅上升后出现实体为阴线的射击之星，然后股价急转直下，大幅下跌，如图 5.45 所示。

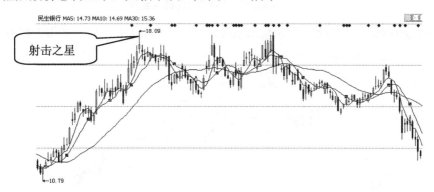

图 5.44   民生银行(600016)的见顶信号

图 5.46 所示是保利地产(600048)的日 K 线图。

保利地产经过不断拉升后，先出现一个十字星，这是变盘的信号，然后又出现一个吊颈线，这是见顶的信号，代表股价随时可能快速下跌。投资者见此信号后要快速减仓，见行情不好要及时抛空出局。

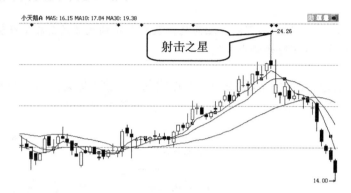

图 5.45　小天鹅 A(000418)的见顶信号

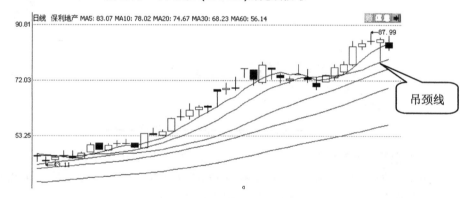

图 5.46　保利地产(600048)的日 K 线图

云南城投(600239)大幅上升后出现吊颈线，然后就开始大幅下跌，如图 5.47 所示。

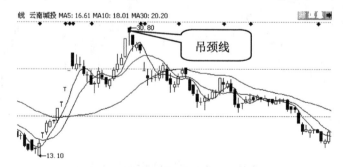

图 5.47　云南城投(600239)的见顶信号

第 6 章

看跌 K 线的实战技巧

股价在下跌初期，很多投资者都会心存幻想，怕出局后股价再大幅上涨，不能及时出局观望，从而被一路深套。如果在下跌初期，能够清楚透彻地了解看跌信号的 K 线和 K 线组合的含义，就不会再抱有幻想，从而及时出局，减少损失，为下一次再战保存下实力。

359,464	0.3%
8,632,724	7.7%
59,087	0.1%
13,963,095	12.4%
5,266,055	4.7%
10,323,178	9.2%
5,283,470	4.7%
4,330,582	3.8%
490,555	0.4%
12,036,658	10.7%
121,056	0.1%
4,162,809	3.7%
33,607,969	29.9%
1,987,731	1.8%
1,665,228	1.5%
5,014,932	4.5%
5,255,312	4.7%

359,464	0.3%
8,632,724	7.7%
59,087	0.1%
13,963,095	12.4%
5,266,055	4.7%
10,323,178	9.2%
5,283,470	4.7%
4,330,582	3.8%

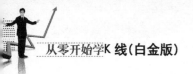

6.1　黑三兵的实战技巧

　　黑三兵的特征是，连续出现三根小阴线，并且最低价一根比一根低。因为这三根小阴线像三个穿着黑色服装的卫兵在列队，故名为"黑三兵"。黑三兵的图形如图 6.1 所示。

图 6.1　黑三兵

　　黑三兵在上升行情中，特别是股价有了较大升幅之后出现，暗示着行情快要转为跌势；黑三兵如果在下跌行情后期出现，特别是股价已有一段较大的跌幅或连续急跌后出现，暗示控底行情短期内即将结束，并可能转为一轮升势。所以投资者见到该 K 线组合，可根据其所在位置，决定投资策略，即在上升行情中出现，要适量做空；在下跌行情中出现，要适量做多。

　　股价经过长时间的大幅上涨之后，出现见顶信号，一定要减仓，如果再出现黑三兵看跌信号，一定要及时清仓出局观望。

　　图 6.2 所示是日照港(600017)的日 K 线图。日照港从 6.97 元开始上涨，经过一年时间已上涨到 17.49 元，然后开始在高位震荡，即在 15.5～16.5 元区间震荡，震荡了一个月左右，在 A 处出现了黑三兵看跌信号。

图 6.2　日照港(600017)的日 K 线图

如果在最高价 17.49 元附近只是减仓，还没有全部出局，那么黑三兵看跌信号出现后，一定要及时清仓出局观望，否则其后就会被深套。股价在明显的下降趋势中，出现了较大幅度的反弹，在反弹后期出现了黑三兵看跌信号，要及时出局观望。

图 6.3 所示是宝钢股份(600019)的日 K 线图。

图 6.3　宝钢股份(600019)的日 K 线图

宝钢股价创出 22.12 元新高后，开始震荡下跌，然后就进入下跌趋势，大幅下跌之后，总会有反弹，如果短线技术高超，可以炒一把短线。当然，也可以多看少动。在 A 处，股价有个前期低点假突破，在这里可以轻仓试多，随后股价不断上涨，上涨到 13 元左右，就出现了滞涨现象。在 B 处，出现了黑三兵看跌信号，一定要明白现在仅仅是反弹，所以出现看跌信号，前期抄底资金一定要及时获利出局，否则不仅获得的利润会被吃掉，本金也会受到损失。

股价经过长时间的大幅下跌之后，探明了底部区域，然后震荡上升，这时出现黑三兵看跌信号，短线可以减仓，然后逢低再补仓，中线则可以持仓不动。

图 6.4 所示是上海电力(600021)的日 K 线图。

上海电力股价从 13.58 元开始下跌，一路下跌到 3.83 元，然后开始震荡上升。在 A 处，股价经过一波上涨之后，开始在 6.2 元附近震荡，震荡过程中出现了黑三兵看跌信号。由于股价已经过大幅下跌，并且探明了底部区域，才刚刚上涨，所以在这里出现黑三兵看跌信号，短线要注意控制风险，但中长线投资者可以耐心持仓。

从其后走势看，虽然有回调，但回调幅度不大，就又开始震荡上升了。

同样，在 B 处，又出现黑三兵看跌信号，从其后走势看，这里仅仅是震荡调整，即出现黑三兵之后就是买进信号了，而不是卖出信号。虽然其后股价震荡了很长时间，但重心不断上移，趋势保持良好，最终股价向上突破，开始向上发力上攻，这一波最终上涨到 8.32 元。

图 6.4　上海电力(600021)的日 K 线图

6.2　两黑夹一红的实战技巧

两黑夹一红的特征是，左右两边是阴线，中间是阳线，两根阴线的实体一般要比阳线实体长。两黑夹一红的图形如图 6.5 所示。

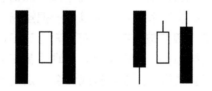

图 6.5　两黑夹一红

在下跌行情中，尤其是在下跌的初期出现两黑夹一红 K 线组合，表明股价经过短暂整理后会继续下跌。在上涨行情中出现两黑夹一红 K 线组合，表明股价升势已尽，很有可能见顶回落。投资者无论是在升势还是在跌势中见此 K 线组合，都要保持高度警惕，做好减仓或清仓离场准备。

股价经过长时间的大幅上涨之后，出现见顶信号，一定要减仓，如果再出现两黑夹一红看跌信号，一定要及时清仓出局观望。

图 6.6 所示的是力合股份(000532)的日 K 线图。

力合股份从 12.6 元开始上涨，一路上涨到 21.53 元，然后在高位震荡。在 A 处，股价出现了两黑夹一红看跌信号，由于这时已处在高位，所以看到该信号至少要减仓，清仓出局就更好了。从其后走势看，股价虽然先后对 21.5 元发动了攻击，但最终还是没有站稳 21.5 元，不断地震荡下跌。股价在明显的下降趋势中出现了较大幅度的反弹，在反弹后期出现了两黑夹一红看跌信号，这时要及时出局观望。

图 6.6 力合股份(000532)的日 K 线图

图 6.7 所示是云南白药(000538)的日 K 线图。

图 6.7 云南白药(000538)的日 K 线图

云南白药的股价从 3 元左右起步，一路上涨到 74.69 元，然后出现了连续下跌，接着反弹，并在高位震荡。在 A 处和 B 处，分别出现了两黑夹一红看跌信号，一定要及时出局，也许其后还有利润空间，但为了资金安全，还是及时出局为好。

随后股价震荡下跌，进入明显的下跌趋势中，在这种行情下，最好的策略是观望。但如果你管不住自己，进场抄底了，看到 C 处和 D 处的两黑夹一红看跌信号，一定要及时出局，否则只能被深套。股价经过长时间的大幅下跌之后，探明了底部区域，然后震荡上升，这时出现两黑夹一红看跌信号，短线可以减仓，然后逢低再补仓，中线则可以持仓不动。

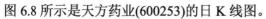

图 6.8 所示是天方药业(600253)的日 K 线图。

图 6.8　天方药业(600253)的日 K 线图

　　天方药业的股价从 10.18 元一路下跌到 2.47 元，然后开始震荡上升，在上升初期，出现什么见顶信号、看跌信号，都是主力在诱空，在骗取散户手中的低廉筹码，所以这里考验的是投资者的耐心和信心。在 A 处，出现了两黑夹一红看跌信号，短线可以减仓，然后再利用见底信号把原来的仓位补回来，而中长线投资者不要理会主力的诱空手法，耐心持有就行。

　　从其后走势上看，股价在出现两黑夹一红看跌信号后又下跌了一天，但当天就收了一根长长的下影线，这表明有人在抄底，第二天就是一根大阳线，吃掉了前面几天的下跌空间。在这里很可能有人追涨进去了，即出现了低卖高买现象。

　　虽然其后还有震荡下探，但下跌空间很有限，如果这时投资者不能及时调整自己的思路，很有可能会踏空其后的行情。最终天方药业的股价经过一年多的不断上涨，上涨到了 12 多元，这个过程中投资者如果不能坚定持股信心，则不可能吃这么大的利润空间。

6.3　高位出逃形的实战技巧

　　高开出逃形的特征是，在跌势中，股票某天突然大幅高开，有的以涨停板开盘，但当天就被空方一路打压，收出一根大阴线，最后可能以跌停板收盘。高开出逃形的图形如图 6.9 所示。

　　高开出逃形多数是被套庄家利用朦胧消息拉高出货所致，一般情况下，在这根大阴线之后，股价将有

图 6.9　高开出逃形

一段较大的跌势。投资者看到该 K 线组合，唯一的选择就是快速止损离场。

> **提醒**　当股价趋势向下时，一些在高位没有出完货的主力，会设置许多诱多陷阱，旨在引诱不明真相的投资者盲目跟进，乘机将筹码抛售给他们。据作者多年的实战经验，高位出逃形是相当常用的诱多陷阱，也是主力大逃亡的一种非常重要的手段。

图 6.10 所示是民生银行(600016)的日 K 线图。

图 6.10　民生银行(600016)的日 K 线图

民生银行的股价在明显的下跌趋势中，2008 年 3 月 4 日突然高开，即 A 处，原因是主力借"民生银行发行的可转换公司债券到期，终止上市交易和转股"信息高开出货，一般投资者一看股价高开，以为有什么利好消息，纷纷进场抢筹，从而被套在高位，所以在这里看到高开出逃形一定要及时出局。

图 6.11 所示是中国联通(600050)的日 K 线图。

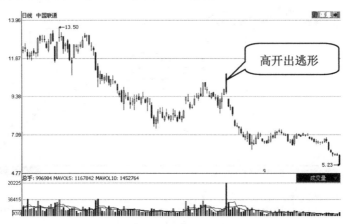

图 6.11　中国联通(600050)的日 K 线图

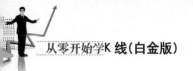

中国联通的股价经过多次拉升，上升到 13.5 元，然后随着大盘的下跌而下跌。当时庄家在炒 3G 概念，而中国联通又是 3G 中的领头羊，庄家利用这个朦胧消息拉高出货。投资者见到高开出逃形 K 线组合，就要立即止损离场，否则损失就相当惨重了。

6.4　绵绵阴跌形的实战技巧

绵绵阴跌形，常常在盘整后期出现，由若干根小 K 线组成，一般不少于八根，其中小阴线居多，也可夹杂着一些小阳线、十字线，但这些 K 线排列呈略微向下倾斜状。绵绵阴跌形的图形如图 6.12 所示。

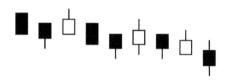

图 6.12　绵绵阴跌形

绵绵阴跌形虽跌幅不大，但犹如黄梅天的阴雨下个不停，从而延长了下跌的时间，也拓展了下跌的空间，股价很可能就此长期走弱。股市中有一句俗语，"急跌不怕，最怕阴跌"。因为有经验的投资者知道，股价急跌后恢复也很快，但阴跌就不同，往往下跌无期，对多方杀伤力相当大。投资者见此 K 线组合，应及早作出止损离场的决断。

图 6.13 所示是鄂尔多斯(600295)的日 K 线图。

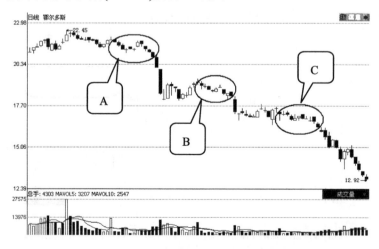

图 6.13　鄂尔多斯(600295)的日 K 线图

鄂尔多斯(600295)一上市就是两波震荡上涨，创出每股 22.45 元的高点，然后开始在高位震荡盘整。在 A 处，股价出现了绵绵阴跌形看跌信号，这表明市场主力开始慢慢出货，如果不及时出局，就会被套在高位。快速下跌后，股价又开始反弹，但反弹很弱，随后又出现绵绵阴跌形看跌信号，即 B 处，虽然股价已下跌很多，也要及时出局，否则只会被套得更深。

在 C 处，股价先是横向盘整，然后又出现绵绵阴跌形看跌信号，投资者要及时清仓出局，并且短时间内不应碰该股票。股价经过长时间的大幅下跌，探明底部区域后开始震荡上升，在上涨初期，出现绵绵阴跌形看跌信号也不要怕，短线可以减仓，中线耐心持股即可。

图 6.14 所示是酒钢宏兴(600307)的日 K 线图。酒钢宏兴的股价从 36.9 元开始下跌，一路下跌到 3.63 元，下跌幅度高达 90%，然后开始强力反弹，反弹到 6 元附近又开始震荡下跌，这时形成了绵绵阴跌形 K 线组合，即 A 处，这是一个明显的看跌信号。不过由于股价已经过长时间大幅下跌，上涨才刚开始，所以这时短线投资者可以减仓，等出现明显见底信号后再把仓位补回来；中线投资者可以耐心持仓不动。

图 6.14　酒钢宏兴(600307)的日 K 线图

6.5　徐缓下跌形的实战技巧

徐缓下跌形的特征是，在下跌行情的初期，连续出现几根小阴线，随后出现一根或两根中阴线或大阴线。徐缓下跌形的图形如图 6.15 所示。

徐缓下跌形是一个明显的卖出信号，因为该 K 线组合中的最后一根大阴线表明空方力量正在逐步壮大，后市虽有波折，但总趋势向下的格局已初步奠定。投资者见此 K 线组合，应该以做空为主或持币观望。股价经过长时间的大幅上涨之后，然后出现

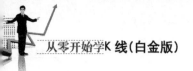

了徐缓下跌形看跌信号，这表明多方力量已衰竭，空方开始聚力反攻，所以这时要及时清仓出局观望，否则获得的收益可能会回吐，甚至还会被套。

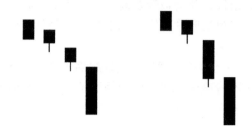

图 6.15　徐缓下跌形

图 6.16 所示是华发股份(600325)的日 K 线图。

图 6.16　华发股份(600325)的日 K 线图

华发股份从 6.95 元开始上涨，经过半年多的时间已上涨到 25.81 元。在创出最高点时，出现了淡友反攻见顶信号，可以减仓以应对风险。

随后股价在 22～24 元区间反复震荡，然后在 A 处出现了徐缓下跌形看跌信号，这里一定要及时清仓出局观望。原因是股价已经过长时间的大幅上涨，并且在顶部已出现见顶信号，随后在高位盘整，高位盘整就是主力出货的区域，所以在 A 处出现的徐缓下跌形看跌信号，说明主力已出货完毕，还是出局观望为妙。

股价见顶后，开始大幅下跌，然后又快速反弹，在反弹的末端如果出现徐缓下跌形看跌信号，抄底多单要及时出局，否则也会被套在高位。

图 6.17 所示是天利高新(600339)的日 K 线图。天利高新的股价从 29.3 元开始下跌，一路下跌到 7.21 元，然后开始反弹，在反弹的末端，即 A 处，出现了徐缓下跌形看跌信号，这时一定要及时清仓出局观望，否则只会越套越深。

图 6.17　天利高新(600339)的日 K 线图

　　股价在 8.81 元左右又出现了反弹，反弹到 10.24 元，然后又出现了徐缓下跌形看跌信号，即 B 处。虽然股价已下跌了很多，投资者也要及时出局观望，因为熊市无底。股价如果探明底部区域，开始震荡上升，并且涨幅不大，这时出现徐缓下跌形看跌信号，短线可以减仓，然后再逢低把仓位补回来，中线可以持仓不动。

　　图 6.18 所示是浙江广厦(600052)的日 K 线图。

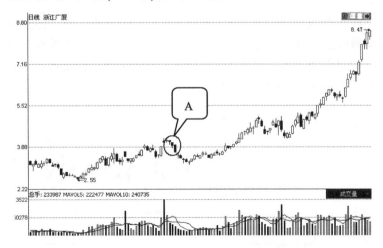

图 6.18　浙江广厦(600052)的日 K 线图

　　浙江广厦的股价从 21.10 元开始下跌，然后一路下跌，直到 2.55 元才探明了底部，然后开始震荡上升。

　　从 2.55 元开始上涨，用了一个月的时间上涨到 4.2 元，然后出现了徐缓下跌形看跌信号。虽然这是看跌信号，但这时，股价已处在上升趋势中，并且处在上升初期，

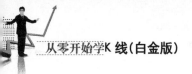

所以也不用过分害怕，短线可以减仓应对风险，等待出现明显的买进信号再把仓位补回来。中长线投资者则没有必要理会这种信号，只需耐心持有就行了。在 A 处，出现徐缓下跌形看跌信号后，又继续下跌了 6 天，但下跌的幅度很小，然后就进入了新的上涨波段，一口气涨到了 12 元多。

6.6　下降抵抗形的实战技巧

下降低抗形的特征是，在股价下降过程中，连续跳空低开，并收出众多阴线，其中夹着少量阳线，但这些阳线收盘价均比前一根 K 线的收盘价要低。下降抵抗形的图形如图 6.19 所示。

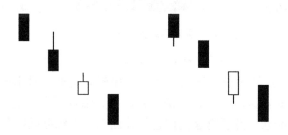

图 6.19　下降抵抗形

出现下降抵抗形 K 线组合，表示多方不甘心束手就擒，不时地组织力量进行反抗，但终因大势所趋，回天无力，在空方的打击下，股价又出现惯性下滑。投资者见此 K 线组合，应以做空为主，或持币冷静观望，不要轻易去抢反弹。

图 6.20 所示是中国医药(600056)的日 K 线图。

图 6.20　中国医药(600056)的日 K 线图

中国医药从 4.67 元开始上涨，一路上涨到 33 元，但在创新高时出现了一个射击之星见顶信号，即 A 处，这时要减仓以应对风险。射击之星出现后，接着又在 B 处出现了下降抵抗形看跌信号，这表明上涨行情可能结束，一定要心中有数。随后股价虽有反弹，但最终还是下跌下去了。在 C 处，股价反弹后又出现下降抵抗形看跌信号，这表明主力已完成了出货任务，大幅下跌也许就在眼前，所以在这里一定要清仓出局观望。

　　图 6.21 所示是古越龙山(600059)的日 K 线图。

　　古越龙山的股价从 23.75 元开始下跌，一路下跌到 12 元左右出现了止跌信号，然后开始反弹，但反弹很弱，几乎是横向整理，反弹结束后，又在 A 处出现了下降抵抗形看跌信号，如果这时手中还有筹码，一定要及时出局，否则只能是被深套。

图 6.21　古越龙山(600059)的日 K 线图

　　图 6.22 所示是广汇股份(600256)的日 K 线图。

图 6.22　广汇股份(600256)的日 K 线图

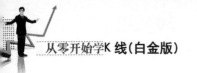

广汇股份的股价从 22.49 元开始下跌，一路下跌到 4.91 元，下跌幅度高达 78%，然后开始震荡上升，在上升初期，出现、见顶信号或看跌信号，都是主力在诱空，在骗取散户手中的低廉筹码，所以这里就看你的耐心和信心了。

在 A 处，出现了下降抵抗形看跌信号，短线可以减仓，再利用见底信号把原来的仓位补回来，而中长线投资者不用理会主力的诱空手法，耐心持有就行。

6.7　下跌不止形的实战技巧

下跌不止形的特征是，在下跌过程中，众多阴线中夹着较少的小阳线，股价一路下滑。下跌不止形的图形如图 6.23 所示。

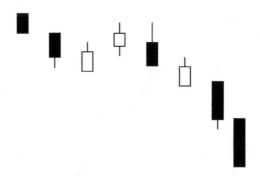

图 6.23　下跌不止形

下跌不止形的出现，表明股价仍会继续下跌。投资者见此 K 线组合后，要认清方向，越早卖出股票损失越少。

下跌不止形和绵绵阴跌形、徐缓下跌形、下降抵抗形的区别是：下跌不止形形成于下跌过程中，虽然出现少量上涨的 K 线，但仍然止不住下跌的趋势，这表明空头的力量占了上风；绵绵阴跌形出现在股价经过一段盘整的后期，反映空方力量在悄悄地累积；徐缓下跌形是先小阴线下跌，然后拉出中阴线、大阴线，反映空头势力日益强大；下降抵抗形是连续低开，说明盘中空头力量十分强大。

从推动股价下滑的短期作用来说，力量最强的是下降抵抗形，其次是徐缓下跌形，之后是下跌不止形，最后是绵绵阴跌形。但这只对短线操作有参考价值，对中长线操作而言，绵绵阴跌形走势最让人担心。股价经过长时间的大幅上涨之后，出现见顶信号，这时一定要减仓，但如果再出现下跌不止形看跌信号，一定要及时清仓出局观望。

图 6.24 所示是华泰股份(600308)的日 K 线图。

华泰股份从 6.71 元开始上涨，一路上涨到 38.32 元，并且在上冲 38 元时，股价是连续大涨，即加速赶顶。在 A 处，股价在 38 元附近出现了一个平顶，这是一个见顶信号，最少要减仓应对风险。随后股价震荡下跌，但总的来说处在 35～38 元区域震荡。在高位震荡十几天后，又开始快速下跌，并且出现了下跌不止形看跌信号，即 B 处，这里一定要及时清仓出局观望。

图 6.24　华泰股份(600308)的日 K 线图

股价在明显的下降趋势中，出现了较大幅度的反弹，在反弹后期出现了下跌不止形看跌信号，投资者要及时出局观望。

图 6.25 所示是烟台万华(600309)的日 K 线图。

图 6.25　烟台万华(600309)的日 K 线图

烟台万华的股价从 25.05 元开始下跌，一路下跌到 17 元左右，然后开始震荡反弹，但反弹力度很弱，几乎是横向整理，即在 17～19 元区间震荡。在反弹的末端，即在 A 处，出现了下跌不止形看跌信号，这表明反弹已结束，要随时清仓出局观望为妙。股价经过长时间的大幅下跌之后，探明了底部区域，然后震荡上升，这时出现下跌不止形看跌信号，短线可以减仓，然后逢低再补仓，中线则可以持仓不动。

图 6.26 所示是荣华实业(600311)的日 K 线图。

图 6.26　荣华实业(600311)的日 K 线图

荣华实业的股价从 16.25 元开始下跌，经过一年时间就下跌到 6.83 元，然后开始震荡上升，即从下跌趋势转为上升趋势。

从 6.83 元开始上涨，用了一个月的时间上涨到 9.8 元，然后开始震荡盘整，出现了下跌不止形看跌信号。虽然这是看跌信号，但由于股价已处在上升趋势中，并且处在上升初期，所以不用过分害怕，短线可以减仓应对风险，等待出现明显的买进信号，再把仓位补回来。中长线投资者则没有必要理会这种信号，只需耐心持有就行了。

在 A 处，股价出现下跌不止形看跌信号，但没有继续下跌，而是开始反弹，虽然没有创出新高，但也没有创出新低，这表明市场主力在利用下跌不止形看跌信号来诱空。在 B 处，股价又出现下跌不止形看跌信号，注意，股价没有继续下跌，而是开始了新的上涨波段，所以在上升初期，耐心持有最重要。

6.8　空方尖兵的实战技巧

空方尖兵的特征是，股价在下跌过程中，遇到多方反抗，出现了一根下影线，股价随之反弹，但空方很快又发动了一次攻势，股价就穿越了前面的下影线。空方尖兵的图形如图 6.27 所示。

空方尖兵的技术含义是，空方在杀跌前曾作过一

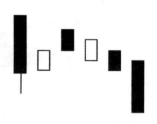

图 6.27　空方尖兵

次试探性进攻，在 K 线上留下了一根较长的下影线，有人把它视作深入多方阵地的尖兵，这就是空方尖兵名称的由来。空方尖兵的出现，表示股价还会下跌。投资者见到该 K 线组合，要及时做空，以减少股价继续下行带来的风险。股价经过长时间的大幅上涨之后，出现见顶信号，一定要减仓，如果再出现空方尖兵看跌信号，一定要及时清仓出局观望。

图 6.28 所示是中海发展(600026)的日 K 线图。

图 6.28　中海发展(600026)的日 K 线图

中海发展从 2.7 元开始上涨，一路上涨到 44 元，然后开始下跌。下跌到 28 元附近就止跌了，在 A 处股价有个前期低点假突破，即先跌破 28 元，然后又收到 28 元之上，这表明反弹行情可期，所以在 A 处可以轻仓介入。

股价不断震荡上涨，上涨到前期次高点 42 元附近出现了滞涨信号，即 B 处，然后股价开始回调。回调到 C 处，即 33 元附近出现了止损信号，随后又反弹，还没有反弹到 42 元，即反弹到 40 元就开始下跌，先出现了三连阴，随后又在 D 处出现了空方尖兵看跌信号。所以在 D 处，如果你手中还有筹码，一定要及时出局，否则就会被深套。

股价在明显的下降趋势中，出现了较大幅度的反弹，反弹后期出现了空方尖兵看跌信号，要及时出局观望。

图 6.29 所示是中海发展(600026)的日 K 线图。在 A 处，出现了空方尖兵看跌信号，并且是跳空跌破了前期整理平台的低点，所以在这里一定要及时出局，否则就会被一路深套。股价经过长时间的大幅下跌之后，探明了底部区域，然后震荡上升，这时出现空方尖兵看跌信号，短线可以减仓，然后逢低再补仓，中线则可以持仓不动。

图 6.30 所示是宁波联合(600051)的日 K 线图。

图 6.29　中海发展(600026)的日 K 线图

图 6.30　宁波联合(600051)的日 K 线图

　　宁波联合的股价从 15.64 元一路下跌到 3.44 元才止跌，然后开始震荡上升。股价先上涨到 5.1 元，然后开始震荡，震荡后又开始上涨，上涨到 7.8 元附近，又开始回调，回调到 5.89 元附近又开始震荡上升。

　　在 A 处，股价先是一根大阴线，但收盘时又上涨了一部分空间，随后两天震荡，接着又是一根大阴线，跌破了前期的下影线的低点，即出现了空方尖兵看跌信号。首先要明白，这里是明显的上升趋势，并且上涨幅度不大，所以中线可以耐心持股不动。从其后走势上看，如果你在最后一根大阴线出现时清仓出局了，随后股价就开始反弹，你很可以在上涨过程中又加仓追了进去，从而上了主力的当。

　　同理，在 B 处也出现空方尖兵看跌信号，如果在这里出局了，就上了主力的当。

6.9　下降三部曲的实战技巧

　　下降三部曲，又称降势三鹤，其特征是，股价在下
跌时出现了一根实体较长的阴线，随后连拉出三根向上
攀升的实体较为短小的阳线，但最后一根阳线的收盘价
仍比前一根大阴线的开盘价要低，之后又出现了一根长
阴线，把前面三根小阳线全部或大部分都吞吃了。下降
三部曲的图形如图 6.31 所示。

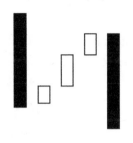

　　下降三部曲的出现，表明多方虽然想进行反抗，但
最终在空方的打击下显得不堪一击，这暗示着股价还会
进一步向下滑落。投资者见此 K 线组合，要顺势而

图 6.31　下降三部曲

为，快速减持手中的仓位或清仓离场。股价经过长时间的大幅上涨之后，出现了下降
三部曲看跌信号，这表明多方力量已衰竭，空方开始聚力反攻，所以这时要及时清仓
出局观望，否则会把获得的收益回吐，如果不及时出局，甚至还会被套。

　　图 6.32 所示是泰豪科技(600590)的日 K 线图。

图 6.32　泰豪科技(600590)的日 K 线图

　　泰豪科技的股价从 8.22 元开始上涨，经过一年多的时间已上涨到 56.51 元，上涨
幅度高达 589%，然后开始在高位震荡。

　　在 A 处，股价先收了连续两根大阳线，但随后四天，股价没有继续下跌，而是反
弹，不过千万不要以为股价又开始新的波段上涨了，这里仅仅是对前期大幅下跌的一
个修正，并且反弹力度很弱，仅仅回补前面的下跌缺口。随后股价又开始大幅下跌，
即出现了下降三部曲看跌信号，在这里一定要及时出局，否则短线就会受到惨重损

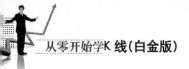

失。回调到 39 元附近，又出现止跌信号，股价开始反弹，反弹到 53 元附近，股价又开始下跌，在下跌初期又出现下降三部曲看跌信号，即 B 处，所以在这里一定要清仓出局观望。

提醒 K 线技术是一门艺术，不能只追求图形，更重要的是追求其代表的内在含义。

股价在明显的下跌趋势中，特别是在下跌初期或下跌途中，出现下降三部曲 K 线组合，投资者要及时清仓离场为妙，如图 6.33 所示。

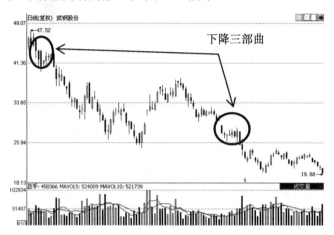

图 6.33　武钢股份(600005)的日 K 线图

如果股价已经过大幅下跌并且探明了底部，然后开始震荡上升，在上涨初期或上涨途中出现下降三部曲 K 线组合，投资者不必恐慌，很可能是主力在诱空，如图 6.34 所示。

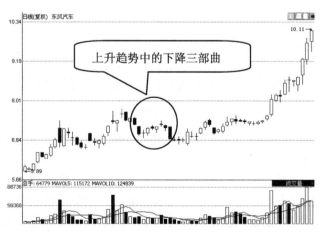

图 6.34　东风汽车(600006)的日 K 线图

6.10　下跌三颗星和倒三阳的实战技巧

下跌三颗星是在下跌行情的初期、中期出现，由一大三小四根 K 线组成。在下跌时，先出现一根中阴线或大阴线，随后就在这根阴线的下方出现了三根小 K 线，可以是小阳线，也可以是小阴线。下跌三颗星的图形如图 6.35 所示。

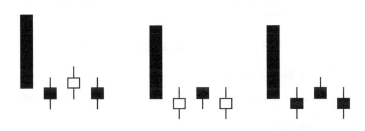

图 6.35　下跌三颗星

下跌三颗星的出现，表明市场仍处于弱势之中，股价仍有继续下探的空间。投资者见到该 K 线组合，要做好离场准备。倒三阳的特征是，股价连拉三根阳线，但走势同连拉三根阴线一般，股价一天比一天低。因这种 K 线组合与通常连拉三根阳线的走势完全不同，所以被称为"倒三阳"。倒三阳的图形如图 6.36 所示。

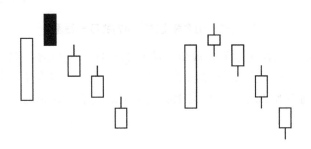

图 6.36　倒三阳

一般情况下，倒三阳常常出现在庄家股上，这是庄家为了出逃而放出的一个烟幕弹。倒三阳的出现，意味着股价已步入跌势，投资者不要被阳线所迷惑，而要趁早卖出手中的股票，离场为妙。

图 6.37 所示是中国石化(600028)的日 K 线图。

中国石化在下跌初期出现了下跌三颗星 K 线组合，虽然有可能反弹，但市场仍处于弱势之中，股价仍有继续下探的空间。投资者见到该 K 线组合，应看清形势，反弹时赶紧出局为好。

下跌三颗星

图6.37　中国石化(600028)的日K线图

图6.38所示是山东黄金(600547)的日K线图。

倒三阳

图6.38　山东黄金(600547)的日K线图

　　山东黄金经过多次快速拉升，股价上涨到216.31元高位时，然后震荡下跌，这时出现了倒三阳K线组合，这是庄家为了出逃而放出的一个烟幕弹，意味着股价已步入跌势。投资者看到该K线组合，要马上卖出手中的股票，离场为妙，否则会被深深地套牢。

6.11　断头铡刀的实战技巧

　　断头铡刀出现在上涨后期或高位盘整期，一根大阴线如一把刀，一下子把短期均线、中期均线和长期均线切断，收盘价收在所有无线下方。断头铡刀的图形如图6.39所示(直线"——"表示短期移动平均线；虚线"……"表示中期移动平均线；点划线"－－－"表示长期移动平均线)。

图6.39　断头铡刀

断头铡刀是一个明显的看跌信号，一般都会引起一轮大的跌势，对多方造成很大的伤害。所以短线投资者见此信号，应抛空离场，中长线投资者应密切关注 60 日均线和 120 日均线，如果这两个均线也跌破，就立即止损离场。

提醒 标准的断头铡刀是很少见的，但变形的断头铡刀却不少，投资者要学会认真辨别。

图 6.40 所示是金自天正(600560)的日 K 线图及不同的移动平均线。

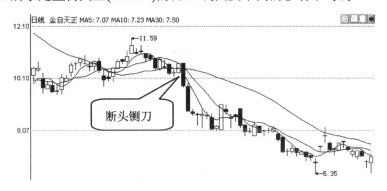

图 6.40　金自天正(600560)的日 K 线图及不同的移动平均线

金自天正在下跌初期出现了断头铡刀，这是一个明显的见顶卖出信号，一般都会引起一轮大的跌势，对多方造成很大的伤害。投资者还是及时清仓出局为好。

股价或指数大幅上涨后出现"断头铡刀"是相当危险的，投资者见到这样的图形，要果断离场。例如，沪市大盘在 2001 年 6 月冲至 2245 点见顶后，许多投资者以为这是牛市正常回调，回调后大盘还要继续上涨，但其周 K 线图上出现一根"断头铡刀"大阴线将沪市的 5 周均线、10 周均线、30 周均线拦腰截断，如图 6.41 所示。

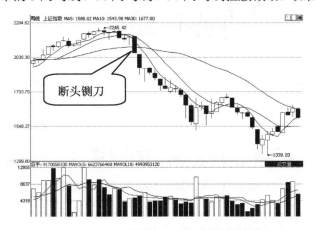

图 6.41　上证指数(000001)的日 K 线图

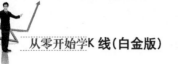

在周K线上出现断头铡刀，杀伤力是很大的，由于没有多少投资者领教过，所以很多投资者视而不见，结果股市一路狂跌，直跌到1300多点。再如，沪市大盘在2007年10月冲至6124点见顶后，许多投资者以为这只是牛市正常回调，这时很多股评家喊出了8000点、10000点，但其周K线图上出现一根"断头铡刀"大阴线将沪市的5周均线、10周均线、30周均线拦腰截断，如图6.42所示。

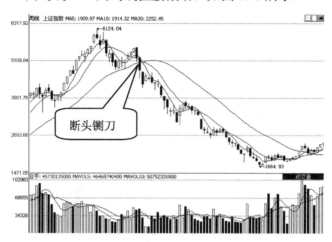

图6.42　上证指数(000001)的周K线图

投资者见到断头铡刀后，就要果断斩仓出局，否则就会深深套牢，心理受到极大的伤害。投资者要明白，日K线上出现断头铡刀，表明短期走势已彻底走坏，即短线上投资者要逢高减仓，如图6.43所示。

图6.43　招商银行(600036)的日K线图

如果周K线上出现断头铡刀，表明中长期走势已彻底走坏，投资者一定不能掉以轻心，否则就会付出惨重的代价，如图6.44所示。

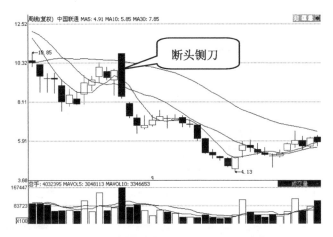

图 6.44　中国联通(600050)的周 K 线图

如果月 K 线上出现断头铡刀，表明长期走势已彻底走坏，投资者不用再看后市，立即停止做多，坚决将手中的筹码卖出，割肉离场，不要再有什么幻想，早割早好，把损失降到最低，如图 6.45 所示。

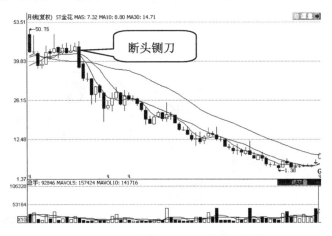

图 6.45　ST 金花(600080)的月 K 线图

由于主力操盘太过狡猾，常常利用断头铡头来进行反技术操作，这是投资者要注意的地方，但主力只能在日 K 线或分钟 K 线级别上做反技术操作，而周 K 线和月 K 线上很难做反技术操作。

在判断日 K 线上的断头铡刀时，要注意股价是否经过长时间大幅下跌，股价已探明低位，正在震荡盘升，并且升幅不大。如果是这种情况下出现了断头铡刀，很可能是主力在诱空，骗取散户中的低价筹码。

图 6.46 所示是曙光股份(600303)的日 K 线图，该股的股价经过大幅下跌后，探明了底部，然后震荡盘升，主力为骗取散户或短线跟风者手中的低价筹码，就采用断头

铡刀反技术操作。

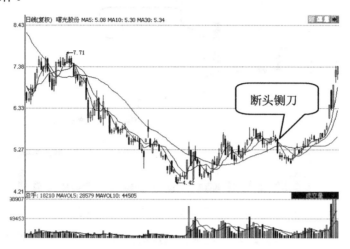

图 6.46　曙光股份(600303)在底部利用断头铡头反技术操作

这里投资者的策略是，只要股价不创新低，就不卖出手中的筹码。该股在上涨的过程中，也不断利用断头铡刀反技术操作，如图 6.47 所示。

图 6.47　上涨的过程中的断头铡刀反技术操作

总之，投资者要根据大势，即大盘的情况，结合个股是否在高位进行综合判断，如果在高位出现了断头铡刀，则要果断清仓离场，如果是上涨过程中主力为清除浮筹采用的反技术操作，则可以多观察几天再做决定。

第 7 章

其他重要 K 线的
实战技巧

在运用 K 线技术时，不能只看其图形，要重在研究其背后
的多空力量对比，要结合 K 线的位置、时间来看，因为在不同
的位置和不同的时间段其表达的信息是不同的。

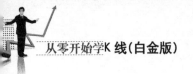

7.1 大阴线的实战技巧

按实体和影线特征，大阴线一般可分为光头光脚大阴线、光头大阴线、光脚大阴线、穿头破脚大阴线。大阴线与大阳线的技术含义正好相反，这里不再多说。大阴线的图形如图 7.1 所示。

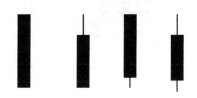

图 7.1　大阴线

大阴线就是几乎以最高价开盘，最低价收盘，表示多方在空方打击下节节败退，毫无招架之力。大阴线的力度大小，与其实体长短成正比，即阴线实体越长，力度越大。大阴线的出现，对多方来说是一个不祥的预兆。

但事情又不是那么简单，我们不能把所有的大阴线都看成是后市向淡的信号，有时大阴线的出现后，股价不跌反涨。该如何对大阴线进行判断呢？如果股价经过大幅拉升后出现大阴线，这表示股价回调或做头部，应该平仓卖出。如果股价经过大幅下跌后出现大阴线，暗示做空能量已释放得差不多了，根据"物极必反"的原理，此时要弃卖而买，考虑做多。

大阴线与大阳线一样，在股价的不同位置出现表示着不同的意义，投资者要学会灵活地加以运用，站在主力的角度去思考，同时还要注意主力的反技术操作。

图 7.2 所示是四川长虹(600839)的日 K 线图。股价从 11..25 元一路下跌，在这其中有几波小的反弹，如最近一波反弹到 2.85 元，跌幅已经很大，是否已见底呢？

在 A 处，出现一根大阴线，跌破 30 日均线，这是再次下跌的征兆，但还不能完全肯定，需要其后几天的走势来验证。其后几天虽有阳线，但没有站上 5 日均线，反而被 5 日均线压制，并且股价重心在不断下移，这是明显的下降趋势，这时要果断清仓走人，否则会被再度深套。果然，在小幅盘整几天后，在 B 处，又来一根大阴线，这表明空方力量还很强大，这时如果还没有清仓出局，肯定已被深深套牢，从其后走势看，这里是不错的出局点。在两根大阴线后，又开始小阴小阳地盘整，接着在 C 处，又一根大阴线，这里也许有人就会割肉走的了，因为再次看到要加速下跌了。

可主力并没有让股票继续下跌，而收出一根中阳线，接着又收出一根大阳线，还吃掉了前面刚下跌的一根大阴线，在前面刚割肉的投资者的可能后悔不已，甚至有可能以为超级反弹开始了，再次入市，这正是主力想看到的结果，如果散户从这里杀入，结果只能是再度被套，这就是主力，可怕吧。然后接着阴跌，即 D 处，如果投资者这里还有筹码，可能会气死，天天阴跌，不看盘了，这也许是所有散户唯一的选择。接着还有几次快速反弹，散户最好不要参与，可以逢高减仓，因为速度太快，如果不够果断，很可能再次被牢。

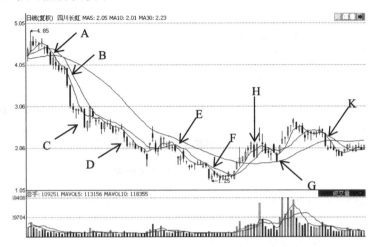

图 7.2　四川长虹(600839)的日 K 线图

> **提醒**　在下跌趋势中，如果出现快速的反弹，这时即使参与也要快进快出，否则结果只能是被套。只有走出了下跌趋势，进入震荡盘升趋势中，才是散户可以参与的阶段。

在 E 处，又出现一根大阴线，跌破 5 日和 10 日均线，这再次说明又要下跌了。在 F 处，又出现一根大阴线，这是主力的最后一跌，这也是主力为得到更多的低价筹码在恐吓散户。然后股价开始反弹，不过反弹的速度并不快，然后在 H 处出现一根大阴线，实际上这段反弹，投资者是不能参与的，因为你不知道是不是还会再次下跌。从其后的走势来看，这里是在恐吓投资者。

在 G 处又出现一根大阴线，这根大阴线没有跌破 30 日均线，并且受到该均线支撑，然后又高开拉出大阳线，表明这里可以少量参与，因为不再创新低，并且短线主力还在其中。

在 K 处，又出现一根大阴线，跌破 30 日均线，这里要减仓或清仓，因为这里趋势还不明显，有可能还会大跌。如果投资者添加上 60 日均线，就会发现这里没有跌破 60 日均线，并且没有跌破前一个调整低点，表时上升趋势形成，其后走势如图 7.3 所示。

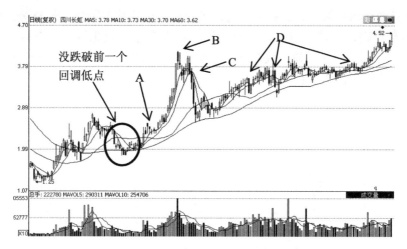

图 7.3　四川长虹的日 K 线图

在上涨趋势中，股价经过小幅上涨后，在 A 处出现一根阴线，这里不应该是减仓，而是应该逢低加仓，因为在上升趋势中，只要涨幅不大，主力是不可能出货的，所以这里是主力为了吸筹或洗盘进行的打压。

在 B 处，股价经过快速大幅拉升后，在拉出一根涨停大阳线后，又出现一根大阴线，这在 K 线组合中是淡友反攻，是见顶信号，从其后走势来看，也是短期头部，所以这里可以减仓，如果这里还不能确认的话，在 C 处再次出现大阴线时，就应该减仓了，因为该阴线几乎吃掉了前面的大阳线，从大阳线其后走势上分析属于弱势，同时又跌破 5 日均线。

在上涨后过程中，如果没有较大的涨幅，出现的大阴线反而是逢低加仓的机会，在 D 处出现的大阴线就可以逢低加仓。

提醒　如果股价经过大幅上涨后或累计涨幅太大，出现大阴线，投资者就要小心了，还是早点减仓锁定利润为妙。

7.2　长十字线和螺旋桨的实战技巧

长十字线的特征是，开盘价和收盘价相同或基本相同，而上影线和下影线特别长。长十字线的图形如图 7.4 所示。

长十字线是一个转势信号，它出现后行情会发生逆转，原来的上升趋势会变成下跌趋势；原来的下跌趋势会变成上升趋势。在涨势中出现长十字线，特别是股价有了一段较大涨幅之后出现，暗示股价见顶回落的可能性大。在跌势中出现长十字线，特别是在股价有了一段较大跌幅之后出现，暗示股价见底回升的可能性大。

提醒　长十字线，是相当重要的见顶信号，因为其形状特殊，将"T 字线""倒 T 字线""射击之星""吊颈线""螺旋桨"等 K 线的特性都包括在里面。

螺旋桨，可以出现在涨势中，也可以出现在跌势中，其开盘价、收盘价相近，其实体可以为小阳线，也可以为小阴线。螺旋桨的上影线和下影线都很长，看起来就像飞机的螺旋桨，故命名为"螺旋桨"。螺旋桨的图形如图 7.5 所示。

图 7.4　长十字线　　　　　　　　　　　　　图 7.5　螺旋桨

螺旋桨也是一种转势信号。它出现在上升行情中，特别是股价有了一段较大涨幅之后，所起的作用是领跌。反之，在下跌行情中，特别是股价有了一段较大跌幅之后，螺旋桨所起的作用是领涨。螺旋桨的实体是阳线或是阴线，没有本质上的区别，但在上涨行情中，阴线比阳线力量要大；在下跌行情中，情形正好相反。

图 7.6 所示是青岛海尔(600690)的日 K 线图。

图 7.6　青岛海尔的日 K 线图

青岛海尔经过一段较大跌幅之后，出现了长十字线 K 线图，这是股价见底的信号。投资者看到该 K 线图后，可以适量买进。

图 7.7 所示是曙光股份(600036)的日 K 线图。曙光股份经过一段较大涨幅之后，

出现了长十字线 K 线图,这是股价见顶的信号。投资者看到该 K 线图后,要及时减仓或清仓离场。

图 7.7　曙光股份的日 K 线图

由于长十字线是见顶最为重要的 K 线之一,所以这里再重点讲解一下。

山东黄金(股票代码为 600547)经过多次拉升后,在涨幅已巨大的情况下出现了"长十字线",显示该股的上涨已到最后阶段,见顶概率极大,如图 7.8 所示。

图 7.8　山东黄金见顶 K 线

只要在高位出现长十字线,投资者都要注意,可以静观其变,等形势明朗后再做决定,也可以减仓,但决不能再短线抄底了。

下面来分析一下长十字线形成的过程。该 K 线的开盘价和收盘价相同或几乎相同,但有很长的上下影线,这表明当日多空双方进行了一场大激战。前期低位买进的人在向外卖,而看好该股的投资者在拼命地买,这样在开盘价上方就出现抛压,所以股价上不去,在开盘价下方又有人在买进,股价也下不来,最后打成一个平手。

如果在低位出现长十字线,代表市场气氛比较恐怖,空头力量强大,一般都是主力在买进,而散户在卖出。

如果在高位出现长十字线,有两种可能,一是主力在震荡洗盘;二是主力在震荡出货。再来看一下山东黄金,涨幅已成巨大,即使主力有能力再做上一波,散户还是清仓离场为妙，因为一旦下跌，跌幅是散户无办法想象，如图 7.9 所示。

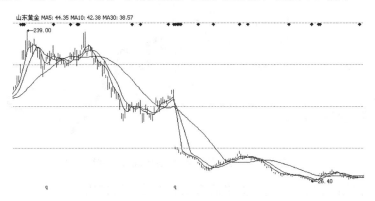

图 7.9　山东黄金见顶后的走势

　　酒钢宏兴(股票代码为 600307)经过大幅上涨后，出现了长十字线，这里投资者要注意了，因为第二天却出现一根大阳线，让很多投资者误认为可以做多了，这是完全错误的，在其后的几天内股价开始大幅下跌，如图 7.10 所示。

图 7.10　酒钢宏兴见顶 K 线

　　如果在月 K 线图中出现长十字线，投资者要长期看空该股，直到其真正见底转升再参与。

　　图 7.11 是四川长虹(股票代码为 600839)的月 K 线图，2007 年 6 月其出现长十字线，在以后很长时间内都在下跌。

　　下面来简单总结一下长十字线。如果在高位出现该 K 线，则可先卖出一部分筹码，观察几日，重心下移，就离场；重心上移，就耐心等下一个见顶信号再卖出所有股票，决不可以追涨。

　　如果在上涨途中出现长十字线，并且其后的几日成交量放大，说明主力在出货，清仓离场为好。

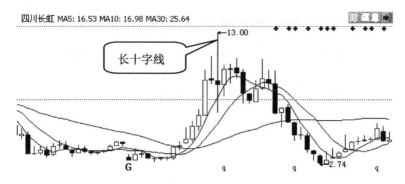

图 7.11　四川长虹月K线出现长十字线

在上涨初期出现长十字线，如果后市重心上移，可持股，如果重心下移，要果断离场。熊市反弹中出现长十字线，反弹结束的可能最大，为了资金安全还是退出为妙。如果周K线图或月K线图中出现长十字线，表示中期或长期走势可能变坏，投资者要在相当长的时间内看空、做空该股票。在牛市初期出现长十字线，并且在一个范围不大的区域反复出现，很可能是主力在震荡洗盘，可能会出现回调，但中长期是向上的，这时可根据均线进行操作。

图 7.12 所示是中海发展(600026)的日K线图。

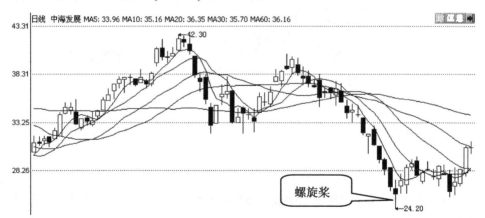

图 7.12　中海发展的日K线图

中海发展经过一段较大跌幅之后，出现了螺旋桨K线图，这是股价见底转势信号。投资者见此K线图，要跟着做多，会有不错的获利机会。

图 7.13 所示是四川长虹(600839)的日K线图。

四川长虹经过一段较大涨幅之后，出现了螺旋桨K线图，这是股价见顶转势信号。投资者看到该K线图后，要立即止损离场，否则就会损失惨重。

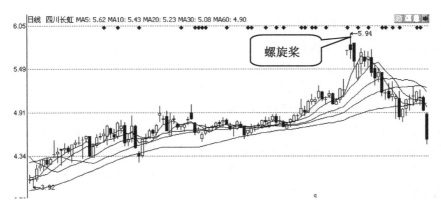

图 7.13 四川长虹的日 K 线图

7.3 T 字线、倒 T 字线和一字线的实战技巧

T 字线，又称蜻蜓线，其开盘价、最高价、收盘价相同或基本相同，K 线上只留下影线，如果有上影线，也是非常短的。T 字线信号强弱与其下影线成正比，下影线越长，则信号越强。T 字线的图形如图 7.14 所示。

股价有了一段较大涨幅之后出现 T 字线，则是一种见顶信号；股价有了一段较大跌幅之后出现 T 字线，则是一种见底信号。倒 T 字线，在上升趋势中，出现开盘价、最低价、收盘价相同或基本相同，K 线上只留上影线，如果有下影线，也是非常短的。倒 T 字线的图形如图 7.15 所示。

图 7.14 T 字线   图 7.15 倒 T 字线

倒 T 字线的技术含义是，在上涨趋势末端出现，为卖出信号；在下跌趋势末端出现，为买入信号；在上涨途中出现，继续看涨；在下跌途中出现，继续看跌。倒 T 字线的上影线越长，力度就越大，信号就越可靠。在上涨趋势中出现的倒 T 字线，称为"上档倒 T 字线"，又称下跌转折线。

一字线的特征是，开盘价、收盘价、最高价、最低价粘连在一起成一字状，这就是我们平时所说的涨停板或跌停板开盘，全天基本上都以涨停板或跌停板价格成交，

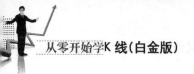

一直到收盘为止。一字线的图形如图 7.16 所示。

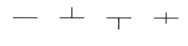

图 7.16 一字线

在涨势中，特别是在股价上涨初期出现的一字线，往往表示该股有重大利好被一些先知先觉者捷足先登，这时投资者可采取积极做多策略。如果股价一连出现几个一字线，从规避短期风险的角度出发，不宜再看多。在跌势中，特别是在股价下跌初期出现的一字线，往往表示该股有重大利空或是股价炒过了头，是庄家率先出逃所致，因此投资者要果断平仓出局。如果股价连续出现多个下跌一字线，就不宜再继续杀跌，而应该等其反弹再出货。

图 7.17 所示是亿阳信通(600289)的日 K 线图。

图 7.17 亿阳信通(600289)的日 K 线图

亿阳信通经过大幅拉升后，股价创下 16.04 元的新高，当天的 K 线图是螺旋桨，这是见顶回落信号，股价小幅震荡回后出现 T 字线，这是在高位出现的 T 字线，是庄家为了掩护高位出货施放的一颗烟幕弹，投资者见此 K 线图，要果断卖出手中的股票。

图 7.18 所示是自仪股份(600848)的日 K 线图。自仪股份在底部经过反复震荡吃货，利用 T 字线探得股价新低 2.60 元，然后是拉出 4 根阳线，接着出现了 2 根 T 字线，这具有一定的迷惑，很多投资者认为股价已上升很多，可能卖出手中的股票。其实该股由于被主力高度控盘，并且在中国最大的一波牛势中，同时又是多头排列，投资者可以拿好手中的股票，持股待涨，收益会很丰厚。该股其后走势如图 7.19 所示。

这时可以看到，自仪股份拉现两根 T 字线后，经过小幅震荡调整后，就利用一字线，多次快速拉升股价。在上涨过程中，出现一字线快速拉升时，投资者一定要拿好手中的股票；在上涨后期出现一字线，投资者就要警惕起来了，一旦出现见顶信号，就立即卖出手中的股票。

图 7.20 所示是上海梅林(600073)的日 K 线图。上海梅林经过大幅拉升后，开始小幅震荡出货，然后就接连出现 3 个倒 T 字形，即 3 个跌停板。投资者在高位见到 T 字

形，应第一时间清仓出局，否则损失只能会更大。

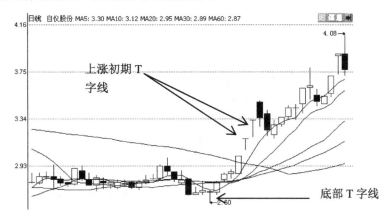

图 7.18　自仪股份(600848)的日 K 线图

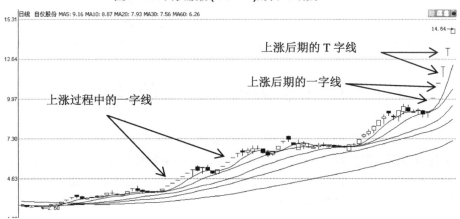

图 7.19　自仪股份(600848)的 K 线图

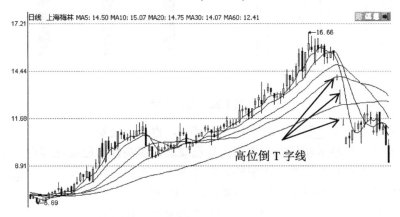

图 7.20　上海梅林(600073)的日 K 线图

图 7.21 所示是第一医药(600833)的日 K 线图。

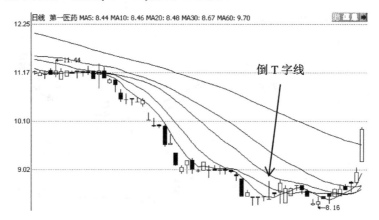

图 7.21 第一医药(600833)的日 K 线图

第一医药经过大幅下跌后，首先出现 3 根 T 字线见底信号，然后出现了一根倒 T字线，这是对见底信号的进一步确认，投资者可以逢低买入，就会获利丰厚。

7.4 身怀六甲和穿头破脚的实战技巧

身怀六甲，又称母子线、孕线，其特征是，它必须由一根较长的 K 线的实体部分完全包容后面的那根较短的 K 线。如果身怀六甲中较短的 K 线是一根十字线，就可以称为十字胎。之所以起名为"身怀六甲"，是因为其 K 线形态像一个怀着小宝宝的孕妇。身怀六甲的图形如图 7.22 所示。

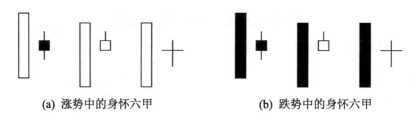

(a) 涨势中的身怀六甲　　　　(b) 跌势中的身怀六甲

图 7.22 身怀六甲

身怀六甲是一种"警告"或"提示"信号，也可以说是一种准市场逆转信号。在升势中，身怀六甲暗示股价向上推高力量已减弱，多头行情已接近尾声，接下来可能是下跌行情。在跌势中，身怀六甲暗示股价下跌势头已趋缓，很可能见底回升，或继续下跌空间已不大，市场正在积蓄力量，等待机会向上突破或反转。

穿头破脚就是第 2 根 K 线将第 1 根 K 线从头到脚穿在里面。穿头破脚有两种形态，一种在底部出现，另一种在顶部出现。底部穿头破脚的特征是，在下跌趋势中，第 2 根阳线的长度吞吃掉第 1 根阴线的全部，不过上下影线不算。顶部穿头破脚的特征是，在上涨行情中，第 2 根阴线的长度吞吃掉第 1 根阳线的全部，上下影线不算。穿头破脚的图形如图 7.23 所示。

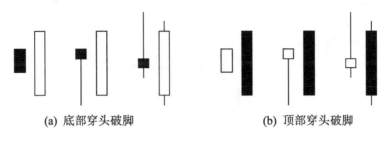

(a) 底部穿头破脚　　　　　　　　(b) 顶部穿头破脚

图 7.23　穿头破脚

从技术上来说，底部穿头破脚是股价止跌回升的信号；顶部穿头破脚是股价见顶回落的信号。

图 7.24 所示是保利地产(600048)的日 K 线图。

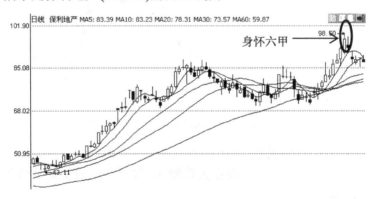

图 7.24　保利地产(600048)的日 K 线图

保利地产经过多次大幅拉升后，股价创出 98.50 元的新高，这时出现了身怀六甲 K 线组合，这意味着行情可能走到头了，投资者要果断卖出手中的股票，离场观望。

图 7.25 所示是中国联通(600050)的日 K 线图。

中国联通经过反复下跌后，股价创出 2.19 元的新底，然后开始向上攀升，接着就出现了身怀六甲 K 线组合，这是一个转势信号，意味着下跌即将结束，市场正在积蓄力量等待机会向上突破或反转。投资者这时应该逢低买入股票，然后持股待涨。

图 7.26 所示是亿阳信通(600289)的日 K 线图。亿阳信通经过快速拉升后，股价最高为 21.28 元，这里出现了穿头破脚 K 线组合，这是在顶部形成的穿头破脚，是股价见顶回落的信号，投资者应及时卖出手中的股票。亿阳信通见顶后，开始大幅下跌，

之后又出现穿头破脚K线组合，这时投资者可以适量买入做反弹。

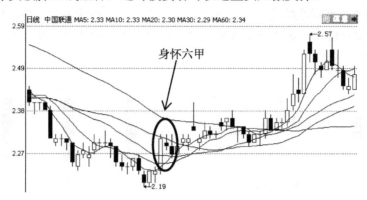

图 7.25　中国联通(600050)的日 K 线图

图 7.26　亿阳信通(600289)的日 K 线图

穿头破脚 K 线组合出现后，往往导致见顶股价快速回落。中国石化(股票代码为600028)大幅上升后，就在高位出现穿头破脚 K 线组合，股价见顶后就开始大幅下跌，如图 7.27 所示。

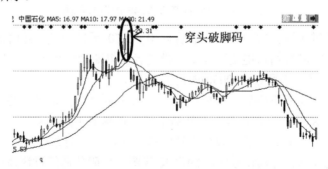

图 7.27　中国石化(600028)的见顶信号

投资者见到穿头破脚 K 线组合后，股价又大幅下跌，就要马上斩仓出局。

有些股票出现穿头破脚 K 线组合后，股价并没有马上跌下来，有的出现较长时间的盘整，有的可能还创出新高，但投资者一定要明白，主力是不可能在高位利用穿头破脚 K 线组合洗盘的，所以还是快逃为好。

　　图 7.28 是民生银行(600016)在顶部出现的穿头破脚 K 线组合。

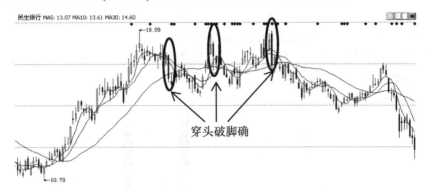

图 7.28　高位盘整出现的穿头破脚 K 线组合

　　如果在周线或月线中出现穿头破脚 K 线组合，则该股票要长期看空、做空，不要再轻易介入该股票。

　　图 7.29 是中信证券(600030)在月 K 线中出现的穿头破脚 K 线组合。

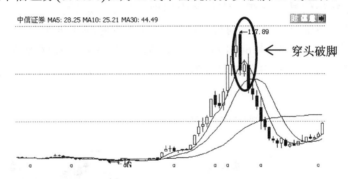

图 7.29　中信证券月(600030)K 线中出现的穿头破脚 K 线组合

7.5　搓揉线和尽头线的实战技巧

　　搓揉线是由一根 T 字线和一根倒 T 字线组成的。搓揉线的图形如图 7.30 所示。

　　搓揉线就是股价像织物一样在洗衣机中反复受到搓揉的意思，很明显，这是庄家为了洗盘或变盘而进行的反复搓洗。因此，在上涨初期出现搓揉线，庄家是为了清洗浮筹，以减轻上行压力；而在上涨后期，特别是股价已有大幅涨升后出现搓揉线，这是庄家为了搅乱散户的视线，从而达到高位出货的目的。总之，投资者见到搓揉线 K

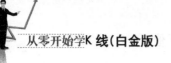

线组合，就要做好应变准备，可以跟着庄家的下一步操作而灵活应变。

尽头线，即行情到头的意思，其特征是，在上升趋势中，原行情进行得相当顺利，一般都认为这个趋势会继续下去，结果在一根长阳线的上影线右方却出现了一根完全在上影线范围内的短十字线或小阴小阳线，这就是尽头线。反之，在下跌趋势中亦然。尽头线的图形如图 7.31 所示。

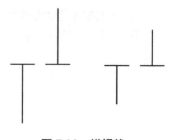

图 7.30　搓揉线

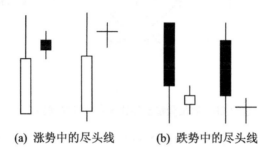

(a) 涨势中的尽头线　　　(b) 跌势中的尽头线

图 7.31　尽头线

尽头线是转势信号，它在上涨行情中出现，预示着股价要跌，投资者要考虑卖出股票；在下跌行情中出现，预示股价要涨，投资者要考虑买进股票。

图 7.32 所示是创兴置业(600193)的日 K 线图。创兴置业在底部反复震荡后，开始拉大阳线进行拉升，在拉升的初期出现了搓揉线 K 线组合，投资者见此 K 线组合后，可以适量买进做多。

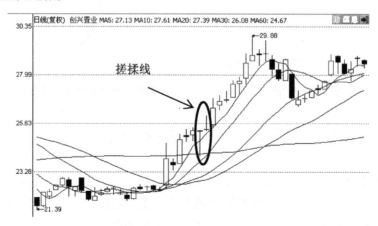

图 7.32　创兴置业(600193)的日 K 线图

图 7.33 所示是雅戈尔(600177)的日 K 线图。雅戈尔经过一段时间的震荡上升后，

利用大阳线、T 字线进行快速拉升，然后出现了螺旋桨见顶信号，接着又出现了搓揉线 K 线组合。投资者见此 K 线组合，就可以进一步确定股价已经见顶，应该清仓离场为妙。

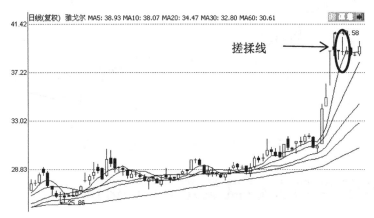

图 7.33　雅戈尔(600177)的日 K 线图

图 7.34 所示是武钢股份(600005)的日 K 线图。武钢股份经过大幅下跌后，进行了反弹，在反弹过程中出现了尽头线 K 线组合，这时投资者就应该立即卖出手中的股票，否则就会越套越深。

图 7.34　武钢股份(600005)的日 K 线图

图 7.35 所示是 ST 渝万里(600847)的日 K 线图。

ST 渝万里的股价经过大幅下跌之后，出现了尽头线，这表明短线下跌已结束，很可能要迎来反弹，所以在这里不要再盲目看空了。如果手中有资金，还可以轻仓搏反弹。

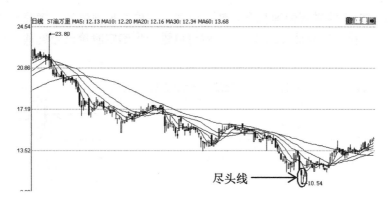

图 7.35 ST 渝万里(600847)的日 K 线图

7.6 镊子线和上档盘旋形的实战技巧

镊子线一般是由三根 K 线组成的，第 1 根和第 3 根分别是大阴线和大阳线，而第 2 根 K 线则是小阴线或小阳线，镊子线如果在涨势中出现，则 3 根 K 线的最高价差不多处于同一个价位水平，反之，若在跌势中出现，则 3 根 K 线的最低价处于同一个价位水平。镊子线的图形如图 7.36 所示。

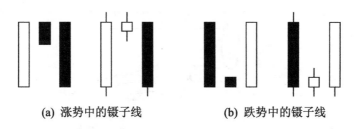

(a) 涨势中的镊子线   (b) 跌势中的镊子线

图 7.36 镊子线

镊子线是因为其形状像有人拿着镊子小心翼翼地夹着一块东西，故命名的。镊子线是转势信号，它在上涨行情中出现，预示着股价要跌，投资者要考虑卖出股票；它在下跌行情中出现，预示股价要涨，投资者要考虑买进股票。

上档盘旋形的特征是，在上涨行情中，拉出一根或数根较有力度的阳线后，股价开始停滞不前，出现了一系列小阴小阳线，经过一段时期整理后，它会做出向上或向下的选择。上档盘旋形的图形如图 7.37 所示。

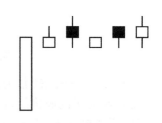

图 7.37 上档盘旋形

上档盘旋形的合理整理时间为 5～10 天，若盘整时间过长，表示上升乏力，很可能转为跌势。

图 7.38 所示是界龙实业(600836)的日 K 线图。

图 7.38　界龙实业(600836)的日 K 线图

界龙实业经过不断攀升，股价创出 18.79 元新高后见顶，开始利用大阴线快速出货，然后又进行短线反弹，反弹过程中出现了镊子线 K 线组合。投资者见此 K 线组合后，要明白这是一个卖出信号，应果断减仓或清仓离场。

图 7.39 所示是亿阳信通(600289)的日 K 线图。亿阳信通经过大幅下跌后，出现了镊子线 K 线组合，这是一个转势信号，预示股价要涨，投资者要考虑买进股票。

图 7.39　亿阳信通(600289)的日 K 线图

图 7.40 所示是中国石化(600028)的日 K 线图。中国石化在上升初期，为了清除浮码，常常边攀升边震荡洗盘，其中上档盘旋形就是最常见的洗盘形态。上档盘旋形合理盘整时间在 5～10 天，有的可能还会多几天，然后就会再次发力上攻。投资者在上

升行情的初期，看到该 K 线组合，可以适量买入，持股待涨。

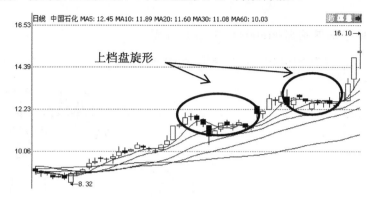

图 7.40　中国石化(600028)的日 K 线图

中国石化经过多次拉升后，创下 29.31 元的新高，开始快速下跌出货，这时庄家已卖出手中的很多筹码，但还没有卖完。为了卖出手中的剩余筹码，庄家会在快速下跌后，再将股价反弹拉起，然后进行横向整理，如图 7.41 所示。

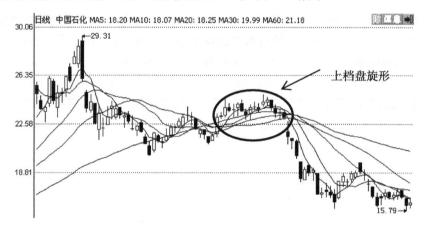

图 7.41　高位震荡盘整出货

在高位出现了上档盘旋形 K 线组合，其特点是，盘整时间较长，成交量较大，这时投资者要高度重视，及时卖出手中的股票。否则，庄家的货出完后，股价就会大幅快速回落，投资者会深套其中，损失惨重，如图 7.42 所示。

高位盘旋出货完成后，就出现了下跌三连阴 K 线组合，这时投资者一定不要认为股价已跌了很多，可以做反弹了，因为这是下跌初期，一不小心，就会被套牢。随着股价的大幅下跌，又出现了下跌三连阴 K 线组合，这时投资者就不要再盲目杀跌做空了，要清醒认识到股价已快到底部，准备好资金，可以少量参与反弹。

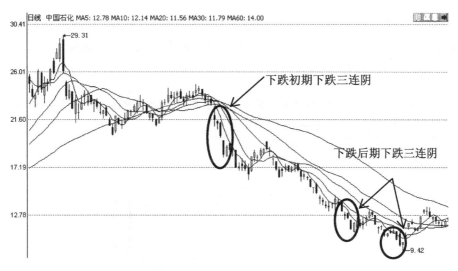

图 7.42　庄家出货完成后股价大幅下跌

7.7　连续跳空三阳线和升势受阻的实战技巧

连续跳空三阳线的特征是，在上涨升势中，多头气盛，连续跳空高开，拉出了 3 根阳线。连续跳空三阳线的图形如图 7.43 所示。

一鼓作气，再而衰，三而竭，由于多方用尽了最后的力气，此时，若空方趁机组织力量反攻，多方就无力抵抗。所以在上涨途中出现连续跳空三阳线 K 线组合后，往往是涨势到头的征兆，预示着股价不久就会由涨转跌。因此，投资者见此 K 线图，就要立即作减仓操作，如果日后股价掉头下行，就要及时停损离场。

升势受阻出现在上涨行情中，由 3 根阳线组成，并且 3 根阳线的实体越来越小，最后一根阳线的上影线很长。升势受阻的图形如图 7.44 所示。

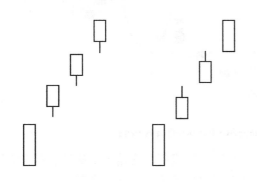

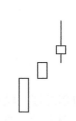

图 7.43　连续跳空三阳线　　　　　　　图 7.44　升势受阻

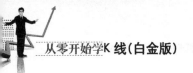

升势受阻的 3 根阳线的实体越来越小，给人一种虎头蛇尾的感觉，并且最后一根 K 线的上影线却很长，表明上档卖压沉重。投资者看到经过一段涨幅后出现的升势受阻 K 线组合时，一般要看跌，做好卖出股票的准备。

 提醒 如果在股价刚启动上涨时，就出现连续跳空三阳线或升势受阻 K 线组合，可能是主力在进行反技术操作。

图 7.45 所示是中金黄金(600489)的日 K 线图。

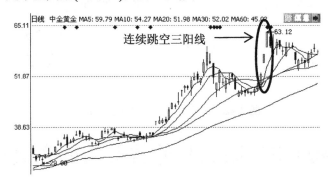

图 7.45   中金黄金(600489)的日 K 线图

中金黄金经过多次快速拉升，出现了连续跳空三阳线 K 线组合，这是一个明显并且常见的滞涨信号。多方经过连续跳空已用尽了最后的力气，是涨势到头的征兆，这预示股价不久就会由涨转跌。投资者见此 K 线组合，要及时清仓离场。

图 7.46 所示是青岛海尔(600690)的日 K 线图。

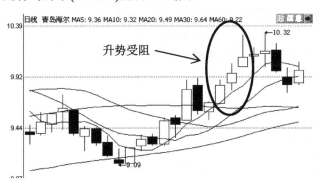

图 7.46   青岛海尔(600690)的日 K 线图

青岛海尔经过一段涨幅后出现了升势受阻 K 线图，这是一个常见的滞涨信号。投资者见此 K 线组合，要以看空为主，并在反弹高点卖出手中的投票。

如果股价经过长期盘整后，涨幅不大，并且大势向好，即在上升初期和上升途中出现连续跳空三阳线或升势受阻，投资者就要多观察几天，以防主力的反技术操作。

图 7.47 所示是山东黄金(600547)的日 K 线图，该股经过长时盘整后，在国际金价看涨的大势下，开始拉高，在拉高初期出现了连续跳空三阳线 K 线组合，在拉升途中出现了升势受阻 K 线组合，这时投资者要根据大形势，拿好手中的筹码，不要被主力轻易洗掉。

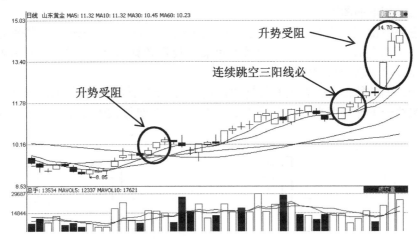

图 7.47　山东黄金(600547)的日 K 线图

在这波大牛势中，山东黄金一口气涨到 201.5 元，股价连续翻倍，如果能拿好该股，可以获利巨大收益，其后走势如图 7.48 所示。

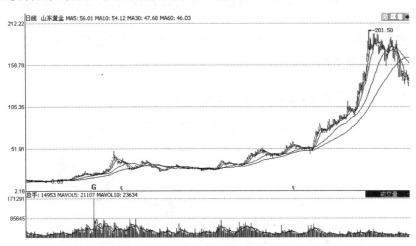

图 7.48　山东黄金(600547)的走势

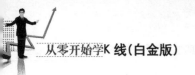

7.8　阳线跛脚形和升势停顿的实战技巧

阳线跛脚形的特征是，股价经过一段较大幅度的上涨后，连续出现 3 根或 3 根以上的阳线，后面两根阳线都是低开的，且最后一根阳线收盘价比前面阳线收盘价要低。阳线跛脚形的图形如图 7.49 所示。

在涨势中出现阳线跛脚形，表示上档抛压沉重，是一个卖出信号，特别是出现在股价大幅上涨之后，这个卖出信号就更可靠。投资者见到此 K 线图，应考虑适时做空，避免股价下跌带来的风险。

升势停顿的特征是，在上行行情中，当连续出现两根相对较长的阳线之后，第三根阳线实体一下缩得很小，这表示升势可能停顿。升势停顿的图形如图 7.50 所示。

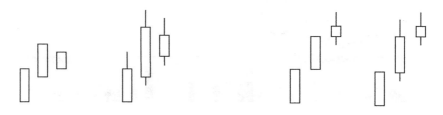

图 7.49　阳线跛脚形　　　　　　　　　　图 7.50　升势停顿

升势停顿出现在涨势中，尤其是股价已有了很大升幅之后，表明做多的后续力量已经跟不上，股价随时会出现回落。投资者见到该 K 线组合，应该考虑做空。

提醒　如果在股价刚启动上涨时就出现阳线跛脚形或升势停顿 K 线组合，可能是主力在进行反技术操作。

图 7.51 所示是涪陵电力(600452)的日 K 线图。

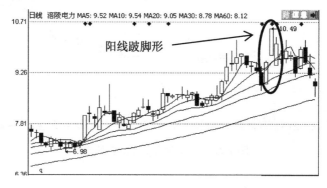

图 7.51　涪陵电力(600452)的日 K 线图

涪陵电力经过不断拉升后，出现了阳线跛脚形 K 线组合，表示上档抛压沉重，是一个卖出信号，投资者见到此 K 线图，应及时卖出手中的股票，离场观望。

　　图 7.52 所示是武钢股份(600005)的日 K 线图。武钢股份经过多次拉升后，股价拉高到 21.30 元，之后出现了升势停顿 K 线组合，表明做多的后续力量已经跟不上，股价随时会出现回落。投资者见到该 K 线组合，就要保持警惕，及时清仓离场。

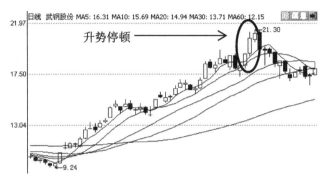

图 7.52　武钢股份(600005)的日 K 线图

第 8 章

K 线缺口的实战技巧

在 K 线的运行过程中，有一种极为特殊而又重要的现象，那就是跳空缺口。通常情况下，K 线的运行是连贯的，缺口的出现使 K 线运行有了中断，这种当日 K 线与前日 K 线之间的中断就是跳空缺口。本章首先讲解 K 线缺口的定义、种类、意义和应用注意事项；然后讲解底部反转阶段缺口、上涨阶段缺口的实战技巧；最后讲解顶部反转阶段缺口和下跌阶段缺口的实战技巧。

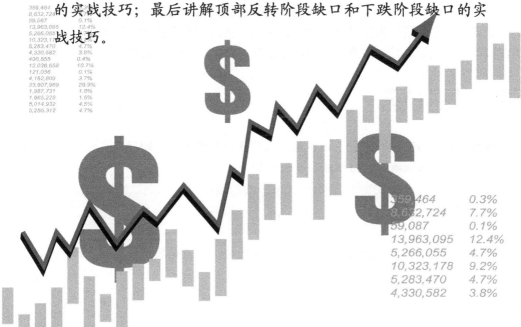

359,464	0.3%
8,632,724	7.7%
59,087	0.1%
13,963,095	12.4%
5,266,055	4.7%
10,323,178	9.2%
5,283,470	4.7%
4,330,582	3.8%

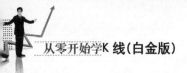

8.1 初识缺口

缺口是指股价在快速大幅变动中有一段价格没有发生交易，在K线图上出现了一段空缺，即缺口就是盘面交易的空缺地带。如在股价或指数上升趋势中，某天最低价高于前一日的最高价，就会在K线图上留下一段当时价格不能覆盖的缺口或空白，这就是向上跳空缺口，如图8.1所示。

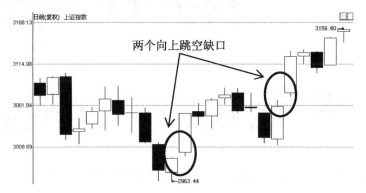

图8.1　上证指数的日K线图

在股价或指数下降趋势中，某天最高价低于前一日的最低价，也会在K线图上留下一段当时价格不能覆盖的缺口或空白，这就是向下跳空缺口。向上跳空缺口表明市场趋势大步向上，而向下跳空缺口则表明市场趋势大步向下。

为什么会形成交易的空缺地带呢？这就是多空双方其中一方以较大优势压倒对方造成的盘面形态，常常发生在开盘交易、信息突然刺激、力量突然失衡时，但根本原因就是多空双方的情绪发生着较大变化。缺口在实战中具有相当重要的作用，通过分析缺口，可以更好地感知主力的动向，再结合大势采取相应的策略。

8.2 缺口种类

按缺口对趋势的影响来分，这也是经典的缺口分类方法，缺口共有四种类型，分别是普通缺口、突破缺口、持续缺口和衰竭缺口。

8.2.1 普通缺口

普通缺口常常发生在股票交易量很小的市场中，或者是股价作横向整理运动的中间阶段，或者是在诸多价格形态的内部。发生原因往往是市场投资者对股票毫无兴趣，市场交易清淡，相对较小的成交量便足以导致价格跳空。一般情况下，普通缺口会在极短的时间内给予回补，可以忽略不计。

8.2.2   突破缺口

突破缺口通常发生在重要的价格区间，如在股价横向整理到需要一举突破支撑线的时候，或是在头肩顶(底)形成之后股价需要对颈线进行突破时，也可能在股价对重要均线进行跨越式突破的时候，就常常会出现跳空缺口。它反映了市场投资者的一致思维和意愿，也预示着后市的价格运动会更大、更快。

由于突破缺口是在突破重要价格区域发生的，此处不看好突破的抛盘将被全吃掉，而看好突破的抛盘则高价待售，买盘不得不高价成交，由此形成向上跳空缺口，所以这里常常伴有较大的成交量。这种重要区域价格一旦突破成功，其跳空缺口往往不易被完全封闭。

 提醒 如果缺口很快被封闭，价格重新回到缺口下方，说明突破是假突破。

总之，突破缺口具有强烈的方向性选择意义，一旦出现，往往在短时间内市场不会回补缺口。

8.2.3   持续缺口

在突破缺口发生之后，如果市场前进趋势依然明显，一方推动热情高涨，那么价格会再度跳跃前进，再次形成一个跳空缺口或一系列跳空缺口，这种缺口称之为持续缺口。持续缺口常常伴随着中等的成交量，表明对趋势发展有利。在上升趋势中，持续缺口的出现说明市场坚挺；在下降趋势中，则代表市场疲软。另外，持续缺口一般也不会很快被封闭，如果价格重新回到持续缺口之下，对原趋势不利。

一般而言，在突破缺口发生之后，第二个明显的缺口往往是持续缺口，而不是衰竭缺口。持续缺口的出现，意味着行情将会突飞猛进，其运动空间至少为第一个跳空缺口到这个缺口之间的距离。如果出现了多个持续缺口，则价格运动空间的预测变得比较困难，但也意味着衰竭缺口将随时来临，或者最后一个"持续缺口"就是衰竭缺口。

8.2.4   衰竭缺口

衰竭缺口常常出现在行情趋势将要结束的末端。在突破缺口和持续缺口均已清晰可辨，同时测量的价格目标已经到达后，很多投资者就开始预期衰竭缺口的降临。在上升趋势的最后阶段，股价往往会随着盲从者的疯狂进入快速拉升行情，而同时清醒的投资者则开始平仓了结。随着主力的平仓动作，衰竭缺口出现后往往会有一段时间的价格滑落，并伴随着巨大的成交量。当后续的价格低于最后一个缺口时，意味着衰竭缺口形成，后市多方开始回撤。

> **提醒** 衰竭缺口出现后，价格可能还会继续走高，但它预示着价格在最近一段时间内要回撤，最后的疯狂要结束。

当缺口达到 3 个或 3 个以上时，在没有出现价格回撤并对前一缺口进行封闭前，很难知道哪一个缺口是衰竭缺口，只有可能从测量目标中获得一点答案。即如果在第二个缺口来临后，价格运动空间没有达到从第一个缺口到这个缺口之间的距离，那么，在此阶段出现的第三个缺口就可能是持续缺口，直到所测量的价格目标达到为止。

8.3　缺口的意义

缺口如同多、空双方挖的战壕，争斗双方会在这里对峙一段时间；但一方一旦发力突破并稳住了阵脚，就会乘胜追击，而败者或且战且退，或败如山倒；但胜利的一方若追击过久，战线拉得过长，则往往会面临严重的补给问题，要么只好主动后退，要么在前线防御，但防御反而更易被对方攻破；当曾经的胜方退至战壕(缺口)时，往往又会建立据点，严防死守，期望重新夺回阵地。

所以，跳空缺口往往是曾经的胜方回撤时的重要支撑位，一旦被对方突破，这个支撑位就会变成阻力位，使曾经的胜方难以逾越，这就是跳空缺口处为什么常常会出现激烈争夺的原因。可见，一个缺口在成为一方的支撑位时，就必然是另一方的阻力位。

每出现一个缺口，都会使进攻方雀跃，但每回填一个缺口则使退回方恐惧，所以缺口是技术分析中极其重要的部位。短期内缺口被封闭，表示原先取胜的一方缺乏后劲，未能继续向前推进，则进攻变成防守，处境不利；长期存在的缺口被封闭，表示价格趋势已经反转，原先主动的一方已变成被动的一方，原先被动的一方则控制了大局。

根据作者多年实战经验，如果缺口在 3 个交易日内没有被回补，那么在随后的 13 个交易日内，市场有力量向缺口出现的方向发展。这说明缺口不一定会被立即回补，即没有被小级别的回调所封闭，但很可能被其后的中级回调封闭；如果仍然没有，则极会被更远一些的反转大趋势封闭，即涨有多高，跌有多深。

一般说到的缺口是在日 K 线图上的缺口，但缺口更频繁的是出现在分钟 K 线图上，当然，也会出现在周 K 线图和月 K 线图上，只是随着时间的周期越长，缺口就越不易表现出来。但在周期长的 K 线图上一旦出现缺口，其意义就更加重大，也越有利于长期趋势的判断。

有些时候，日内分钟 K 线图上的缺口往往比日间缺口更重要，如 30 分钟或 60 分钟 K 线图中的缺口，因为它们的出现，才带动了日内重要趋势线的突破，形成了重要的价格形态，并造就了中期趋势的持续或反转。所以，投资者对日内分钟 K 线图中的缺口也要重点关注。

 提醒　过于频繁出现的缺口，会降低缺口的有效性。

8.4　缺口运用注意事项

在利用缺口判断股市行情时，要注意以下四个方面，分别是成交量、时间、阶段性和形态。

1）　成交量

普通缺口处往往没有什么成交量；突破缺口处往往会有大成交量；持续缺口处会有适当的成交量；衰竭缺口产生的当天或次日也往往会有大成交量。

2）　时间

普通缺口经常产生，也最易被封闭；衰竭缺口的封闭需要一点时间；持续缺口的封闭会需要更多的时间；突破缺口则往往等到衰竭缺口和持续缺口都被封闭后才会被封闭。

3）　阶段性

突破缺口意味着价格终于突破了整理形态而开始移动；持续缺口是价格快速移动至行情中点的信号；衰竭缺口则是行情趋势将至终点的信号。

4）　形态

普通缺口往往是在整理形态内发生的；突破缺口则是在要超越形态特定部位时才发生；持续缺口是在超越形态特定部位之后，在持续拉升的行情中产生的；衰竭缺口是在行情趋势末端出现的。

当价格猛烈地向上跳空突破原有盘整区域，并在第二个交易日没有回头时，投资者可以建仓，当价格回调到缺口附近没有破缺口，可以在开始震荡攀升时加仓，直至衰竭缺口来临或市场出现回撤迹象时离场。一般来说，在连续出现三个缺口后，投资者就要准备减仓，但在最近一个缺口没有回补之前，中线投资者不适合卖出所有的股票。

在分析缺口时，还要注意缺口的大小。缺口有大有小，越大则说明其中一方占据的优势越大，能量越充足。例如，个股开盘时就以一字形开盘并封死涨停形成的跳空向上缺口，毫无疑问，这个向上跳空缺口背后的多方能量是极其充足的；相反，如果仅仅是跳空高开不到几个点，那么说明多方能量虽然占据优势，但并不明显，缺口随时都可能封闭。

> **提醒** 有些缺口是主力为欺骗中小散户故意制造出来的，对于这一点投资者也要注意。

在分析缺口时，对于个股因送股、转股、配股、分红等原因形成的缺口，要忽略不计，因为这些不是真正意义上的缺口，是由于技术原因带来的，而不是市场博弈过程中出现的缺口；另外，对于新股或新上市的权证等，由于市场机制导致上市后连续涨停，这些缺口也要忽略不计。

> **提醒** 面对缺口，投资者要学会区别对待，看清楚是什么原因造成的缺口。只有真正的市场博弈形成的缺口才是投资者需要重点关注的，也才是真正有价值的缺口；对于其他因历史遗留问题、计划原因导致的缺口，要忽略不计。

8.5　底部反转阶段缺口的实战技巧

股价经过大幅下跌并探明了底部区域，在这里股价就开始震荡盘升，如果在这个期间产生缺口，一般都为普通缺口，只有最后一个突破重要阻力线(如底部反转形态的颈线)形成的缺口才是突破缺口。

股价在底部反转阶段，常常会出现很多普通缺口，投资者要认真辨别，特别是对于一些看似不起眼的小缺口，千万别粗枝大叶，错过可以让获利的机会。即使只有一分钱的跳空缺口，也是一种缺口，并且具有意义，可以反映多空双方的一些蛛丝马迹。通过小小的缺口，可以揭示深层次的博弈，可以预测其后的行情是暴风雨还是艳阳天。

下面通过具体实例来讲解底部反转阶段缺口的应用技巧。

在底部反转阶段形成的过程中，不论缺口有多少，投资者都要清楚，缺口最终大多都会回补。图8.2所示是中国石化(600028)的日K线图和成交量。

在A处，股价在下跌过程中出现向下跳空缺口，因为这里是底部区，所以这个向下跳空缺口不是向下突破缺口，而是普通向下跳空缺口，根据缺口要回补的理论，在该次回调后，要抓住反弹行情，即要回补A处缺口。

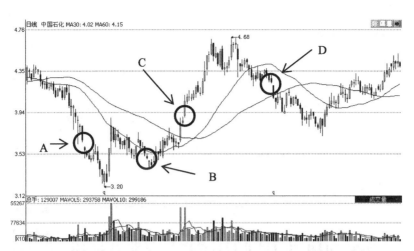

图 8.2　中国石化(600028)的日 K 线图和成交量

　提醒 可以根据 K 线技术及时跟进，最少看到把 A 处缺口回补，缺口回补后不要看得太高，因为这里均线是空头排列。

由图 8.2 可以看到，股价快速下跌后，拉大阳线快速上涨，回补了 A 处缺口，然后受到 30 日均线压制而再度回调。

提醒 重要的均线一般不会一次性被突破，所以这里要及时卖出。

股价在回调到 B 处，又出现一个向下跳空缺口，该缺口一定也会回补的，所以根据行情做反弹。股价在向上反弹过程中，在 C 处出现一个向上跳空缺口，这里不是重要的阻力区，可以认为这里很可能是普通缺口，所以这个缺口短时间内可能回补，投资者应该只做短线，等重要阻力出现 K 线卖出信号就减仓。

股价反弹见阶段性小顶后，开始回调，最终还是回补了 C 处向上跳空缺口。在股价回调过程中，D 处出现了一个向下跳空缺口，这是一个普通缺口，所以股价回调到位后，可以做反弹。

提醒 在底部反转阶段的左边出现的向上跳空缺口，基本上都是普通缺口，这里要回避这次反弹，耐心等待回补缺口。在震荡下行中，出现向下跳空缺口，一般都要考虑把握回补缺口带来的反弹行情。

再次按下键盘上的"→"键，向右移动中国石化的日 K 线图，如图 8.3 所示。

图 8.3　再次向右移动中国石化的日 K 线图

　　股价在震荡上涨行情中，在 A 处出现向下跳空缺口，这基本上可以肯定是普通缺口，所以这里是送钱行情，要逢低加仓，然后静待缺口回补行情。

　　再次按下键盘上的"→"键，向右移动中国石化的日 K 线图，如图 8.4 所示。

图 8.4　再次向右移动中国石化的日 K 线图

　　在 A 处，股价拉出大阳线突破前期新高，好突破前期重要阻力线，然后第二个交易日高开并拉出大阳线，这里就出现一个向上跳空缺口，这里很可能就是一个突破缺口，所以该缺口就是一个重要的支撑位，股价只要不跌破该支撑位，就会大涨。

　　投资者还要注意 B 处的缺口，这个缺口太大，不可能是市场博弈产生的缺口，因为涨跌停为 10% 的交易规则下不可能出现这么大缺口，所以这个缺口可以忽略不计。实际上 B 处的缺口是除权缺口，仅仅是技术缺口。单击该缺口下方的"G"，就可以看到该股的权息资料信息，如图 8.5 所示。

图 8.5　权息资料信息

单击"配售股上市"选项卡，就可以看到配售股上市的日期、数量、占总股本比例和类型信息，如图 8.6 所示。

图 8.6　配售股上市信息

提醒　在底部反转阶段，震荡上行中的向上跳空缺口不是突破缺口，就是普通缺口。如果是普通缺口，则短期要回补，这不是机会而是风险。如果是突破缺口，则预示着大行情到来，但投资者还要注意是不是假突破缺口。

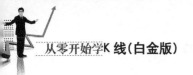
8.6 上涨阶段缺口的实战技巧

股价在底部反复盘整后，然后形成底部反转形态，股价突破底部形成的颈线后，就开始进入上涨阶段，下面来看一下该阶段缺口的特点，共有五项，具体如下。

1) 关注第二个重要缺口

一般情况下，上涨阶段是从底部反转形态的突破缺口开始的，一直到最后衰竭缺口出现作为进入结尾的信号。在突破缺口和衰竭缺口之间必然存在着持续缺口，特别是突破缺口后的第二个重要缺口。所谓重要缺口，就是持续缺口，但不是指在上涨过程中很快回补的普通缺口。

2) 利用周 K 线图识别缺口

对于小的上涨行情，投资者易于把握。但是，对于一波较大的行情，常常出现很多缺口，投资者很难对缺口进行判断，这时可以利用周 K 线图来观察，利用时间跨度比较长的波动来化繁为简，从而找到大行情中的缺口，通过这些缺口找出一些规律和信号。

3) 重要缺口不会轻易回补

面对上涨阶段的缺口，有一点必须记住，那就是对于这个阶段出现的重要缺口，市场不会轻易回补。毕竟，在上升趋势面前，重要的向上跳空缺口带来的更多是打开阶段性上升的空间，是更多的机会，其所蕴涵的风险只有在市场完全转势时才有可能发生。

4) 认清向下跳空缺口的本质

在上涨阶段，多空双方有时候在关键的位置博弈是相当激烈的，或者说多空双方在特定环境下的博弈比较容易出现反复，特别是当空方占据一定优势的时候，向下跳空缺口可能随时产生。此时，投资者要认清其产生的区域以及是否会对大的上升趋势带来本质的改变，如果仅仅是震荡洗盘，对大的上升趋势没有威胁，那么，这样的缺口，更多带来的是机会，短期回补继续向上的概率很大。

5) 衰竭缺口

由于上涨阶段的尾声是由于加速后的再加速的反转，这个过程很多时候都意味着时间跨度短，因此，在周 K 线上，衰竭缺口未必能体现出来。所以衰竭缺口常常需要在日 K 线图中寻找，所以在上升阶段的尾声，要学会化简为繁，要把重点放在日 K 线图上。

总之，上涨阶段是个重要的环节，对中小散户而言，是个黄金时期，关键在于如何充分把握和利用缺口进行操作。

下面通过具体实例来讲解上涨阶段缺口的应用技巧。

图 8.7 所示是中国石化(600028)的周 K 线图。在 A 处，股价在上涨过程中跳空高开，形成一个向上跳空缺口，根据其后走势可以看出，该缺口在上涨过程中没有被回补，所以这是一个重要的持续缺口。在 B 处，股价在上涨行情中出现一个向上跳空缺口，根据其后走势可以看出，该缺口被回补，所以这是上涨过程中的普通缺口。在 C 处，股价在大的上涨行情中出现回调，在回调的过程中出现了向下跳空缺口，这是一个送钱行情，投资者只要能看懂，就应该可以获利。在 D 处，股价在上涨过程中连续出现两个向上跳空缺口，根据其后走势来看，这里没有回补，所以是持续缺口。在 E 处，股价在上涨过程中又出现向上跳空缺口，根据其后走势来看，这里没有回补，所以是持续缺口。在 F 处，股价在上涨过程中又出现向上跳空缺口，根据其后走势来看，该缺口被回补，所以是普通缺口。在 H 处，股价在回调的过程中出现向下跳空缺口，这是一个送钱行情，投资者只有能看懂，就应该跟进获利。在 G 处和 K 处，股价连续多次跳空高开，形成多个跳空缺口，并且都没有回补，所以都是持续缺口。

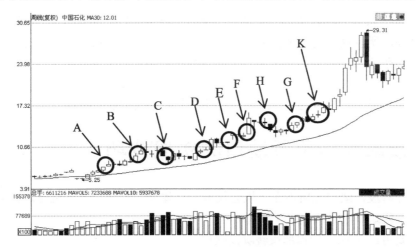

图 8.7　中国石化(600028)的周 K 线图

在这里可以看出，在上涨阶段，出现了普通缺口、持续缺口，却没有衰竭缺口，这跟周 K 线过大有一定关系。

提醒　在上涨阶段，连续出现向上跳空缺口并且短期内不回补，如果市场一旦见顶，这些缺口则构成强大的向下牵引力。

图 8.8 所示是中国石化(600028)的日 K 线图。

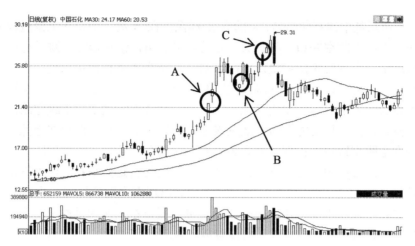

图 8.8　中国石化(600028)的日 K 线图

在 A 处，股价开始快速拉升，产生一个向上跳空缺口，并且该缺口在短期回调中没有被回补，所以这里是一个持续缺口。股价经过快速上涨后，进行短暂回调，之后开始上攻，在 B 处留下向上跳空缺口，并且很快被回补，所以这里是一个普通缺口。最后股价又开始大举进攻，在 C 处留下缺口，接着又收出一根阳线，但第三个交易日，就来了一根大阴线，把缺口回补，所以这个缺口就是衰竭缺口。

8.7　顶部反转阶段缺口的实战技巧

在上涨阶段，缺口无所不在，机会很多，总体来说，缺口就是机会。如果在顶部反转阶段出现缺口，则风险大于机会。

1)　要用日 K 线分析顶部反转阶段缺口

顶部反转阶段是大起大落四个阶段中最为短暂的一个阶段，道理也简单，顶部往往都是疯狂状态下形成的，疯狂状态在市场的具体表现形式就是剧烈快速，所以顶部一般都比较短暂。因此，不能利用大周期来分析顶部，因为大周期中顶部很少出现缺口。

2)　两个重要的缺口

在日 K 线图中，要重点关注顶部反转阶段中的两个重要缺口，一是疯狂顶部小形态的向下突破缺口；二是顶部大形态形成的向下突破缺口，即向下突破顶部形态颈线的缺口。小形态中的缺口告诉投资者形势开始不妙，要警惕了；大形态中的缺口告诉投资者股价开始大幅下跌了，前期没有逃的，这里要快逃。这两个缺口都是方向性非常明确的缺口，投资者要关注其存在的巨大风险。

3)　普通缺口多看少动

在顶部反转阶段，股价来回反复是难免的，在这个过程中就可以出现缺口，但要注意的是，这些缺口是在顶部小形态的突破缺口与最后大形态确认的突破缺口之间出现的，所以这些缺口投资者最好多看少动，不能进行实战操作，短线高手可以利用少量资金进行小区域内的操作。

 提醒　顶部反转阶段的缺口显示的是风险，而不是机会，最好不要参与。

4)　缺口必补

在上涨阶段，累积了大量的向上跳空缺口没有回补，那么一旦大势走坏，则这些上涨阶段形成的缺口就具有相当大的牵引力，一般情况下都会回补这些缺口。即当市场异常疯狂或个股异常疯狂时，这个阶段出现的缺口如果短期没有被回补的话，那么中期是必须回补的。这一点在实战中具有相当重要的实用价值。

顶部反转阶段一旦有形成的雏形，就要看看那些在上涨阶段接近尾声时形成的向上跳空缺口离现在股价有多远，如果还很远，则意味着调整还有相当一段时间；如果比较近，则意味着调整即将结束。下面通过具体实例来讲解顶部反转阶段的应用技巧。

图 8.9 所示是中国石化(600028)的日 K 线图和成交量。

图 8.9　中国石化(600028)的日 K 线图和成交量

下面来利用画图工具绘制出大形态和小形态的颈线。单击工具栏中的画线按钮，弹出"画线工具"面板，然后单击线段按钮，就可以绘制颈线并美化了，如图 8.10 所示。

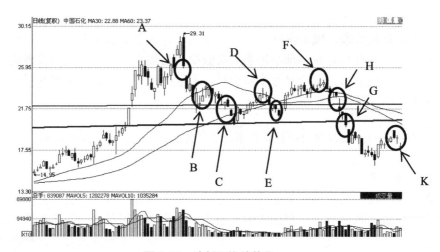

图 8.10　绘制颈线并美化

在 A 处，股价向下跳空低开，当天收出一根中阴线，并且开盘价几乎就是最高价，在这里可以看出空方力量有多大。在 B 处又连续出现两个向上跳空缺口，幅度很小，并且很快被补回，所以是普通缺口。在 C 处，股价连续跳空低开，形成两个向下跳空缺口，但受到大形态颈线的支撑，很快反弹回补了这两个向下跳空缺口，所以这里也是普通缺口。在 D 处和 E 处，股价又连续形成两个向下跳空缺口，但很快又被回补。在 F 处，股价又小幅高形，形成一个向上跳空缺口，但很快又被回补。在 H 处，股价大幅跳空低开，虽然盘中有反弹，但最终收出一根带有上下影线的中阴线，这里形成的缺口没有回补。在 G 处，股价又大幅低开，并向下突破颈线，这是一个相当重要的向下突破缺口，在这里投资者要快逃。

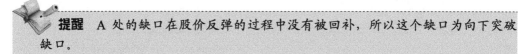

提醒　A 处的缺口在股价反弹的过程中没有被回补，所以这个缺口为向下突破缺口。

跌突颈线后，股价有一小段回抽，但受到 G 处缺口的压制，又开始向下走，这时在 K 处又形成向下跳空缺口，到这里为止，整个顶部反转形态已走完。

8.8　下跌阶段缺口的实战技巧

一旦进入下跌阶段，投资者就会发现原来那些在上涨阶段积累的未回补缺口，一下子就从原来的"低低在下"变得"逐渐触手可及"，下面来具体讲解下跌阶段缺口的应用技巧。

1)　利用周 K 线图识别下跌阶段缺口

下跌阶段是一个较为漫长的过程，不可能一步到位，此时可以利用周 K 线进行分析。在整个下阶段，投资者要沉得住气，轻易不要去抢反弹，只有探明底部再进行操作。要重点关注关键性的缺口是否已被回补，如果没有回补，只能进行短线的快进快出操作。

2)　周线缺口显示下跌容易上涨难

下跌阶段在周 K 线上的缺口往往会明显少于上涨阶段，关键是少了一些普通缺口，这样会大大增加对市场走势判断的准确性。

3)　周线缺口明思路，日线缺口找战机

通过周 K 线的视野，可以指导投资者大方向的具体策略，但具体的短期实战策略，必须站在日 K 线视野上来剖析。日 K 线图比起周 K 线图无疑是会复杂得多，但也正因为复杂，才有可能发现一些阶段性的机会。

下面来看一下如何把握下跌阶段中的战机。

(1)　机会在明显向上跳空缺口后。在下跌过程中，一旦出现明显的向上跳空缺口，也就意味着短期多方能量有了相对优势，要进行宣泄。而在该过程中，多方能量往往不会很快消失，会有一定的反复，而这正是最好的作战机会。当向上跳空缺口出现后，很容易激起那些受伤惨重的投资者的希望，有希望就会折腾，虽然这最后的结果依然是下跌，但这短暂的折腾对于短线机会而言是足够的。

(2)　初期下跌不参与。下跌过程可以细分为三个部分，分别是初期下跌、继续下跌和最后一跌。这三部分往往都会伴随着一定的反弹，道理很简单，多空双方都是在博弈中前行的，有空方就有多方。"初期下跌"后对于多方而言，幻想是必然存在的，一旦空方能量阶段性变弱，多方就会抓住机会进行反攻，不过在大趋势面前，往往都是回天无力，只是稍微挣扎一下而已，因此，其反弹时间相当短暂，这里参与风险太多。

(3)　继续下跌部分在明显向上跳空缺口参与。继续下跌部分鉴于空方力量已消耗一部分，市场短期机会就会多一些，在出现明显向上跳空缺口后，投资者可以采取快进快出策略，用优势兵力迅速获取收益，然后套现出局，再耐心等待新的缺口机会。

(4)　最后一跌不参与。最后一跌发生在继续下跌之后，市场进入彻底绝望状态，此时下跌是非理性的，因此有时跌起来不知哪里才是底，因此在这个过程中最好不要参与。

下面通过具体实例来讲解下跌阶段缺口的应用技巧。

图 8.11 所示是中国石化(600028)的周 K 线图。在 A 处，股价向下突破重要的 30周均线的支撑并形成向下跳空缺口，这是一个明显的向下突破缺口。在 B 处，股价经过连续下跌后，又形成向下跳空缺口，这是下跌加速的标志，即下跌初期的快速下跌。

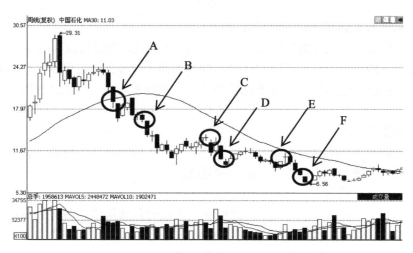

图 8.11　中国石化(600028)的周 K 线图

　　股价快速大幅下跌后，进行反弹，其反弹的幅度很小，反弹结束后在 C 处又产生一个向下跳空缺口。股价快速下跌后，在 D 处又出现一个向下跳空缺口，然后进行小幅度反弹。在 E 处，股价出现一个向上跳空缺口，这里不要以为股价已见底，因为股价还受到 30 周均线的压制。股价经过小幅反弹后，又开始快速大幅下跌，然后在 F 处出现一个向下跳空缺口，从其后走势可以看出，这里是一个衰竭缺口。

第 9 章

不同周期 K 线的
实战技巧

在运用 K 线技术时，不能只看日 K 线，这样有点"坐井观天"的味道。还要深入研究一下年 K 线、月 K 线和周 K 线的运用技巧，如果进行短线操作，还要重点研究一下 60 分钟 K 线的运用技巧。

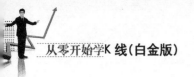

9.1 年 K 线的实战技巧

年 K 线是周期分析中时间最长的周期分析,利用年 K 线可以把握新的一年的投资机会,即只利用年 K 线去分析,而不考虑股市中的基本面、市场面和其他技术面。下面通过具体实例来讲解。

9.1.1 利用年 K 线炒 ETF 基金

2005 年年底,一个股票高手说,根据沪市上证指数的年 K 线图,就可以发现 2006 年至少有两个重要的投资机会在等着投资者,能不能抓住就看投资者的眼光了。

下面先来看一下上证指数的年 K 线图。打开炒股软件,按下键盘上的"F3"键,可以看到上证指数的日 K 线图,然后单击工具箱中的 按钮,在弹出菜单中单击"年线"命令,就可以看到上证指数的年 K 线图,如图 9.1 所示。

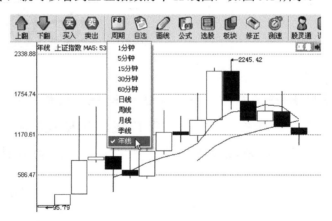

图 9.1 上证指数的年 K 线图

有很多投资者认为,2005 年股市形势这么不好,2006 年股市又能好到什么地方。再说,即使 2006 年股市形势变好,那也要对股市的基本面、市场面进行分析,才能发现投资机会,怎么可能只看年 K 线就发现投资机会呢?

其实不管每年收盘情况如何,每年的开头都不是指数最高点,几乎每根年 K 线都有或长或短的上影线。这就是说,以年初指数为起点买进,不管股市形势怎么变化,当年必有获利机会,即与年开盘相比,总有一波超过银行收益的上涨行情,这个收益或大或小,大的时候其收益是银行收益的几倍,甚至几十倍;小的时候其收益也超过银行一二倍。但普通投资者要把握好这样的上涨机会比较难,因为很多股票不会随着指数一齐上涨，所以很可能只赚指数不赚钱。

但是，2004 年开始已不断发行指数投资基金，即 ETF 基金。ETF 是 Exchange Traded Fund 的英文缩写，中文意思是交易型开放式指数基金，又称交易所交易基金，是一种在交易所上市交易的开放式证券投资基金产品，交易手续与股票完全相同。只要指数上涨，该基金就会有相应的获利机会。该指数的好处，在于可以避免个股的非系统性风险。

> **提醒** ETF 基金的交易同股票、封闭式基金的交易相同，如果投资者已有股票账户，不需要开立新账户就可以交易 ETF 基金。ETF 同股票一样，100 个基金单位为 1 手，涨跌幅度限制同股票一样也是 10%。每只 ETF 均跟踪某一个特定指数，所跟踪的指数即为该 ETF 基金的"标的指数"。
>
> 为了使 ETF 市价能够直观地反映所跟踪的标的指数，产品设计人有意将 ETF 的净值和股价指数联系起来，将 ETF 的单位净值定为其标的指数的某一百分比，这样一来，就可以通过观察指数的当前点位，直接了解投资 EFT 的损益，从而更好地把握时机，进行交易。为使 ETF 的价格能充分反映标的指数的变化，ETF 基金的升降单位与封闭式基金相同，为 0.001 元。例如，上证 50 指数 ETF 的基金份额净值设计为上证 50 指数的 1‰，当上证 50 指数为 1235 时，上证 50 指数 ETF 的基金份额净值约为 1.235。当上证 50 指数上升或下跌 10 点，上证 50 指数 ETF 的单位净值应约上升或下跌 0.01 元。
>
> ETF 基金也可以通过申购和赎回来进行交易，但其申购和赎回要求比较高，一般是基本基金单位的 100 万份。

查看 EFT 基金报价。打开炒股软件，单击菜单栏中的"报价/涨幅排名/沪深 A 股涨幅排名"菜单命令，就可以看到沪深 A 股涨幅排名信息，如图 9.2 所示。

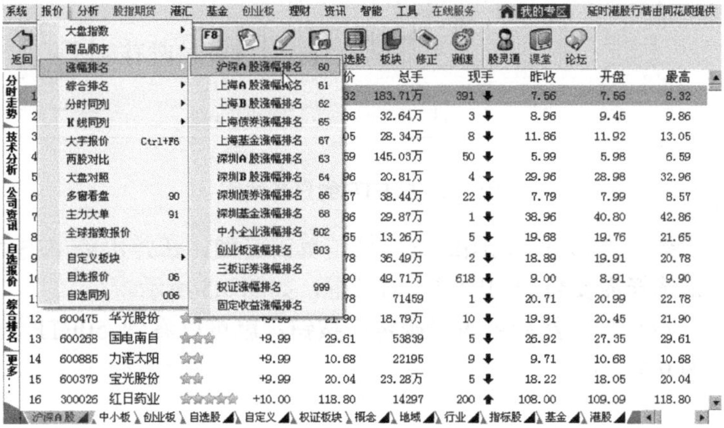

图 9.2　沪深 A 股涨幅排名信息

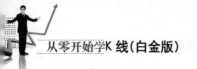

选择"基金"选项卡，单击右键，在弹出菜单中单击"ETF 基金"，就可以看到 ETF 基金的报价信息，如图 9.3 所示。

图 9.3　ETF 基金的报价信息

现有 ETF 基金共九种，分别是深成 ETF、深 100ETF、180ETF、50ETF 等。其中 50ETF 与上证指数走势几乎完全相同。选择 50ETF，然后回车，就可以看到日 K 线图，如图 9.4 所示。

图 9.4　50ETF 的日 K 线图

叠加上证指数。在日 K 线图的空白处，单击右键，在弹出菜单中单击"叠加品种"，弹出"请选择需要叠加的股票"对话框，如图 9.5 所示。

选择"上证指数"，然后单击"确定"按钮，就可以看到 50ETF 与上证指数的叠加图形，如图 9.6 所示。

图 9.5　请选择需要叠加的股票对话框

图 9.6　50ETF 与上证指数的叠加图形

在图 9.6 中可以清楚看到，50ETF 与上证指数走势几乎是一样的。所以，对于只想抓住来年行情的投资者来说，在每年年末逢低买进 ETF 基金，就是一个不错的选择。

9.1.2　利用年 K 线图寻找投资机会

通过对上证指数年 K 线图的分析会发现，最多连出两根阴线，第 3 根 K 线就是阳线。考虑到 2001 年 6 月上海股市在 2245 点见顶后，到 2005 年已跌去 50%以上。按照黄金分割理论，股市指数在抹去一半后，很可能会出现大幅反弹，所以在 2006年逢低买进，应该会有一段不错的收益，2006 年的年 K 线如图 9.7 所示。

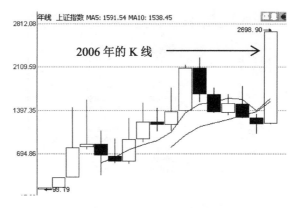

图 9.7　2006 年的年 K 线

9.2　月 K 线的实战技巧

投资者只要关注月 K 线，就能正确地判断大势，才能有效地避免对股市趋势的误判。根据作者多年实战经验，研判大盘走势要看月 K 线，研判个股走势也要看月 K 线，具体原因有两个。

一是月 K 线能清楚地勾画出大盘或个股走势的全貌，看了月 K 线，投资者就会对大盘或个股总的变化趋势心中有数了；

二是月 K 线时间跨度较长，主力很难作假，所以信号真实可靠，它不像日 K 线时间短，主力可以在里面做手脚，换句话说，主力要想在月 K 线中制造骗线几乎是不可能的。

9.2.1　利用月 K 线中的均线实现买卖操作

在月 K 线处于上升趋势时，只要股价不跌破 5 月均线，中线投资者可以持有筹码不离场。如果指数已有较大涨幅，股价跌破 5 月均线，中线投资者就要离场。打开炒股软件，按下键盘上的"F3"键，可以看到上证指数的日 K 线图，单击工具箱中的 ^{F8}按钮，在弹出菜单中单击"月线"命令，就可以看到上证指数的月 K 线图，然后设置月 K 线只显示 5 月均线，如图 9.8 所示。

 提醒　如果股价向上突破 5 月均线，中线投资者可以入场。

股价跌破 5 月均线，而不跌破 10 月均线，长期投资者可以持有筹码不离场。如果指数已有较大涨幅，股价跌破 10 月均线，长线投资者就要离场，如图 9.9 所示。

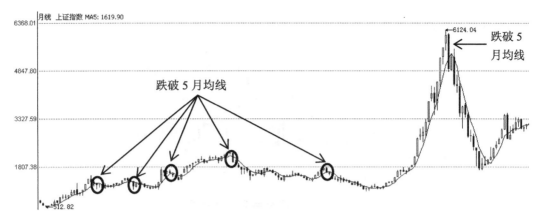

图 9.8　上证指数的 5 月均线

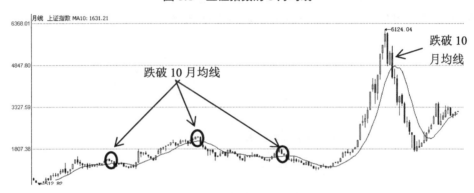

图 9.9　上证指数的 10 月均线

　提醒　如果股价向上突破 10 月均线，长线投资者可以入场。

9.2.2　利用月 K 线识底和抄底

股市如世界万物一样，有其运行的规律，投资者要不断去发现，才能成为股市大赢家。在下降趋势中，当上证指数 30 日均线与月 K 线实体相交之后的 5 个月一般会出现一轮见底回升的行情。

打开炒股软件，按下键盘上的"F3"键，可以看到上证指数的日 K 线图。在 K 线图空白处单击右键，在弹出菜单中单击"分析周期/月线"命令，就可以看到上证指数的月 K 线图。

1994 年 3 月，30 日均线第一次与 K 线实体相交，在其后的 5 个月，也就是 1994 年 8 月，大盘在 325 点见底反转向上，由熊转牛，产生了 700 点左右的快速拉升行

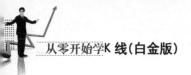
情，如图 9.10 所示。

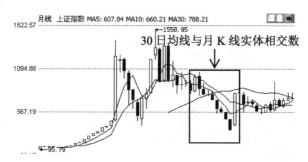

图 9.10　1994 年 325 点大底

在 1995 年 11 月，30 日均线第二次与 K 线实体相交，在其后的 5 个月，引发了
1996 年涨幅达 700 点左右的慢牛行情，如图 9.11 所示。

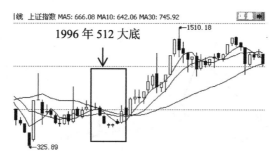

图 9.11　1996 年 512 大底

在 1998 年 12 月，30 日均线第三次与 K 线实体相交，在其后的 5 个月，引发了
又一波 700 点左右的"5.19"井喷行情，如图 9.12 所示。

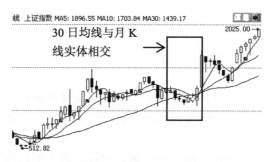

图 9.12　1999 年 1047 底部

在 2001 年 9 月，30 日均线第四次与 K 线实体相交，在其后的 5 个月，引发了一
波 400 点左右的春季行情，如图 9.13 所示。

图 9.13　400 点左右的春季行情

在 2008 年 8 月，30 日均线第六次与 K 线实体相交，在其后的 5 个月，引发了一波 1800 点左右的慢牛行情，如图 9.14 所示。

图 9.14　1800 点左右的慢牛行情

沪深股市在 20 年内，在下跌行情中 30 日均线与月 K 线实体相交，共六次，有五次在 5 个月后发生了大级别的反弹行情。只有第五次，在经过 12 个月后，才见到超级大底 998 点，如图 9.15 所示。

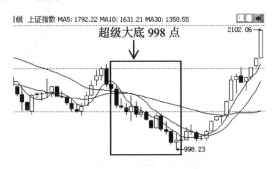

图 9.15　超级大底 998 点

总之，当 30 日均线与月 K 线实体相交后，不久的将来就会见底回升，比 5 个月提前或推迟一些时间都有可能。

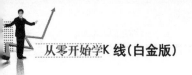

9.2.3　利用月 K 线的连跌现象识底和抄底

大盘或个股连续下跌 4~6 个月后，投资者应克服恐惧心理，可以逢低买进，一般会有一个较好的短期或中期投资回报。打开炒股软件，按下键盘上的"F3"键，可以看到上证指数的日 K 线图。在 K 线图空白处单击右键，在弹出菜单中单击"分析周期/月线"命令，就可以看到上证指数的月 K 线图，如图 9.16 所示。

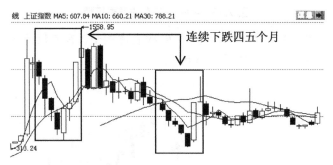

图 9.16　上证指数的月 K 线图

从 1992 年 7 月连续下跌 4 个月，就见到中期大底，然后出现中级大反弹。从 1994 年 3 月连续下跌 5 个月，就见到大底，然后出现反转，市场从熊转牛，在这两个点买入都会获得丰厚的收益。1999 年 9 月连续下跌 4 个月，就开始反弹，最高涨到 2245 点，如果在连续下跌 4 个月后买入会有不错的收益，如图 9.17 所示。

图 9.17　连续下跌 4 个月

2001 年 7 月连续下跌 4 个月，如果投资者买进，只能做超短线，否则就会吃套。

2002 年 12 连续下跌 4 个月，然后出现反弹，投资者如果操作得当，也会有不错的收益，如图 9.18 所示。

图 9.18　2002、2003 和 2004 年的四连阴、五连阴

　　2003 年 6 月连续下跌 5 个月，见到了中期底部，然后出现中级反弹。2004 年 4 月连续下跌 5 个月，如果投资者买进，只能做超短线，否则就会吃套。2008 年 5 月连续下跌 6 个月，见到了中期底部，然后出现中级反弹，如图 9.19 所示。

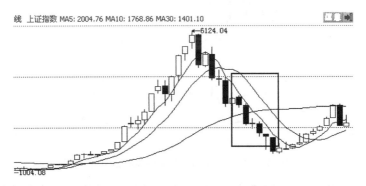

图 9.19　连续下跌 6 个月

　　总之，当连续下跌 4～6 个月后，投资者及时买进，则收益远大于风险。不过，买进要谨慎，看清见底信号再杀入，并且设好止损位，可以损失一点，但要保证资金安全。

9.2.4　利用月 K 线中的对称规律识底和抄底

　　股市涨幅有多高，往往跌幅也有多深，大盘或个股的重要低点不会触及一次就结束，过了一段时间，就会再次被触及。投资者利用这一点可以识别大盘或个股的阶段性底部、中长线底部。

　　利用上证指数的月 K 线图，可以看到 400 点附近历史轮回有 2 次，500 点附近历史论回有 2 次，如图 9.20 所示。

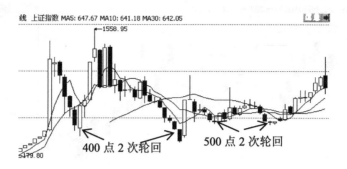

图9.20　400点和500点轮回都有2次

利用上证指数的月K线图，可以看到1000点附近历史轮回有2次，1300点附近历史论回有4次，如图9.21所示。

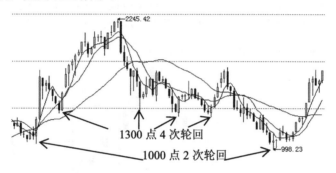

图9.21　1000点2次轮回和1300点4资轮回

从图9.22可以看出宝钢股份(600019)月K线图中的股价"从哪里来，再到哪里去"，即对称规律。

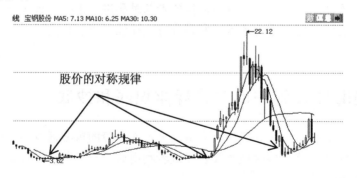

图9.22　宝钢股份月K线图中的股价

9.2.5　月 K 线中的巨阳线

月 K 线中的巨阳线是股价见顶信号，并且比日 K 线和周 K 线中的巨阳线见顶信号要强，所以月 K 线中出现巨阳线，投资者要高度警惕，随时做好抛售准备。

月巨阳线也有强弱之分，如果月阳巨线的实体越长，见顶信号越明显，另外，如果月巨阳线以加速上涨或叠罗汉的形式出现，那就意味着中长期见顶即将来临。

图 9.23 所示是浪潮软件(600756)的月 K 线图。该股在 2000 年 3 月份拉出一根巨阳线，涨幅高达 233.6%，这根超级巨阳线的出现，宣告该股这轮上升行情即将结束，随后股价呈现不断向下寻底的走势。所以巨阳线出现后，投资者要及时开溜。

图 9.23　浪潮软件的(600756)月 K 线图

图 9.24 所示是兰生股份(600826)的月 K 线图。该股在经过连续 11 个月平稳上涨后，突然拉出一根巨阳线，显示出这根巨阳线是充当加速赶顶的角色的。在巨阳线后，该股收出一根高开低走的阴线，即出现乌云盖顶 K 线组合，接下来又收出一根螺旋桨，这些都可以进一步确认其见顶性质，所以这里投资者要及时清仓走人。

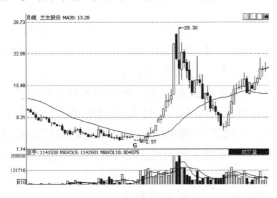

图 9.24　兰生股份(600826)的月 K 线图

图 9.25 所示是深天地 A(000023)的月 K 线图。该股的两根巨阳线就像两个杂技演员，一个人站在另一个人的肩上，表演着"叠罗汉"。根据多年实战经验，无论大盘还是个股，出现这样的巨阳线，表明行情基本走到头了，即使后面有上涨，涨幅不会很大，短期见顶的概率相当大。

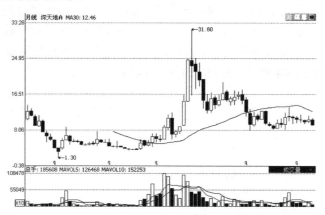

图 9.25　深天地 A(000023)的月 K 线图

投资者要根据月巨阳线的实体长短进行操作。如果月巨阳线的实体并不是超长型(实体长短相当于涨幅的 50%～100%)，那么投资者可以多观察一段时间再做决定；如果是超级巨阳线，即实体长短相当于涨幅的 100%以上，最好先抛出一部分筹码，这样可以将利润锁定，然后再视情况进行操作。

 提醒　如果月巨阳线的上影线超过实体的 1/3，就要果断清仓走人。

9.3　周 K 线的实战技巧

周 K 线图介于月 K 线图和日 K 线图之间，如果要识别股市的大势，要利用月 K 线图；如果要进行具体操作，要利用日 K 线图，而周 K 线图是股市中期趋势的有利分析工具。在股市进行具体交易之前，要利用月 K 线识别个股大势，然后利用周 K 线识个股的中期走势，再利用日 K 线及更短分析周期的 K 线进行操作。

周 K 线与日 K 线有着很大的不同，日 K 线的细节要比周 K 线多，在周 K 线上的一根阳线，在日 K 线上可能是 5 根阳线，也可以是阳阴相间的日 K 线组合。因此，在使用上有着很大的不同，不能使用日线的分析技术照套到周 K 线的分析中去，日 K 线的节奏与周 K 线的节奏不一定是吻合的。一个周 K 线上看似行情初期的，在日线上也可能已经走了一段行情，需要进入调整了。

9.3.1 K 线共振

周 K 线反映的是股价的中期趋势，而日 K 线反映的是股价的日常波动，若周 K 线与日 K 线同时发出买入信号，信号的可靠性便会大增。

例如，2005 年股市大跌，跌破了 1000 点，空头气氛非常浓，很多投资者都认为股市没有希望了，要跌到七八百点，从而纷纷看空、做空，割肉出局。但通过日 K 线图分析，会发现日 K 线经过连续下跌后，出现了早晨十字星，这是一个比较明显的股市见底信号，如图 9.26 所示。

图 9.26 上证指数的日 K 线图

这时再来看一下上证指数的周 K 线图，在出现早晨十字星的那周，周 K 图中出现了一根带有上下影线的中阴线，但接下来的一周出现一根大阳线，与前一根阴线组成穿头破脚 K 线组合，是一个见底信号，不久，在周 K 线上又出现了早晨十字星 K 线组合，如图 9.27 所示。

如果这时投资者再来看一下月 K 线图，也可以看到月 K 图中出现了变形的早晨之星 K 线组合。当然这里不是让投资者加仓，而是说，月 K 线、周 K 线和日 K 线几乎同时发出见底信号，就不能再盲目看空、做空了，有资金的投资者可以做短线反弹了。

图9.27　上证指数的周K线图

9.3.2　周K线二次金叉

当股价在周 K 线图中经历了一段下跌后反弹起来突破 30 周均线时，我们称为"周均线一次金叉"，不过，此时往往只是庄家在建仓而已，投资者不应参与，而应保持观望；当股价在周 K 线图再次突破 30 周均线时，我们称为"周均线二次金叉"，这意味着庄家洗盘结束，即将进入拉升期，后市将有较大的升幅。此时可密切关注该股的动向，一旦其日 K 线系统发出买入信号，即可大胆跟进。

图 9.28 所示是中国联通(600050)的周 K 线图，股价经过大幅下跌后，在 A 处第一次突破 30 周均线，这里可以不参与；在 B 处再次突破 30 周均线，可以逢低加仓。

图9.28　中国联通(600050)的周K线图

9.3.3　60 周均线的应用

　　周 K 线的支撑与阻力，较日 K 线图上的可靠性更高。根据多年实战经验可知，很多超跌股票第一波反弹往往到达了 60 周均线附近就有了不小的变化。以周 K 线分析，如果上冲周 K 线以一根长长的上影线触及 60 周均线，这样的走势说明 60 周均线压力较大，后市价格多半还要回调，如图 9.29 所示。

图 9.29　中信证券的周 K 线图

　　在 A 处，中信证券的股价在上涨过程中受到 60 周均线的压制，在周 K 线上出现一个带有长上影线的中阴线，这表明 60 周均线压力较大，后市应有回调，通过上图可以看到该股经过 6 周的整理才突破了 60 周均线。

　　如果以一根实体周 K 线上穿甚至触及 60 周均线，那么后市继续上涨，彻底突破 60 周均线的可能性很大，如图 9.30 所示。在 A 处，海信电器(600060)的股价利用一根大阳线向上突破了 60 周均线的压制，由于是强势突破，所以这里略做回调就开始上攻，如图 9.30 所示。实际上 60 周均线就是日 K 线图形中的年 K 线，但单看年 K 线很难分清突破的意愿，走势往往由于单日波动的连续性而不好分割，而周 K 线考察的时间较长，一旦突破之后稳定性较好，我们有足够的时间来确定投资策略。

图 9.30　海信电器(600060)的周 K 线图

9.3.4　周 K 线中的巨阳线

周 K 线中拉出巨阳线，说明短期内出现了超涨。在股市中，短期出现超涨的股票多数是因为市场炒作所至，并非是上市公司业绩、成长性真的有什么实质性变化。这样以巨阳线拔高股价，最后一定会受到市场报复的。

图 9.31 所示是综艺股份(600770)的周 K 线图。该股在周 K 线图中留下一个向上跳空缺口，然后拉出一根巨阳线，接下来的一周出现一根高开的大阴线，即出现乌云盖顶 K 线组合，接下来的几周又出现螺旋浆、吊顶线、射击之星等见顶 K 线，所以这里投资者一定要果断清仓。

图 9.31　综艺股份的周 K 线图

> **提醒**　周 K 线出现巨阳线，后势多不妙，不管巨阳线下面有没有缺口，投资者都要提高警惕。

有很多投资者会问，在周 K 线中出现巨阳线，是短期见顶呢？还是中长期见顶呢？即是短期看空呢？还是中长期看空呢？

当然，这两种情况都有，关键看股价被高估的程度以及主力的作战意图。如果一只质地一般的股票，凭着一些捕风捉影的题材，即虚题材，短期内出现大幅拉升，那么就要中长期看空；如果一只质地不错的股票，可以是短期见顶，大幅回调后，主力会再度拉起。

有人问，巨阳线后，是否一定见顶？这个没有绝对的，在股市中没有绝对的事情。任何技术分析只分析大概率的事，而不可以得出绝对的结果，因为分析的股价的未来走势，影响其因素太多，如果主力不高兴，再好的技术形态主力照样可以向下砸或向上拉。

巨阳线操作策略具体如下。

1)　周 K 线出现巨阳线后，股价回调超过实体的 1/3 就应该减仓

由于巨阳线不同于一般大阳线，超买现象十分严重，获利盘甚丰，盘中积累了巨大的做空能量。巨阳线后股价出现回调时，应以防范风险为主。一般来说，巨阳线之后股价回落超过实体的 1/3，说明股价继续向下跌的可能性在增大，所以此时还是抛出一部分筹码为好。

2)　周 K 线出现巨阳线后，股价回调超过实体的 1/2 就应该清仓

根据多年的实战经验，巨阳线后，如果股价回调超过其实体的 1/2，则股价继续暴跌的可能性会增加到 85% 以上，所以这里要果断清仓。

3)　周 K 线出现巨阳线后，股价回调没有超过实体的 1/3，但盘整时间长，也要减仓

巨阳线后的盘整时间长，可能有两种原因，一是主力在拉巨阳线时已经把大部分筹码派发了，然后在高位盘整中不断零星出货，所以这里不再拉升，也不撤退，直到出货完毕才开始暴跌；二是主力在利用巨阳线之后的盘整在悄悄出货。总之，在高位盘整不是什么好现象，盘整时间越长，主力出货的可能性越大。一般来说，盘整时间不能超过一个月，即在周 K 线中出现 4 根 K 线，投资者就要高度警惕了，不行就果断开溜。

4)　周 K 线出现巨阳线后，在巨阳线上方出现小阳小阴线，但成交量明显萎缩，可暂持仓

出现巨阳线后，股价在巨阳线收盘价上方盘整，但成交量萎缩，有可能还有潜在利好题材，即巨阳线后还可以再度走强，所以这里可以暂持有，但要设好止损位，一旦情况不妙就走人。

5) 周 K 线出现巨阳线后，股价利用小阳线不断向上攻，可暂持仓

出现巨阳线后，主力还在看多、做多，表明主力不怕巨阳线后出现的超买和获利盘，这说明该股可能有大利好，只是散户看不出来，所以这里可暂持仓，多观察一段时间，但要设好止损位，一旦情况不妙就走人。

9.4　60 分钟 K 线的实战技巧

投资者要进行短线或超级短线交易时，就不得不关注 60 分钟 K 线图。其实还可以查看指数或个股的 1 分钟、5 分钟、15 分钟和 30 分钟 K 线图。打开同花顺股票行情分析软件，然后单击工具箱中的 按钮，在弹出菜单中单击不同的命令，就可以看到不同分期周期的 K 线图，如图 9.32 所示。

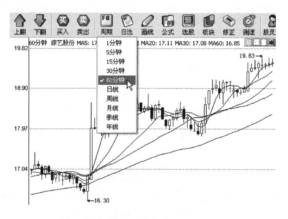

图 9.32　不同分期周期的 K 线图

> **提醒** 时间越短的分期周期的 K 线，反应股价的波动越敏感。因为敏感，K 线对趋势反映就会"失真"，一般来说，判断股价趋势需要结合日、周、月 K 线综合研判。如 5 分钟 K 线之类只能对极短时间内股价走势做判断，对中、长线选股判断无意义。

在大盘震荡市中，市场热点的持续性不佳，这时对大盘和个股进行波段操作就显得特别重要。日 K 线由于 1 个交易日只产生一根 K 线，很多交易信息都表现不出来，而 60 分钟 K 线在 1 个交易日中产生 4 根 K 线，就可以表现出一个交易日内的丰富信息，从而成为短线波段交易最常用的分析周期。

> **提醒** 有些超短线高手，常常利用 30 分钟 K 线进行周期分析，这样 1 个交易日中产生 8 根 K 线，表现的交易信息更丰富。

根据自己多年的实战经验，在短线交易中，可以将 60 分钟 K 线图的均线设置为 8 小时、26 小时、55 小时和 110 小时，其中 55 小时代表趋势行情中的均线；而 110 小时为一个半月趋势线；26 小时表示 6～7 个交易日的市场成本；8 小时表示 2 个交易日的市场成本，具体操作方法是，选择任意一条均线，单击右键，弹出右键菜单，如图 9.33 所示。

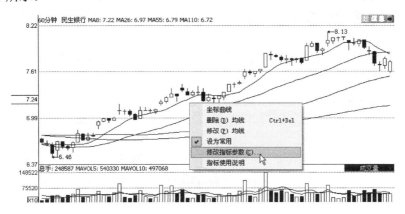

图 9.33　右键菜单

在右键菜单中单击"修改指标参数"命令，弹出"技术指标参数设置"对话框，然后设置均线分别为 8、26、55、110，如图 9.34 所示。

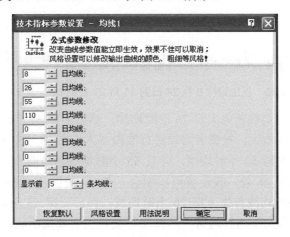

图 9.34　技术指标参数设置对话框

正确设置各参数后，单击"确定"按钮即可。

具体操作方法如下。

(1) 短线进场买入信号：8 小时均线上穿 26 小时均线，26 小时均线上穿 55 小时均线，形成三线金叉。

(2) 持仓和守仓：26、55、110 小时均线呈多头排列，可以耐心持仓和守仓。

(3) 加仓：55 小时均线趋势向上并且温和放量，同时 26 小时均线有一定上升斜率，在股价回档至 26 小时均线或 55 小时均线附近可加仓。

(4) 获利了结：8 小时均线下穿 26 小时均线及 55 小时均线，且 55 小时均线出现向下的拐点，需注意获利了结。

(5) 清仓：8 小时均线、26 小时均线、55 小时均线形成死叉，当坚决清仓出局观望。

图 9.35 是民生银行 9 月 24 日到 11 月 27 日的 60 分钟 K 线图，其均线分别为 8 小时、26 小时、55 小时、110 小时。

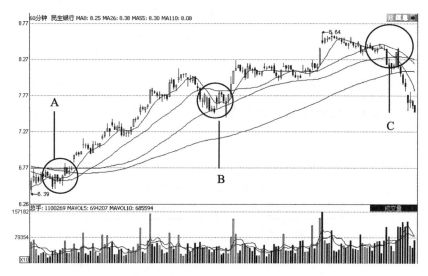

图 9.35 民生银行 9 月 24 日到 11 月 27 日的 60 分钟 K 线图

在 A 处，8 小时均线首先上穿 26 小时均线，然后上穿 55 小时均线，形成三线金叉，并且成交量温和放大，投资者可以进行波段买入。在 B 处，8 小时均线下穿 26 小时均线，但没有跌破 55 小时均线，并且 55 小时均线趋势向上，另外在下跌过程中成交量缩小，所以在 B 处，投资者可以加仓。在 A 处到 B 处之间，投资者可以守仓。在 C 处，8 小时均线首先下穿 26 小时均线，然后下穿 55 小时均线，并且 55 均线趋势开始走平并有向下运行趋势，所以在 C 处投资者要果断获利了结。

通过上例，投资者可以明白，利用均线进行波段操作，不买最低点，不卖最高点，但可以体会一买就涨，一卖就跌的炒股乐趣。

第 10 章

K 线形态的实战技巧

投资者知道，K 线图是记录股票价格的一种方式，股价在起起落落的时候会在图表中留下一些交易者购买或抛售的信息。形态分析就是根据图表中过去所形成的特定价格形态，来预测价格未来发展趋势的一种方法。当然，这是一种纯粹的经验性统计，因为在股票购买或抛售的过程中，K 线图常常会表现出一些可以理解的、重复的价格形态，如 M 头、W 底等。

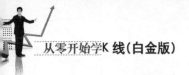
10.1 初识 K 线形态

根据多年实战经验可知，利用 K 线和 K 线组合技术，可以预测股价未来 1～3 天的行情，即可以利用 K 线和 K 线组合技术做短线操作；利用趋势分析技术可以做长线投资；一般情况下，中线交易才是最重要的，即抓住 3 周到 3 个月的中期趋势行情(这是波段操作的核心，也是最大的利润空间)，要做好这段操作，就要好好学习和训练 K 线形态技术，因为利用 K 线形态技术可以预测股价未来一个月左右的行情。

趋势，即一段时间内价格波动的明确方向，不会突然而来，在发生重要的变化之前，往往需要酝酿一段时间。酝酿的时候，趋势可能会发生反转，也可能会小幅盘整后再继续前进。趋势如果转换成功，就是反转形态，如果转换不成功，即还按原来的趋势运行，就是整理形态。

在这些形态形成的过程中，价格波动的范围越大，或其形成时所用的时间越长，或伴随的成交量越大，那么所具有意义就越重大。因为其间消耗了大量的多头或空头的力量，使价格、成交量、时间三者呈现了较为明确的因果关系。

所以，在讨论形态时，除了由价格变化所呈现出的形态需要被重点观察之外，还有两个重要的参考因素，分别是时间和测量目标。形态形成所需的时间越长，则形态完成后爆发的力量越强越持久；另外绝大多数价格形态都有具体的测量技术，可以确定出最小的价格运动目标(空间)，这些价格目标有助于投资者对市场下一步的运行空间进行大致的估算，避免投资者出现过早退出的失误。

10.1.1 反转形态

反转形态，意味着趋势正在发生重要反转，股价运行方向将会改变，由原来的上升趋势转换为下降趋势；或由原来的下降趋势转换为上升趋势。

反转形态的形成起因于多空双方力量对比失去平衡，变化的趋势中一方的能量逐渐被耗尽，另一方转为相对优势。它预示着趋势方向的反转，股价在多空双方力量平衡被打破之后开始探寻新的平衡。在股市中，反转形态是重要的买入或卖出信号，所以投资者要掌握并灵活运用反转形态。

反转形态可以分为两类，分别是底部反转形态和顶部反转形态。底部反转形态共七种，分别是括头肩底、双底、圆底、潜伏底、V 形底、底部三角形、底部岛形反转。顶部反转形态共五种，分别是头肩顶、双顶、圆顶、尖顶和顶部岛形反转。

10.1.2 整理形态

股价在向某个方向经过一段时间的快速运行后，不再继续原趋势，而是在一定区域内上下窄幅波动，等待时机成熟后再继续前进，这种不改变股价运行基本走势的形态，称为整理形态。整理形态与反转形态相比，运行时间较短，并且不改变股价运行基本趋势；而反转形态运行时间长，并且改变了股价运行基本趋势。

10.2　底部反转形态的实战技巧

无论是沪深股市，还是港、台股市以及世界各国的股市，每次大跌后，都会有一个底部，即一个宜于投资或投机的区域，所以底部是一个区域，又称底部区域。股市底部可分为三大类，分别是长期底部、中期底部和短期底部。底部反转形态，即由原来的下降趋势转换为上升趋势，共有七种，分别是头肩底、双底、圆底、潜伏底、V形底、底部三角形、底部岛形反转，下面来具体讲解。

10.2.1　头肩底

头肩底是常见的经典底部反转形态，其图形如图 10.1 所示。

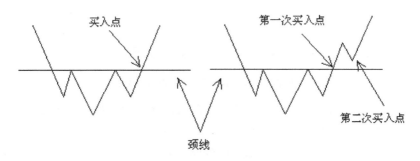

图 10.1　头肩底图形

头肩底的特征共有四点，一是急速下跌，随后止跌反弹，形成第第一个波谷，就是通常所说的"左肩"；二是从左肩底回升受阻，股价再次下跌，并跌破左肩低点，随后止跌反弹，这就是通常所说的"头部"；三是从头部底回升，并在左肩顶受阻，然后第三次回落，在与左肩底相同或相近的位置止跌，这就是通常所说的"右肩"；四是左肩高点和右肩高点用直线连接起来，就是一根阻碍股价上涨的颈线，但右肩反弹会在成交量放大的同时冲破该颈线，并且股价站上颈线上方。

> **提醒**　投资者要明白，前面讲解的头肩底是一个标准图形，而在实战中标准的头肩底图形几乎是不存的，在具体操作中，要注意技术含义的相似，而不能死套图形。

图 10.2 是中原高速(600020)的日 K 线图,其股价经过大幅下跌后,在左肩处,主力开始建仓吃货;主力为得到更多的廉价筹码,就借利空消息和先以向下破位的方式,制造市场恐怖情绪,让一些长期深套者觉得极端失望后,大量向外出逃,这样主力就可以乘机把投资者低位割肉的筹码照单全收,即头部形成;然后为了清除短线客的浮动筹码,又开始下跌,即形成右肩,而形成右肩时,成交量很小,因为主力怕筹码砸出去后买不回来了,然后放量突破颈线;最后回调确认,然后就一路上扬了。投资者可以在颈线突破后回落确认时买入。

图 10.2　中原高速(600020)的日 K 线图

在周 K 线图中,股价经过大幅下跌后出现头肩底,由于跨度时间长,所以这个头肩底如果及时跟进,则可以获得不错的收益。

图 10.3 所示是哈高科(600095)的周 K 线图,该股股价经过大幅下跌后,形成了头肩底。

在 A 处,股价拉出大阳线,放量突破头肩底的颈线,这里不是最佳加仓点,而在回调到颈线又受到支撑时就可以及时跟进,即 B 处。

下面再来看一下最小涨幅,从颈线到头部低点的距离为:5.94 − 3.74 = 2.20(元),那么理论最小涨幅是:5.94 +2.20 = 8.14(元)。通过图 10.3 可以看出涨幅可不仅仅是这么一点,所以这里及时跟进,就可以获利丰厚。

投资者还要明白,如果股价在震荡整理时出现头肩底形态,可能是主力在诱多,当然也可能是主力震荡后要向上拉股价,投资者一定要认真识别。

图 10.4 所示是招商银行(600036)的日 K 线图,该股股价经过大幅下跌后,先形成一个假的头肩底,然后又形成一个头肩底。

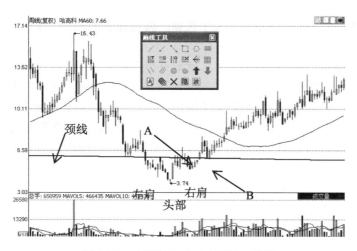

图 10.3 哈高科(600095)的周 K 线图

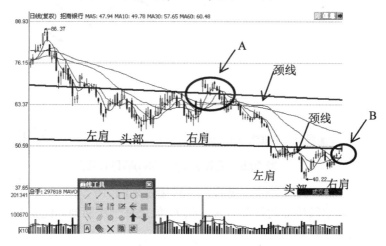

图 10.4 招商银行(600036)的日 K 线图

 提醒 如果颈线向下倾斜，底部反转后高度一般不会太高。

　　股价经过大幅快速下跌后，形成了头肩底，这个头肩底，从形态上来比较标准，并且在 A 处突破颈线时也放大量，不过量能太大，有主力对倒并出货的迹象，并且这里还形成一个向上跳空缺口，懂技术的人很容易上当的。首先股价已大幅下跌，然后又是标准的头肩底，并且有向上突破缺口。

　　在股价大幅下跌后，底部的形成是一个复杂的过程，并且时间会很长，投资者抓底部区域一般不难，所以这里投资者是不能着急的，要多观察几日，看看形势再说。

　　突破缺口后，连续三天收阴，并且是带有上影线，是不好的迹象。但缺口和颈线还在支撑，所以这里可以暂持股，但要随时做好出局的准备。三根阴线后，又出现一

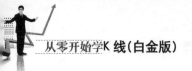

根中阳线，迷惑性相当强，操盘手水平真高，做得跟真的一样，所以这里还是看不明白主力在干什么。

拉出中阳线后，如果要突破，这里就要开始上拉了，但结果却是连续收阴线，并且出现黄昏之星K线组合，所以这里应该清仓出局了。如果还心存幻想的话，接下来一根大阴线，把颈线跌破，并且封上了缺口，主力意图完全显示出来了，是在诱多，快跌了。接着就是大幅快速下跌，然后又形成了头肩底，这是真的要反转了吗？

这里又是一个标准的头肩底，在 B 处也是放量突破颈线，其后走势如图 10.5 所示。

图 10.5　招商银行(600036)的日 K 线图

在 B 处，突破头肩底的颈线后，然后接着来的 10 天，只有一天收盘在颈线之上，所以这里是比较明显的假头肩底。在 C 处还有一次回抽，但受到 60 日均线的压制，又开始快速下跌。

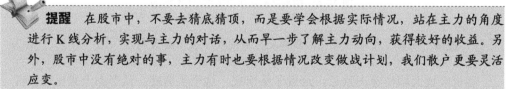

提醒　在股市中，不要去猜底猜顶，而是要学会根据实际情况，站在主力的角度进行 K 线分析，实现与主力的对话，从而早一步了解主力动向，获得较好的收益。另外，股市中没有绝对的事，主力有时也要根据情况改变做战计划，我们散户更要灵活应变。

10.2.2　双底

双底，因其形状像英文字母"W"，所以又称"W 底"，是很多投资者所熟知的底部反转形态之一，但往往由于了解不深，以为所有 W 形状的都是双底，而按照双底的操作方法入场，结果损失惨重，双底图形如图 10.6 所示。

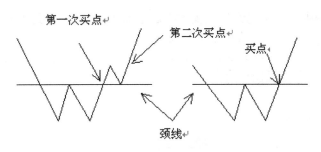

图 10.6　双底图形

双底在构成前后有四个显著的要素，可以作为投资者判定某股在某阶段走势是否为双底的依据：一是原来趋势为下跌趋势；二是有两个显著的低点并且价位基本接近；三是有跨度(即两个点要相互呼应)；四是第二次探底的节奏和力度要有放缓迹象并最后能有效向上突破颈线。

提醒　在实际判断中，很多投资者最容易遗漏的是第一点，其实也是最关键的一个点：原来为下跌趋势。

股价经过大幅下跌，然后在底部震荡盘整，在这个过程中出现双底图形，及时跟进，会有不错的收益。

图 10.7 是新农开发(600359)的日 K 线图，在这里可以看到，形成第一个底时，要温和放量，这时主力在吃进筹码，在第二个底形成的左侧，由于是主力清除浮动筹码，所以成交量萎缩，在向上突破颈线时，放出了大量，即颈线突破有效。如果突破颈线时，没有放量，则很可能是假突破，投资者如果买进，就会被套。

图 10.7　新农开发(600359)的日 K 线图

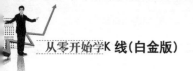
在周 K 线图中，股价已经过大幅下跌后出现 W 底，由于跨度时间长，所以这个 W 底如果及时跟进，则可以获得不错的收益。

图 10.8 是广电电子(600602)的周 K 线图，在 A 点，股价拉出大阳线，放量突破双底的颈线，这里不是最佳加仓点，而在股价回调到颈线并再次受到支撑时就可以及时跟进。

图 10.8　广电电子(600602)的周 K 线图

下面再来计算一下最小涨幅，从颈线到底部的距离为：3.15 − 1.82 = 1.33(元)。那么理论最小涨幅是：3.15 +1.33 = 4.48(元)。通过上图可以看出涨幅可不仅仅是这么一点，所以这里及时跟进，就可以获利丰厚。

如果股价经过大幅拉升后，在顶部开始大幅震荡，在震荡过程中形成双底图形，这时可不要想当然地跟进，否则就会损失惨重，如图 10.9 所示。

图 10.9　哈高科(600095)的周 K 线图

在 A 处，主力放大量拉出一根大阳线突破颈线，但成交量放大得太大，比前期顶部还要大，是什么原因呢？投资者可以想一想，这里是散户在出逃吗？如果你持有该股票，你这里会卖吗？如果你不持有该股票，你有没有冲进去的冲动？所以这里是主力在对倒放量，吸引中小散户，暗示放量突破颈线要大涨了，不买就买不上了！

　　所以这里一部分是主力在对倒放量，一部分是在出货，让散户接自己抛售的筹码，所以这周收于一根带有上影线的巨阳线。

　　如果股价已处于明显的下跌趋势中，但下跌幅度较小，处在下跌初期或下跌途中，出现双底图形，这时可不要想当然地跟进，否则也可能会损失惨重，如图 10.10 所示。

图 10.10　招商银行(600036)的日 K 线图

　　在 A 处，股价突破颈线后，第二天收出一根阳线十字星，这里还看不出主力的意图；第三天收出一根大阴线，吃掉大阳线的 2/3，并且出现黄昏之星 K 线组合，这就暴露了主力的意图，即用假突破骗投资者。

　　一般投资者如果还不明白的话，第四天一根跳空低开大阴线，投资者是不是完全明白了，快点走人吧。但股市中就是这样，散户被套了，看到自己账面上的损失，就心中存有幻想，自认为该股还有什么利好，还可以再涨上去，就这一样一步一步被套牢。

　　提醒　每个投资者都会有这样的经历，被套住就不动了，变成所谓的长期投资，其实这里可以卖出，然后在更低价位再买进，就可以买进更多的股票，这要比所谓的长期投资好得多。其实股市场中的每个投资者都会被套的，被套不可怕，怕的是什么也不懂，愣要长期投资，可到股价已跌得不能再跌时，就忍受不住，割肉走人了，这就是散户亏损的最主要原因。

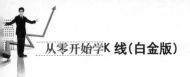
10.2.3　圆底

圆底，又称蝶形，当个股中出现这种 K 线形态时，上涨的概率很大，圆底的图形如图 10.11 所示。

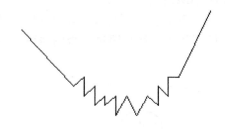

图 10.11　圆底图形

圆底的特征是，股价先是在成交量逐渐减少的情况下，下跌速度越来越缓慢，直到成交量出现极度萎缩，股价才停止下跌，然后在多方主力有计划的推动下，成交量温和放大，股价由缓慢上升逐渐转为加速上升，从而形成圆弧形态。

圆底形成时间比较漫长，这样在底部换手极为充分，所以一旦突破，常常会有一轮可观的上涨行情。但圆底没有明显示的买入信号，入市过早，则陷入漫长的筑底行情中，这时股价不涨而略有下挫，几个星期甚至几个月都看不到希望，投资者很可能受不了这种长时间的折磨，在股价向上攻击之前一抛了之，这样就错过了一段好行情。投资者在具体操作时，要多观察成交量，因为它们都是圆弧形，当股价上冲时，如果成交量也在放大，要敢于买进。如果成交量萎缩，股价上冲也不能参与。

判断圆底形态是否完成的标准是，看股价是否带量突破右边的碗沿，从而与碗柄彻底脱离。通常圆弧底形成的时间越长，其后股价上涨的空间越大。

提醒　圆底只能从其形成的时间和前面趋势的大小来判断股价未来的上涨空间，没有什么其他的度量方法可以用来测量其目标价格。

如果股价已经过大幅下跌，在低位震荡盘整时形成了圆底，则在突破圆底的右边及时跟进，会有丰厚的收益，如图 10.12 所示。

在周 K 线图中，股价经过大幅下跌后出现圆底，由于跨度时间长，如果及时跟进，则可以获得不错的收益。

图 10.13 所示是海信电器(600060)的周 K 线图，该股股价在经过逐浪下跌后，然后形成了圆底。

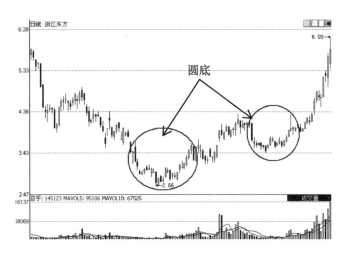

图 10.12　浙江东方(600120)的日 K 线图

图 10.13　海信电器(600060)的周 K 线图

在 A 处，股价突破小圆底的碗沿，首先是一根射击之星，然后又是一根大阳线，成功突破圆底的碗沿。在 B 处，股价利用高开跳空突破大圆底的碗沿，并且留下缺口，并且接下来的一个星期，收出一根高开的十字星，再接下来就是拉大阳线进行上攻。

当然有些有主力，为了欺骗中小散户，常常在周 K 线图的顶部区域形成假的圆底，对于这一点投资者要高底警惕。

图 10.14 所示是中国联通(600050)的周 K 线图。在 A 处大圆底中，突破大圆底的碗沿后，股价并没有直接上涨，而是又开始连续三根大阴线快速回调，这里就是一个圆底突破失败的一个例子，所以投资者在炒股过程中要以稳为主，并且应设立止损位。在 B 小圆底中，又是一个突破失败的例子。

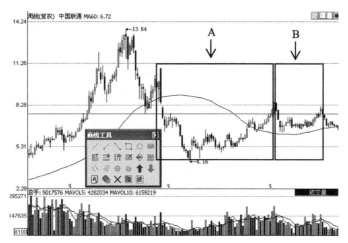

图 10.14　中国联通(600050)的周 K 线图

如果股价在震荡整理时出现圆底形态，可能是主力在诱多，当然也可能是主力震荡后要向上拉升股价，投资者一定要认真辨别。

图 10.15 所示是上柴股份(600841)的日 K 线图，该股股价在下跌过程，多次形成假的圆底和双底，所以投资者在这里一定要注意主力的反技术操作。

图 10.15　上柴股份(600841)的日 K 线图

通过图 10.15，投资者要明白，不要轻易相信个股已经到底了，一定要等到个股的底已走出来，才能进行操作，不要去猜底和抄底。

10.2.4　潜伏底

潜伏底是常见的底部反转形态，当个股中出现这种 K 线形态时，上涨的概率很大，其特征是，股价经过一段跌势后，长期在一个狭窄的区间内波动，交易十分清淡，股价和成交量都形成一条带状。潜伏底的图形如图 10.16 所示。

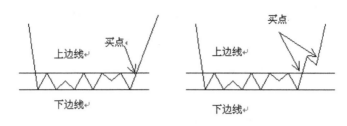

图 10.16　潜伏底图形

潜伏底一般横盘时间很长，换手相当充分，一旦突破，股价会一路上扬，很少出现回调，并且涨幅巨大。但真正炒到潜伏底，享受到股价上飚带来的丰厚投资回报的人却很少，原因有二点，一是入市时间不当，因为潜伏底成交量几乎陷入停滞状态，而且历时很长，有的几个月，有的则高达数年之久，入市时间早了，忍受不了这种行情长时期不死不活的折磨，就在股价发击上攻之前而离开。二是不敢追涨，潜伏底一旦爆发，上攻势头十分猛烈，常常会走出连续逼空的行情，投资者看到一个个大阳线，就是不调整，所以不敢买进。潜伏底有个特点，在上涨时往往拉出大阳线后再拉大阳线，超涨后再超涨，升幅高达 10 多倍。

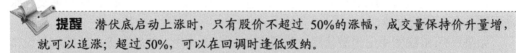

提醒　潜伏底启动上涨时，只有股价不超过 50%的涨幅，成交量保持价升量增，就可以追涨；超过 50%，可以在回调时逢低吸纳。

图 10.17 是宝钢股份(600019)的日 K 线图，该股在上证指数大涨时，竟然潜伏了将近 5 个月，从而形成了潜伏底，然后就开始放量大涨，从 4.38 元涨到 22.12 元，涨幅高达 5 倍。所以潜伏底爆发力很强，投资者要多留意。

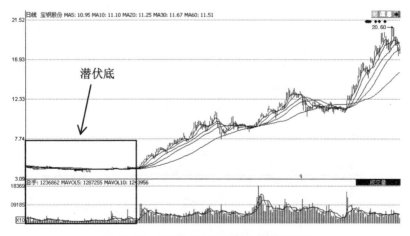

图 10.17　宝钢股份(600019)的日 K 线图

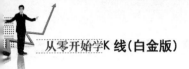

在周 K 线图中，股价已经过大幅下跌后出现潜伏底，如果及时跟进，可以获得不错的收益。

图 10.18 所示是上柴股份(600841)的周 K 线图，该股股价经过大幅下跌后，然后形成了潜伏底。

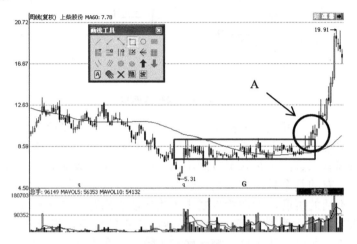

图 10.18　上柴股份(600841)的周 K 线图

在 A 处，股价拉出大阳线，放量突破潜伏底的上边压力线，在这里如果及时跟进，就会有不错的收益。

如果在月 K 线图中出现潜伏底，投资者就更应该关注，及时跟进，就能成为股市中的大赢家。

如果股价已有较大升幅，然后在高位反复震荡盘整，投资者可不能把它看成潜伏底，如果是这样，很可能会损失惨重，如图 10.19 所示。

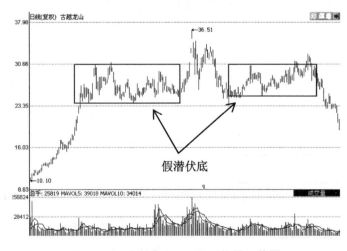

图 10.19　古越龙山(600059)的日 K 线图

如果股价在下跌初期或下跌途中出现反复震荡盘整，投资者也不能想当然地把它看成潜伏底，否则就很可能再次被套在高位，如图 10.20 所示。

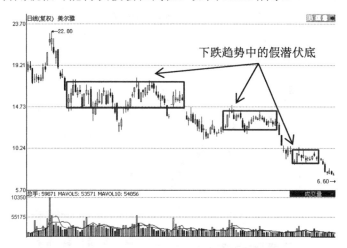

图 10.20　美尔雅(600107)的日 K 线图

10.2.5　V 形底

V 形底的特征是，股价在下跌趋势中，下挫的速度越来越快，最后在下跌最猛烈的时侯，出现了戏剧性的变化，股价触底反弹，并一路上扬。其走势像英文字母"V"，故命名为"V 形底"。V 形底的图形如图 10.21 所示。

图 10.21　V 形底

V 形底要满足三点：一是呈现加速下跌状态；二是突然出现戏剧性变化，拉出了大阳线；三是转势时成交特别大。

V 形底比较难把握，但投资者要明白，股价在连续急跌时，特别是急跌的后期，不要轻易卖出手中的股票，有急跌，必有反弹，然后根据反弹力度，决定进一步的操作。所以，面对 V 形底，持股者应拿好手中的筹码，不轻易相信他人，特别不要涨了一点就逢高派发；激进型投资者，可以在拉出第一根大阳线并放出巨量时后，先少量参与，几日后，第 V 形走势明朗再继续追加买进；而稳健型投资者，可以在 V 形走

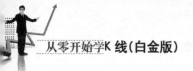

势形成后买入，这样获利少些，但风险也小些。

图 10.22 是禾嘉股份(600093)的日 K 线图，该股股价一路下跌，并且最后跌速越来越快，股价触底后，就放量一路上涨。这是标准的 V 形走势。投资者一般很难参与，只有激进型的投资者利用 K 线图技术，少量参与做反弹。

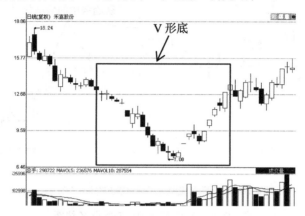

图 10.22　禾嘉股份(600093)的日 K 线图

在周 K 线图中常常也会出现 V 形底，但投资者要分清是快速上涨后的快速回调底；还是下跌过程中快速下跌后的快速反弹底。

图 10.23 所示是五矿发展(600058)的周 K 线图。

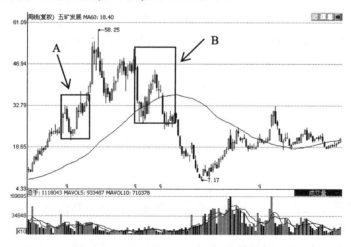

图 10.23　五矿发展(600058)的周 K 线图

其中，A 处是股价快速上升后快速回落形成的 V 形底，而 B 处是股价快速下跌后快速反弹形成的 V 形底，要注意它们的操作方法是不同的，因为一个是上升趋势，一个是下跌趋势。在月 K 线图中也常常会出现 V 形底，图 10.24 是招商银行(600036)

在月 K 线图中形成的 V 形底。

图 10.24　招商银行(600036)的月 K 线图

10.2.6　底部三角形

底部三角形也是常见的底部反转形态，当个股中出现这种 K 线形态时，上涨的概率很大，其特征是，股价经过大幅下跌之后先后 3 次探底，几乎都在同一低点获得支撑，形成三角形的下边；而股价每次反弹的高点逐渐下移，反弹力度越来越弱，形成三角形的上边；整个过程中成交量逐渐萎缩，到三角形尖端附近时缩至最小，表明想跑的都跑了，不跑的就是铁了心的"死多头"，所以做空能量得到充分释放；当向上突破时成交量开始放大。底部三角形的图形如图 10.25 所示。

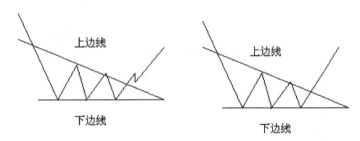

图 10.25　底部三角形

底部三角形是一种明显的底部反转形态，当股价放量向上突破时，投资者可以看多、做多。

图 10.26 是万通地产(600246)的日 K 线图，股价经过大幅下跌后，在底部盘整时出现了底部三角形图形，在 A 处，股价放量拉出大阳线突破上边压力线，这表明股价将要上涨，可以逢低跟进。

图 10.26　万通地产(600246)的日 K 线图

如果股价经过长时间大幅拉升后回调，但回调幅度不大，这时出现底部三角形图形，要小心主力是在诱多，如图 10.27 所示。在 A 处，股价突破了上边线压力，第二天跳空高开并收了一根中阳线，第三天收出一根长十字线，这时就要注意可能是主力在诱多了，第四天一根中阴线表明突破可能是假的，要减仓为妙，其后股价还有反复，但重心在下移，这进一步证明主力在诱多，特别是股价跌破下边支撑线时，投资者要果断清仓走人。

图 10.27　高位诱多底部三角形

10.2.7　底部岛形反转

底部岛形反转出现在跌势中，股价在下跌和上升时出现两个跳空缺口，缺口位置

基本处于同一区域，底部就象一座远离海岸的孤岛。底部岛形反转的图形如图 10.28
所示。

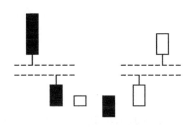

图 10.28　底部岛形反转

底部岛形反转常常伴有很大的成交量，如果成交量很小，则底部岛形反转可能不
成立。底部岛形反转是个底部转势形态，表示股价已经见底，将慢慢转为升势。通
常，底部岛形反转后，股价会出现上下激烈地震荡，但不会回补缺口，然后就会发力
上攻，投资者可以适量买入。

图 10.29 是华夏银行(600015)的日 K 线图，在 A 处，股价已经过大幅下跌，在下
跌末期可能因为利空消息出现跳空缺口，即形成底部岛形反转，这时要快进快出，因
为这里只是政策底。在 B 处，股价已探底成功，然后震荡上升，这时出现底部岛形反
转，投资者可以加仓。

图 10.29　华夏银行(600015)的日 K 线图

10.3　顶部反转形态的实战技巧

"底部三月，顶部三天"，这是股市描述顶底的谚语，这充分说明了股价底部运

行时间长，顶部运行时间短的市场特征。一个投资者要想成为高手，必须熟知股市顶部形态，这样才能准确判断顶部，从而更早地逃顶。顶部反转形态，即由原来的上升趋势转换为下降趋势，共有五种，分别是头肩顶、双顶、圆顶、尖顶和顶部岛形反转。下面来具体讲解。

10.3.1　头肩顶

头肩顶是常见的经典顶部反转形态，其图形如图 10.30 所示。

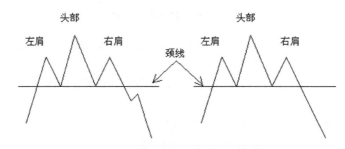

图 10.30　头肩顶图形

头肩顶的特征是，在上升趋势中先后出现了 3 个峰顶，这 3 个峰顶分别是左肩、头部和右肩，左肩和右肩的最高点基本相同，而头部最高点比左右两个肩的最高点都要高。另外股价在上冲失败向下回落时形成的两个低点又基本上处在同一水平线上，这个水平线就叫颈线。当股价第三次上冲失败回落后，颈线被有效突破，就正式宣告头肩顶成立了。

> **提醒**　在实战操作中，还要注意头肩顶颈线的倾斜方向，一般情况下，颈线是水平的，但很多情况下，颈线可能从左至右是向上或向下倾斜的。向下倾斜的颈线往往意味着行情更加疲软，处于颈线位的价格反抽就不一定会发生了。

如果股价已经过长时间的大幅上涨后在高位宽幅震荡，震荡过程中形成了头肩顶形态，这是相当可怕的，投资者要及时认请形势，清仓观望为妙，如图 10.31 所示。

如果股价处在下跌初期或下跌过程中，在反弹时出现头肩顶形态，也要果断出局，否则会被深套，如图 10.32 所示。

如果股价已经过大幅下跌，在底部震荡上行时出现了头肩顶，这时投资者可不能想当然地按头肩顶的操作方法来操作，否则就会割肉割到地板上，如图 10.33 所示。

在 A 处，对技术一知半解的投资者以为头肩顶快形成了，清仓出逃。这正是主力要达到的目的，一些短线投资者总想提前一步抄底和逃顶，如果在 A 附近逃顶的话，就把筹码割到地板上了。

图 10.31　中信证券(600030)的日 K 线图

图 10.32　招商银行(600036)的日 K 线图

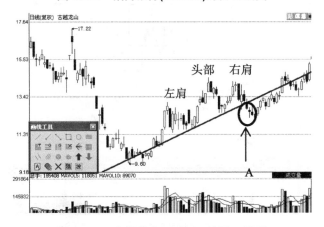

图 10.33　古越龙山(600059)的日 K 线图

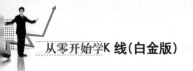

> **提醒** 如果股价经过大幅下跌后，开始震荡上涨，在涨幅不大的情况下出现头肩顶形态，投资者就要认真辨别主力的意图，确认主力是否在进行反技术操作。

10.3.2 双顶

双顶，因其形状像英文字母的"M"，所以又称"M头"，是很多投资者所熟知的顶部反转形态之一，但往往由于了解不深，以为所有 M 形状的都是双顶，而按照双顶的操作方法出逃，结果损失惨重，其图形如图 10.34 所示。

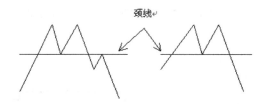

图 10.34 双顶

双顶的特征是，在上升趋势中出现了两个比较明显的峰顶，并且两个峰顶的价位也大致相同，当股价在第二次碰顶回落时跌破了前次回落的低位，即颈线突破有效，跌破颈线后也可能出现回抽，但回抽时成交量明显萎缩并受阻于颈线，这时就正式宣告双顶成立。

如果股价已经过长时间的大幅上涨，在高位宽幅震荡过程中形成了双顶形态，这是相当可怕的，投资者要及时认请形势，清仓观望为妙，如图 10.35 所示。

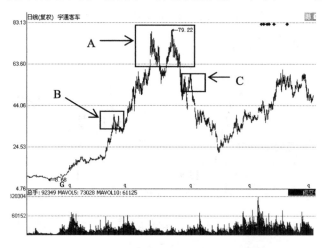

图 10.35 宇通客车(600066)的日 K 线图

在 A 处，股价经过连续两年多的大幅上涨，然后又在顶部运行一年多时间，形成了双顶形态，这是相当可怕的。在 B 处，股价经过快速上涨后，形成了双顶形态，这时也要万分警惕，可以先减仓或清仓出局，当股价再次突破顶部时再加仓买进。在 C 处，股价在下跌途中又现出双顶形态，由于这里是明显的下跌趋势，所以在双顶形态即将形成时，要果断出局。

当然，如果股价已经过大幅下跌，在底部震荡上行时出现了双顶，投资者可不能想当然地按双顶的操作方法来操作，否则就会割肉割到地板上，如图 10.36 所示。

图 10.36　白云机场(600004)的日 K 线图

在 A 处，对技术一知半解的投资者会以为双顶快形成了，赶紧出逃。这正是主力要达到的目的，一些短线投资者总想提前一步抄底和逃顶，如果在 A 处附近逃顶的话，就把筹码割到地板上了。

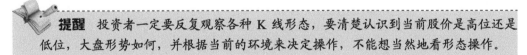

提醒　投资者一定要反复观察各种 K 线形态，要清楚认识到当前股价是高位还是低位，大盘形势如何，并根据当前的环境来决定操作，不能想当然地看形态操作。

10.3.3　圆顶

圆顶是常见的顶部反转形态，当个股中出现这种 K 线形态时，下跌的概率很大，其图形如图 10.37 所示。

圆顶的特征是股价经过一段时间上涨后，虽然升势仍在持续，但势头已经放缓，直至停滞，后来在不知不觉中，股价又呈现缓慢下滑

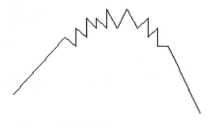

图 10.37　圆顶

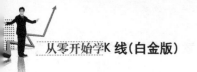

从零开始学K线(白金版)

态势，当发现势头不对时，头部已出现一个明显的圆弧状，这就是圆顶。

 提醒 股市中标准的圆顶很少见到，大数是不太标准的圆顶。

如果股价经过长时间的大幅上涨，在高位宽幅震荡过程中形成了圆顶形态，这是相当可怕的，投资者要及时认请形势，清仓观望为妙，如图 10.38 所示。

图 10.38　双鹤药业(600062)的日 K 线图

如果股价已经过大幅下跌，然后在底部震荡上行时出现了圆顶，这时投资者可不能想当然地按圆顶的操作方法来操作，否则就会割肉割到地板上。

图 10.39 所示是中国联通(600050)的日 K 线图。该股的股价经过快速大幅下跌后，开始震荡上行，这时出现了圆顶形态。

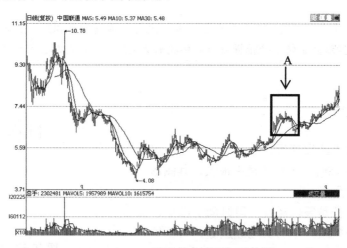

图 10.39　中国联通(600050)的日 K 线图

226

在 A 处，对技术一知半解的投资者会以为头肩顶快形成了，赶紧出逃。这正是主力要达到的目的，一些短线投资者总想提前一步抄底和逃顶，如果在 A 附近逃顶的话，就把筹码割到地板上了。

10.3.4　尖顶

尖顶，又称倒 V 形，其特征是，股价先快速上扬，随后又快速下跌，头部为尖顶，就像倒写的英文字母"V"，其图形如图 10.40 所示。

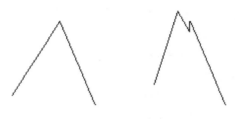

图 10.40　尖顶

尖顶的走势十分尖锐，常在几个交易日之内形成，而且在转势时有较大的成交量。投资者见此形态，要第一时间止损出局。

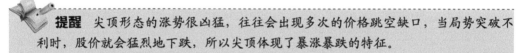

提醒　尖顶形态的涨势很凶猛，往往会出现多次的价格跳空缺口，当局势突破不利时，股价就会猛烈地下跌，所以尖顶体现了暴涨暴跌的特征。

如果股价经过长时间的大幅上涨，在高位形成了尖顶形态，这是相当可怕的，投资者要及时认请形势，清仓观望为妙，如图 10.41 所示。

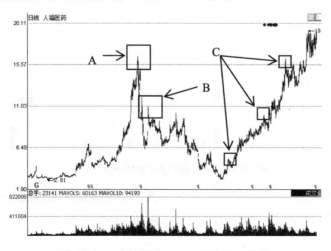

图 10.41　人福医药(600079)的日 K 线图

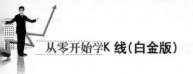
在 A 处，股价经过连续的大幅拉升后形成了尖顶，这里投资者要第一时间出逃。

在 B 处，由于处于明显的下跌趋势中，所以这里反弹出现的尖顶也要相当注意，要果断第一时间出局。在 C 处，股价处于明显的上升趋势中，如果上涨幅度不大，尖顶投资者要注意，可以减仓，但不要清仓；但如果股价已有较大升幅，并且又经过快速拉升，就要注意了，以防被套在顶部。

10.3.5　顶部岛形反转

顶部岛形反转出现在涨势中，股价在下跌和上升时出现两个跳空缺口，缺口位置基本处于同一水平线，顶部就像一座远离海岸的孤岛。顶部岛形反转的图形如图 10.42 所示。

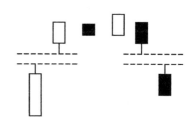

顶部岛形反转形态一旦成立，说明近期股价向下已成定局，投资者要果断抛股离场。如果股价经过长时间的大幅上涨，出现顶部岛形反转形态，这是相当可怕的，投资者要及时认请形势，清仓观望为妙，如图 10.43 所示。

图 10.42　顶部岛形反转

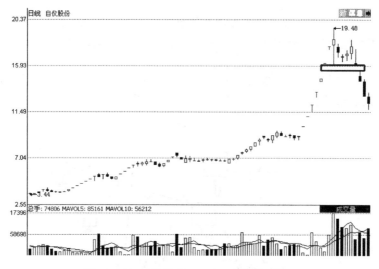

图 10.43　自仪股份(600848)的日 K 线图

如果股价在明显的下跌趋势中，经过反弹，又出现顶部岛形反转形态，这也是相当可怕的，投资者还是第一时间出逃为好，如图 10.44 所示。

图 10.44　上证指数的日 K 线图

10.4　整理形态的实战技巧

整理形态的完成周期往往不会超过 3 个月，而且多数出现在日 K 线图上，周 K 线图中很少出现，月 K 线图中几乎没有出现过。整理时间不长的原因主要是，整理经不起太多的时间消耗，士气一旦疲软，则继续原有趋势会产生较大的阻力。

对于整理形态，如果你是中长线投资者，在整个整理形态中可以不进行操作，等待形势明朗后，才去具体操作。但对于短线投资者来说，不可以长达 3 个月不进行操作，而应以对 K 线的逐日观察为主。也就是说，当股价在这些形态中来回折返的时候，也会产生很多次短线交易机会。因此，短线投资者对长期价格形态并不在意，而仅仅是对某些重要的突破位比较在意。

10.4.1　上升三角形

股价在某水平线呈现很大的卖压时，价格从低点回升到水平线便告回落，但市场买力十分强劲，股价未跌回至上次低点即又开始反弹，股价就随着一条阻力水平线波动日渐收窄。这样将每次波动的高点和回落低点分别用直线连接起来，就构成一个向上倾的三角形，即上升三角形。上升三角形的图形如图 10.45 所示。

上升三角形显示了多空双方在该范围内的较量，在较量中多方稍占上风，空方在其特定的股价水平不断沽售，但并不急于出货，也不看好后市，于是股价每升到理想水平便沽出，这样在同一价格的沽售形成了一条水平的供给线。不过市场的买力很强，他们不待股价回落到上次的低点，便迫不急待地买进，因此形成一条向右上方倾斜的需求线。

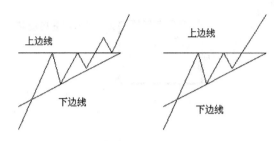

图 10.45　上升三角形

上升三角形在形成过程中，成交量不断萎缩，向上突破压力线时要放大量，并且突破后一般会有回抽，在原来高点连接处止跌回升，从而确认突破有效。上升三角形是买进信号，为了安全，最好在股价突破压力线后，小幅回调再创新高时买进。

在上升趋势中，由于股价经过快速上涨后，开始回调，在回调过程中出现了上升三角形，当股价放量突破上边线时，可以跟进加仓，如图 10.46 所示。

图 10.46　东风汽车(600006)的日 K 线图

在 A 处，股价放量拉出一根大阳线，突破水平压力线，但由于这一天的 K 线带有长长的上影线，投资者如果在突破该压力线时没有加仓，那么就要等待价格的回调。其后两天股价如期回调，要注意第二天是一个十字星，第三天是一个中阴线，并且收盘价在水平压力线之下。这一天如果投资者不能看到收盘价下跌就盲目减仓，因为这是正常回调，是主力在和散户玩心理战，如果受不了，那就上当了。

在 B 处，即突破水平压力线的第四天，又拉出一根大阳线，并且成交量再次放大，这就是一个很好的进场点，买进后要敢于持筹待涨，在出现明显的见顶信号后再卖出。

　　如果股价已经过大幅上涨，在高位震荡盘整，这时出现上升三角形，投资者要注意这很可能是主力在诱多，如图 10.47 所示。

图 10.47　上海机场(600009)的日 K 线图

　　在 A 处，股价先放量突破上边压力线，第二天又出现一根跳空大阳线，支撑上升趋势，但第三天出现一根带有长下影线大阴线，与前面那根阳线组成了穿头破脚 K 线组合，这是很不好的信号，表明这次突破很可能是假突破；第四天是根十字星，第五天和第六天又是阴线，并且跌破了上边线，第七天又跳空跌破下边支撑线，这时已表明其前的突破是假的，所以这里要果断出局。

　　如果在明显的下跌趋势中出现上升三角形，要万分小心，因为很可能是主力在诱多，如图 10.48 所示。

图 10.48　下跌趋势中的诱多上升三角形

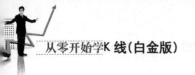

10.4.2　下降三角形

股价在某水平线呈现相当大的支撑时，价格从高点回落到水平线便反弹，但市场卖力又十分强劲，股价未升回至上次高点即又开始回落，使得股价沿着一条阻力水平线波动并日渐收窄。这样将每次波动的高点和回落低点分别用直线连接起来，就构成一个向下倾的三角形，即下降三角形。下降三角形的图形如图 10.49 所示。

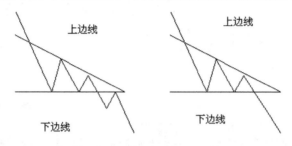

图 10.49　下降三角形

下降三角形的含义是，看淡的一方不断地增加沽售压力，股价还没回升到上次高点便再沽出，而看好的一方坚守着某一价格的防线，使股价每回落到该水平线便获得支撑。

下降三角形在形成过程中，成交量不断放大，向下突破压力线时可以放量也可以不放量，并且突破后一般会有回抽，在原来支撑线附近受阻，从而确认向下突破有效。下降三角形是卖出信号，投资者可在跌破支撑线后止损离场。

如果股价已经过长时间大幅上涨，在高位震荡盘整中形成了下降三角形，这时股价一旦突破下边线，就要果断清仓出局，如图 10.50 所示。

图 10.50　哈飞股份(600038)的日 K 线图

在 A 处，股价先假突破下降三角形的上边线，然后在 B 处，股价又跌破下边支撑线，所以在 B 处要果断清仓出局。在明显的下跌趋势中，股价在反弹过程中出现了下降三角形，如果跌破下边支撑线就要果断出局，否则是相当危险的，如图 10.51所示。

图 10.51　中江地产(600038)的日 K 线图

在明显的上升趋势中，如果股价在回调过程中出现了下降三角形，这时投资者不要恐慌，而要耐心多观察几日，只要不跌破下边支撑线，就不要清仓出局，如图 10.52所示。

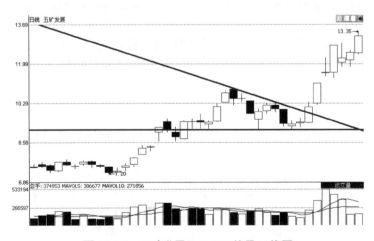

图 10.52　五矿发展(600058)的日 K 线图

10.4.3　扩散三角形

扩散三角形出现在上涨趋势中，上升的高点越来越高，而下跌的低点越来越低，如将两个高点连成直线，再将两个低点连成直线，就会出现一个像喇叭的形状。扩散三角形的图形如图 10.53 所示。

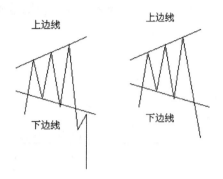

图 10.53　扩散三角形

扩散三角形常常出现在投机性很强的个股上，当股价上涨时，投资者受到市场中炽热的投机气氛或流言的感染，疯狂地追涨，成交量急剧放大；而下跌时，则盲目地杀跌，所以造成股价大起大落。扩散三角形是大跌的前兆，所以股资者见此形态要及时止损退出，否则损失惨重。

提醒　有少数的扩散三角形会发生变异，即经过最后一次下跌时，成交量迅速萎缩，这表示持股者信心充足，下跌无力，经过确认后，有可能向上突破，但其调整需要充足的时间，投资者可以认真分析再进入。一般投资者不要碰这种股票。

如果股价已经过长时间大幅上涨，然后在高位震荡盘整，形成了扩散三角形，这很可能是大跌的前兆，所以股资者见到此形态后，要及时止损退出，否则会损失惨重，如图 10.54 所示。

图 10.54　海信电器(600060)的日 K 线图

10.4.4　收敛三角形

收敛三角形既可以出现在跌势中，也可以出现在涨势中，每次上涨的高点连线与每次回落的低点连线相交于右方，呈收敛状，其形状像一把三角形尖刀。收敛三角形的图形如图 10.55 所示。

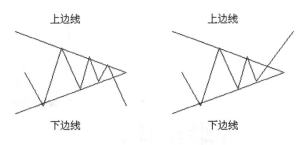

图 10.55　收敛三角形

收敛三角形与扩散三角形的形状正好颠倒，扩散三角形最终向下概率较高，而收敛三角形整理后可能上向，也可以能下，是一个观望信号。在涨势中，如果放量收在压力线上方，可追加筹码；如果向下突破，要看空、做空。在跌势中，放量收于压力线上方，也不要急着跟进，而应等回探压力线后，再创新高时，才可适量买进，其他情况下都要做空。

在明显的上升趋势中，如果股价出现回调，在回调过程中出现了收敛三角形，这时投资者不要恐慌，要耐心多观察几日，只要不跌破下边支撑线，就可以持筹不动，如图 10.56 所示。

图 10.56　北京城建(600266)的日 K 线图

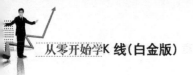

在明显的下跌趋势中，如果股价反弹，并出现了收敛三角形，当股价跌破下边支撑线就要果断出局，否则是相当危险的，如图10.57所示。

图10.57　向下突破的收敛三角形

10.4.5　上升旗形

股价经过一段时间的上涨后，出现了回调，如果将其反弹的高点用直线连接起来，再将回调中的低点也用直接连接起来，就可以发现其图形像一面挂在旗杆上迎风飘扬的旗子，这就是上升旗形，如图10.58所示。

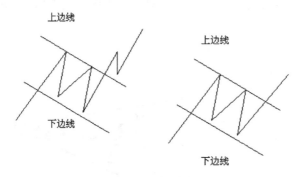

图10.58　上升旗形

上升旗形在向上突破压力线时要放大量，并且突破后一般会有回抽，在原来高点连接处止跌回升，从而确认突破有效。上升旗形是诱空陷阱，是一个买进信号，为了安全，最好在股价突破压力线后，小幅回调再创新高时买进。投资者要注意，别被股价下移所迷惑，要警惕主力的诱空行为，持筹者可静观其变。

在明显的上升趋势中，如果股价出现回调，在回调过程中出现了上升旗形，这时投资者不要恐慌，要耐心多观察几日，只要不跌破下边支撑线，就要持筹不动，如图 10.59 所示。

图 10.59　四川长虹(600839)的日 K 线图

提醒　上升旗形无论是在中国股市，还是在海外股市都是相当常见的，因为在上升途中，股价上涨一定空间后，获利筹码较多，主力为了减少股价上升压力，必然要采取震荡洗盘的动作，而上升旗形即是主力常用方法。在沪深股市中，一些大牛股往往都会出现上升旗形整理形态，所以投资者一定要认识并深刻理解该图形的意义，否则很可能捂不住股票，而让煮熟的鸭子飞了。

在明显的下跌趋势中，股价在反弹过程中出现了上升旗形，如果跌破下边支撑线就要果断出局，否则是相当危险的，如图 10.60 所示。

图 10.60　海信电器(600060)的日 K 线图

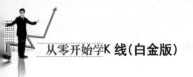
10.4.6　下降旗形

下降旗形一般出现在跌势中，每次反弹的高点连线平行于每次下跌低点的连线，并且向上倾斜，看上去就像一面迎面飘扬的旗子。下降旗形的图形如图 10.61 所示。

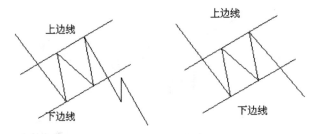

图 10.61　下降旗形

下降旗形从表面上看是很不错的，因为股价高点越来越高，而低点不断抬升，并且股价在上升通道中运行，常常得到成交量的支持，出现价升量增的喜人现象。但投资者一定不能被其表面现象所迷惑。因为下降旗形是诱多陷阱，是一个卖出信号，投资者应果断止损离场。投资者不要被股价上移所迷惑，要警惕主力的诱多行为，应持币观望为主。

在明显的下跌趋势中，股价反弹过程中出现了下降旗形，如果跌破下边支撑线就要果断出局，否则是相当危险的，如图 10.62 所示。

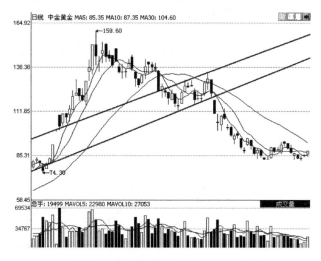

图 10.62　中金黄金(600489)的日 K 线图

提醒　这里具有一定的迷惑性，因为股价刚下跌后，就出现反弹，如果认为股价回调后还会大幅上涨就大错特错了。如果投资者对"下降旗形"比较了解的话，就会发现这里有很多问题。首先股价已经过大幅拉升，从几元一直上涨到 159 元，涨幅之大让人吃惊，并且这里刚刚回调。投资者在这里要警惕，这里可能上升，但也可能下降，如果下跌则跌幅巨大。通过后面的图形走势可以看到，这里是主力为散户精心布置的一个诱多陷阱，如果投资者对技术一知并解，则很可能买进股票，就会被深深套牢。

10.4.7　上升楔形

上升楔形出现在跌势中，反弹高点的连线与下跌低点的连线相交于右上方，其形状构成一个向上倾斜的楔形图。最后股价跌破支撑线向下滑落。上升楔形的图形如图 10.63 所示。

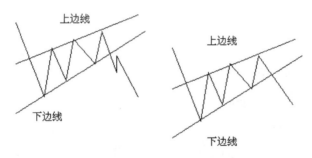

图 10.63　上升楔形

上升楔形在形成过程中，成交量不断减少，呈现价升量减的反弹特征。上升楔形是诱多陷阱，表示升势已尽，是一个卖出信号。投资者不要被低点上移所迷惑，要保持警惕，还是以持币观望为妙。

在明显的下跌趋势中，股价在反弹过程中出现了上升楔形，如果跌破下边支撑线就要果断出局，否则是相当危险的，如图 10.64 所示。

这里也具有一定的迷惑性，因为股价大幅下跌，很多投资者都认为已经到了阶段性底部或要大力反弹，所以很多散户开始买进，并且反弹一波高于一波，但投资者一定要清醒，这是下跌趋势，并且这有可能是上升楔形形态，可能是主力在诱多，即抛售手中没有出完的货，所以要警惕。

图 10.64　青岛海尔(600690)的日 K 线图

10.4.8　下降楔形

下降楔形出现在涨势中，每次上涨的高点连线与每次回落低点的连线相交于右下方，其形状构成一个向下倾斜的楔形图。最后股价突破压力线，并收于其上方。下降楔形的图形如图 10.65 所示。

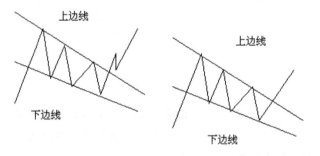

图 10.65　下降楔形

下降楔形在形成过程中，成交量不断减少，向上突破压力线时要放大量，并且突破后一般会有回抽，在原来高点连接处止跌回升，从而确认突破有效。下降楔形是诱空陷阱，是一个买进信号，为了安全，最后在股价突破压力线后，小幅回调再创新高时买进。

在明显的上升趋势中，如果股价出现回调，在回调过程中出现了下降楔形，这时投资者不要恐慌，而要耐心多观察几日，只要不跌破下边支撑线，就要持筹不动，如图 10.66 所示。

图 10.66　同方股份(600100)的日 K 线图

底部买入的投资者常常在上升震荡中被主力淘汰出局，原因是当股价连续拉升后，已获得不错的收益，这时出现个下降楔形或上升旗形进行清洗，很多投资者以为行情已到顶，纷纷抛股离场，而主力通过打压洗盘后，又开始重新拉升。所以投资者一定要注意下降楔形这处空头陷阱。

10.4.9　矩形

矩形是股价由一连串在两条平行的上下界线之间变动而成的形态。股价在其范围之内反复运动，股价上升到某水平线时遇阻力回落，但很快又获得支持并反弹，但回升到上次同一高点时再次受阻，而在回调到上次低点时又获得支撑。如果将股价的最高点和最低点分别用直线连接起来，就形成一个长方形，该形态最后将寻求向下或向下突破。矩形的图形如图 10.67 所示。

在矩形形成过程中，成交量不断减少，在上下反反复复运行，直到一方力量耗尽，出现突破方向为止。在矩形盘整过程中，投资者以不介入为宜，如果向上突破，可采取做多策略；如果向下突破，则采取做空策略。

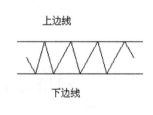

图 10.67　矩形

宝钢股价(600019)在底部区域反反复复拉据，并且空间很小，即出现矩形整理形态，在 A 处，放量拉出大阳线突破矩形的上边线，从而进入快速拉升周期，如图 10.68 所示。

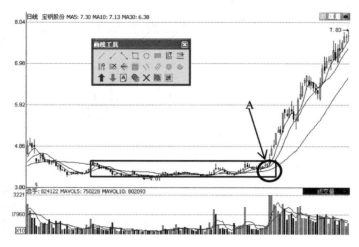

图 10.68　宝钢股份(600019)的日 K 线图

如果股价已经大幅上涨，然后在高位进行横盘整理，这时出现矩形形态，投资者就要小心了，特别是突破矩形的下边支撑线后，要果断清仓出局，否则被深套没商量，如图 10.69 所示。

图 10.69　宇通客车(600066)的日 K 线图

第11章

K 线与成交量的实战技巧

成交量的大小反映了多空双方交战的规模和争夺的激烈程度。通过对成交量的分析，可以知道哪些是强庄股，哪些是弱庄股，哪些是无庄股，哪些是当前热门股，哪些是当前无人问津的冷门股。投资者可以根据具体情况采取合适的投资策略，提高收益率。

359,464	0.3%
8,632,724	7.7%
59,087	0.1%
13,963,095	12.4%
5,266,055	4.7%
10,323,178	9.2%
5,283,470	4.7%
4,330,582	3.8%
490,555	0.4%
12,038,658	10.7%
121,056	0.1%
4,162,809	3.7%
33,607,969	29.9%
1,987,731	1.8%
1,665,228	1.5%
5,014,932	4.5%
5,255,312	4.7%

359,464	0.3%
8,632,724	7.7%
59,087	0.1%
13,963,095	12.4%
5,266,055	4.7%
10,323,178	9.2%
5,283,470	4.7%
4,330,582	3.8%

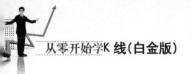

11.1　初识成交量

在股市中有四大要素，分别是量、价、时、空，而成交量排在四大要素的第一位，即先有量，后有价。可见成交量的变化与股价涨跌之间有着非常密切的联系。量价看盘，就是研究成交量与股价的相关性，以此来预测股价运行的未来趋势。

11.1.1　成交量的定义与查看

成交量就是在一定交易时间内买卖双方所成交的量，其计算单位为股和手，1 手等于 100 股。某一定交易时间可以是一年，也可以是一月、一天、30 分钟，甚至 5 分钟等。图 11.1 显示的是上证指数的日 K 线图和成交量。

图 11.1　上证指数的日 K 线图和成交量

如果 K 线是阳线，则其成交量对应的是白柱，如果 K 线是阴线，则其成交量对应的是黑柱。柱体的长度越高，表示其对应时间的成交量越大；柱体的长度越低，表示其对应时间的成交量越小。

在炒股软件上，成交量是内盘和外盘之和，也就是主动性买盘和主动性卖盘之和。通常投资者所说的大盘成交量，就是指大盘的成交金额，因为人们对一个交易日多少股票没有概念，但总的交易金额则说明市场的活跃度和入场的资金规模，便于投资者理解。

鼠标指向成交量对应的下拉按钮，然后单击，就可以弹出下拉菜单，如图 11.2 所示。

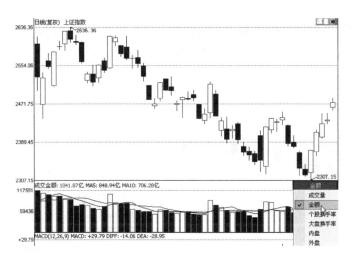

图 11.2 下拉菜单

单击菜单中的"金额"命令，就可以看到每个交易日的成交金额。鼠标指向某日的成交金额柱体，就可以看到当天的成交金额，如图 11.3 所示。

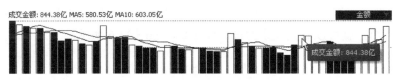

图 11.3 成交金额

如果要查看具体某只股票的成交量，只需输入其股票代码(如：招商银行600036)，然后回车即可，如图 11.4 所示。

图 11.4 招商银行(600036)的日 K 线和成交量

如果想同时查看招商很行某天的成交量、成交金额、开盘价、最高价、最低价和收盘价，只需鼠标指向其对应的日 K 线图即可，如图 11.5 所示。

图 11.5　查看股票的成交量、成交金额、开盘价、最高价、最低价和收盘价

查看股票的每周成交量。在 K 线图空白处单击右键，在弹出菜单中单击"分析周期/周线"命令，就可以看到股票的每周成交量，如图 11.6 所示。

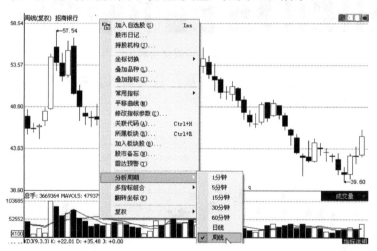

图 11.6　股票的每周成交量

同理，可以查看股票的每月、每季度、每年成交量，还可以查看股票每分钟、5 分钟、15 分钟、30 分钟和 60 分钟成交量。

11.1.2　成交量的意义

成交量是股票市场供求关系的表现形式，它的大小表明了买卖双方对某一股票即时价格的认同程度，记录了投资者在不同价位上买卖股票的数量，代表着股票的活跃程度和流通性，并由此透露出市场的人气和买卖意愿。

投资者买卖股票，主要取决于股价高低和市场人气，人气越旺盛，则投资者进出场越自由，同时也意味着入场资金越充足，赢利的可能性要大于亏损的可能性。因此，成交量的价值是从市场人气的角度透露了市场的参与意愿和参与深度。

11.1.3　量价关系

量价关系是指成交量与价格同步或背离的关系，同步为正相关关系；背离为负相关关系，它们充分反映多、空双方对市场的认可程度。

一般来说，多方会买进股票，空方会卖出股票。当多、空双方的意见分歧增大时，看多的会大量买进，看空的则会大量卖出，股票的成交量自然就会增大，这种成交剧烈的情况，往往会导致股价波动幅度增大；相反，如果多、空双方的意见分歧减小时，即当投资者一致看空或看多时，会形成一致性的买入或卖出行为，导致成交量萎缩，使股价呈现一边倒的行势，这就是单边市场。量价关系在市场中有两种观点，如图 11.7 所示。

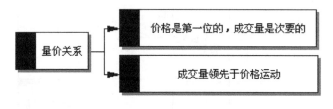

图 11.7　量价关系

1)　价格是第一位的，成交量是次要的

投资者买卖股票的原因是股价的高低程度而不是成交量，价格是因，而成交量是果，成交量是次要的。这种观点是正确的，但在分析股价时，再加上成交量的辅助判断，则预测成功率会更高。

2)　成交量领先于价格运动

当股价将要发生变化前，投资者买卖股票的数量会预示一些股价变动的趋势，即成交量可以判断市场上的买气与卖压，成交量大是买气和卖压都很大的表现，后市早晚会发生与原趋势不同的变化，具体表现是，股价上涨运动中，当成交量增加时，价

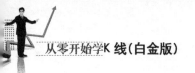

格会上涨；当成交量减少时，价格迟早会掉下来，因为没有量的价格没有意义。

事实上，有实战经验的投资者都知道，大成交量只是多、空双方意见分歧增大的表现，跟股价是否涨跌没有必然的关系。但是，在股价运动过程中，从无量到有量，再到大量，本身透露了多、空双方意见分歧正在加大的事实，股价运动趋势发生反转就是必然的结果。所以该观点论述不完整，容易造成理解错误。

11.2 牛市中的K线与成交量实战技巧

牛市可以分为三个阶段，分别是上涨初期、上涨途中和上涨后期，下面来具体分析一下三个阶段的量价关系。

1) 上涨初期

当个股股价从一个长期的底部开始向上运行时，由于绝大多数投资者只当熊市反弹来看待，但买方的力量开始逐渐显现，所以此时的股票成交量往往会比前期底部的时候要多。这个时期，股市常常表现为量增价平或量增价涨的温和状况，如图 11.8 所示。

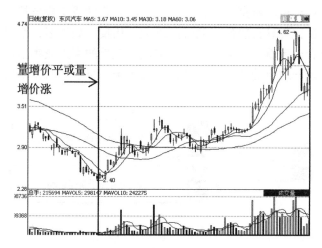

图 11.8 东风汽车(600006)的上涨初期的日K线图与成交量

2) 上涨途中

当个股股价从启动阶段进入明显的上升趋势后，成交量会随着股价的上涨回调出现对应的增减变化。但总体来说，股价大幅上涨会导致成交量大幅增加，也只有空头被不断消灭，股价才有可能继续上涨，这时市场出现量增价涨的强势状况，如图 11.9 所示。

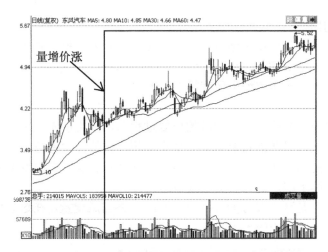

图 11.9　东风汽车(600006)的上涨途中的日 K 线图与成交量

3)　上涨后期

当个股股价经过一段时间上涨进入高价位区间后，由于买卖双方的意见分歧越来越大，导致成交量也越来越大，同时股价上下起伏较大，直到后期买入者减少而成交量无法继续放大为止。这时股市出现量增价平或量增价跌的势头，如图 11.10 所示。

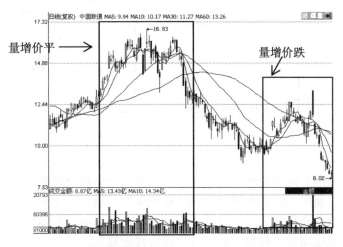

图 11.10　中国联通(600050)的上涨后期的日 K 线图与成交量

11.3　熊市中的 K 线与成交量实战技巧

熊市也可以分为三个阶段，分别是下跌初期、下跌途中和下跌末期，下面来具体分析一下三个阶段的量价关系。

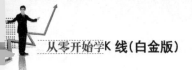

1) 下跌初期

当个股股价从高位区域逐渐下滑后，很多刚刚介入的投资者还没有赢利，因此拿着股票不愿意卖出，幻想股价马上会涨回去；同时空仓的投资者发现趋势有反转迹象，也不愿意买进，于是市场出现缩量下跌的情况。

2) 下跌途中

当个股经过 1～3 个成交量增减的反复过程后，最终进入快速下跌通道，明显熊市信号来临，有实战经验的投资者开始持币观望，即使持筹者急于降价成交，也往往找不到买家，于是市场出现无量阴跌的情况。这是空头能量未能得到释放的时期，后期股价往往会继续下跌，直到成交量激增为止。

图 11.11 所示是曙光股份(600303)的日 K 线图与成交量，在这里可以看到下跌初期的缩量下跌，下跌途中的无量阴跌。

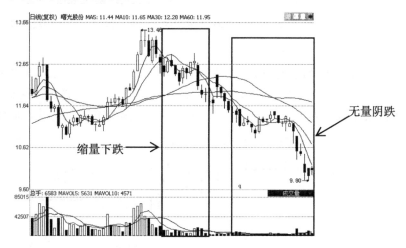

图 11.11　曙光股份(600303)的日 K 线图与成交量

3) 下跌末期

当个股股价经过长时间较大幅度下跌后，将步入一个相对低价的区间，于是短线投机者开始买进，而等待许久的持筹者终于找到买家，所以成交量开始增加。但一直要等到空头的能量完全释放之后，股价才能站稳并出现趋势反转的现象。此时市场往往呈现量增价跌或量增价平现象，表明股价即将接近底部区域，但其后还会有量缩下跌的情况，直至市场跌无可跌为止。

11.4　通过放量细节分析

通过放量细节分析主要包括两点，分别是怎么看待开盘放量上冲、怎么看待底部放量。

11.4.1　怎么看待开盘放量上冲

有些股票在平开后，在 15～30 分钟这段时间内，其成交量超过了平常一天的成交量，且股价快速上涨，这就是平开放量急涨。如果大盘开盘后就放量急涨，个股跟着出现平开放量急涨，是正常现象；如果大盘开盘后平稳或下跌，那么个股再出现平开放量急涨现象就不正常了，即使个股出现利好消息，也应该是高开而不是平开，所以投资者要关注这种现象。

平开放量急涨一般来说有两种原因：一是个股将有利好消息发布，内部人员开始抢单，但这样的买量不会太大，个股后续涨势不会持续；二是主力开始有所动作，这可能是其真实的稳步上推行为，也可能是虚假的做成交量行为，但不会是吸筹的行为，因为这样吸筹动作太明显且成本太高。

如果是稳步上推，主力的目的就是给出足够的时间，让市场跟风者交换掉前期不稳定的获利筹码，以大换手来稳步推高股价，当然抛盘太多而跟风盘承接不住时，后面就会出现下跌的情况；如果是做成交量以吸引市场眼球，那么主力常常会将成交量放大到日常交易量的数倍，而此时的股价往往是在阶段性的高位。

如果是主力在做量，那么其真实用意常常会有两种，具体如下。

1)　主力不愿意增加筹码，并且希望跟风盘活跃

一般情况下，主力在建仓完成后进入拉升期时，往往不会采用对倒的手法，因为前期大部分筹码已被主力获得，此时市场上浮动筹码已经很少，即使有少量抛盘，主力也会照单全收；只有当股价远离主力的成本区时，主力才会希望散户来抬轿子，但此时股价已高，主力只有通过对倒来制造成交活跃现象，以吸引市场跟风者进入。此时主力对倒做量的目的，是希望散户进来买掉前期其他散户的获利盘，以提高市场的整体持筹成本，方便后期继续拉升股价。

2)　主力希望减少抛盘涌出，目的是维持股价

一般来说，在股价上涨的时候，散户原先准备抛出筹码的可能会暂停，因为他们希望自己的股票能卖个好价钱，特别是那些长期套牢盘。这样，当主力对倒做股价上涨的成交量时，只要不是股价急涨太多或处于关键的阻力位，抛盘的压力就会减轻。但主力又怕增加筹码，所以就会选择在开盘的时候进行运作，因为此时投资者都在观望，抛盘不会立即涌现出来，待其涌现出来时，正好由后面的跟风盘来承接。

总之，平开放量急涨是主力不需要筹码的表现，有一定的短线机会，但投资者需要注意大盘的环境以及股价的位置。

11.4.2　怎么看待底部放量

一般来说，股价底部是不会有大成交量的，因为深套者已经麻木，没有抛出欲望，所以这时即使买方再强悍也不容易得到太多筹码，所以底部放量是不正常的，是主力所为。下面来讲解其中缘由。

1) 只是短期小底的底部放量上涨

如果股价下跌过快，这时超级短线主力，即游资，可能会建仓，为了能便于快速反弹，常常会讲放量涨的故事，这时放量快速上涨，即主力通过对敲放量来吸引跟风盘，然后快速拉到一定高度后，就会迅速出货。这意味着这里不是底部，仅仅是一个短期小底，这时股价常常处于半山腰。这也是主力处理尾货常用的方法。

2) 底部放量下跌

股价从高位跌到底部一定是有原因的，如大盘状况不好、公司业绩下降、个股题材透支等。在这些利空环境下，主力是很难全身而退的，即使通过短期小底的放量上涨减仓，也很难减掉较多的仓位，而最终结果往往是账面亏损继续增加，交易费用不断支付。那么在底部放量下跌是什么原因呢？原因可能有三种，具体如下。

第一，主力在进行最后的打压动作，即主力通过一些利空消息，制造带量的破位图形，迫使最后的卖单涌出，自己则全盘接纳，即实现打压式建仓。如果股价经过快速下跌后，几天之内又能回到原价位，那么多数情况是属于这种原因。

第二，主力强行出货。这常常是主力资金链断裂的结果，有时候，为了能卖个好的价位，主力会在出货之前将股价上拉做一个试盘动作，如果市场买盘比较多，主力就会"先养后杀"；如果市场买盘比较少，主力则会直接"杀鸡取卵"，这就会导致盘现出现数日或数十日的暴跌，最后个股常常跌得面目全非，而主力能获得多少资金就获得多少，图11.12所示是科达机电(600499)的主力强行出货的日K线图。

第三，换人坐庄。有时候，主力知道自己已经无法从市场上全身而退，就会寻找新的买家介入。一旦找到新的买家，他们就会约定在盘中交换筹码，但新买家常常会要求以更低的价格接盘，于是主力就会将股价砸下后再与新买家交换筹码。注意，这种情况在盘面上不会出现连续暴跌的情况，一般个股下跌的幅度往往在两个跌停板之内，并且新庄入驻后，股价往往还会下跌，迫使浮筹涌出。

3) 底部放量盘整

个股在底部放量时却出现了价格盘整的现象，往往有三种可能性。

第一，主力护盘。如果同期大盘持续下跌而个股却出现盘整的行情，那么多数是因为主力在其中护盘，而且主力还必须承接大量的抛盘，因此个股会出现放量的盘整现象。投资者这时要警惕主力护盘的决心和实力。

第二，主力分仓。有时候，主力会用几个账户来进行交易，因而需要将筹码进行分仓，于是就会出现几次特大单的成交行为，一旦分仓过程结束，股价就会继续盘整。分仓的特点是，盘中出现多次大单成交，却没有使股价高涨或急跌，股价震荡的幅度也不大。

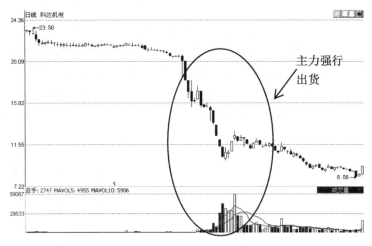

图 11.12 主力强行出货

提醒 分仓持续时间很短，并且没有操纵股价的目的；而对敲是一个阶段性的持续行为，带有明显的拉升或打压股价的目的。

第三，交易主力。如果几个交易日的成交量非常大，也有可能是新、老主力在交换筹码。一旦筹码交易完毕，则新主力会在市场上继续收集筹码或进行打压震仓。

总之，底部放量不是什么好现象，投资者要注意。

11.5 通过缩量细节分析

通过缩量细节分析主要包括三点，分别是看清缩量的不同情况、怎么看待缩量上涨、如何通过地量看股价走势。

11.5.1 看清缩量的不同情况

缩量是指市场成交极为清淡，成交量明显减少，一般来说股票的缩量可能意味着一个长期盘整的过程，认真分析股票的缩量现象，对我们把握股价走势会有较大帮助。一般来说，股票缩量大致有以下几种表现。

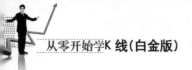

1) 无量空涨

一般情况下，无量上涨被当成危险信号，因为这种情况显示多头能量不足，事实上却未必完全如此。

由于我国股市尚不成熟，集团性的主力资金集中火力攻击流通盘相对较小的个股，是相当普遍的现象，于是形形色色的牛股就应运而生，这类个股启动时往往成交量比较大，多空博杀激烈，行情趋势难料，但一旦完成这个放量震荡过程之后，行情就会逐渐进入一个无量空涨状态。由于较大比例的流通股本均被锁定，少量分散在外的散户筹码，在持续单边上行时更是随主力一起锁仓，结果空涨行情往往没完没了。许多大牛股涨幅的很大一部分往往都在无量空涨这一阶段，如图 11.13 所示。

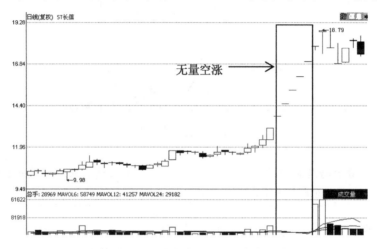

图 11.13　ST 长信(600706)的日 K 线图

空涨并不是坏事，只要无量，其主力资金的结构就明显没有改变，一般来说行情会继续向好，直到成交量改变，使行情性质发生改变为止。

2) 缩量下跌

对股民来说，放量下跌是一个危险信号。有些人认为缩量下跌显示空方能量不足，危险不大，这种看法是比较危险的。

对个股来说，高位持续震荡放量后，突然放巨量暴跌，必然有强劲的反弹，之后即逐渐缩量下跌。如果认为该股有主力在托盘，成交量萎缩，或认为主力难以出局，行情还可以看好，那就错了。一方面没有理由说主力资金就不会被套牢；另一方面，在成交量萎缩之前的高位震荡放量过程中，主力资金到底玩什么花招还难断定。因此，许多强势股在缩量阴跌之后，后期往往跌势漫长，如图 11.14 所示。

缩量下跌，往往每天看起来下跌幅度不大，给人一种下有支撑的错觉，投资者心理上也能接受这种小幅下跌，不料这是"温水煮青蛙"，初看起来没有什么危险，过一段时间，回头一看，已经滑下崇山峻岭。因此，对大震荡之后的缩量阴跌，一定要保持高度的警觉。这种股票往往会跌到使持有者绝望、使欲买者失望，最终被人遗忘的程度。

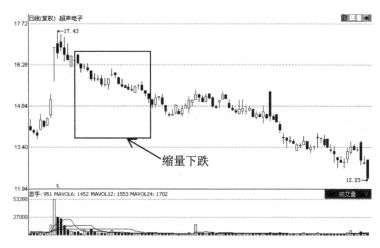

图 11.14　超声电子(000823)的日 K 线图

3)　成交量改变

无量空涨或缩量阴跌往往代表一种趋势，只要成交量萎缩的特征不改变，行情的性质往往也会延伸。如果成交量突然之间发生了巨变，则以前所有判断行情的基础条件，如基本面、技术面、主力资金、市场热点等等都得重新审视，绝对不能因惰性而沿用前期的判断定势。

如无量突涨之后，再放巨量拉升或突然震荡放量下跌；再如缩量阴跌之后，突然低位放巨量震荡，行情必须以此为起点重新判断，很可能行情的性质正在发生改变，很可能行情已经涨过头或者跌过头了。

11.5.2　怎么看待缩量上涨

股价缩量上涨，一般有两种可能，一是持续上升行情中，主力控盘程度较高，维持股价上升的实力强大，大量流通筹码已被主力锁定；二是下跌行情中，缩量上涨是反弹行为，当股价经过短期内大幅下跌之后，主力尚未出完货，市场需求又十分冷淡，因此主力只能用少量资金拉高，以诱散户在高位接货，从而达到出货的目的。

下面我们来看一下缩量上涨和缩量下跌的区别。

(1) 当股指开始调整时，第一天的量很大，随着股指的不断下跌，成交量急剧萎缩，当成交量萎缩到一定程度后，展开反弹，这就是缩量下跌最后走出的转强信号。

(2) 当股指开始反弹时，量能逐渐萎缩，就是一个反转的信号。如果某一交易日，突破放量后，股指被拉高，但随后量能开始降低，并且领涨的蓝筹股出现了较大

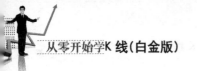

幅度的下跌，这意味着反弹结束。

（3）反转的时候，量能会随着指数的上涨而稳步上升，一定要有价量配合。

其实所谓的牛市，大盘所达到的一个又一个的峰位，都是由增量资金进入所堆积的金山和银山。如果没有了增量资金的流动，大盘上涨了，投资者的心态也不会踏实。总之，大盘上涨，没有资金量的配合，就调动不了投资者的激情，就不会有大量的增量资金介入，那么就没有明显的赚钱效应，说明大盘的调整还没有到位。

11.5.3　如何通过地量看股价走势

股市中有一句俗话："量是价的前锋，天量之后见天价，地量之后有地价！"这种说法很有道理。在看盘时，如果说有一种指标不会骗人的话，那就是地量。地量在行情清淡时出现得最多，此时人气涣散，交投不活，股价波幅较窄，场内套利机会不多，几乎没有任何赚钱机会。持股的不想卖股，持币的不愿买股，于是，地量的出现就很容易理解了。这一时期往往是长线买家进场的时机。

地量在股价即将见底时出现得较多。一只股票在经过一番炒作之后，总有价值回归的时候。在其漫漫下跌途中，虽然偶尔有地量出现，但很快就会被更多的抛压淹没，可见此时的地量持续性极差。而在股价即将见底时，该卖的都已经卖了，没有卖的也不想再卖了，于是，地量不断出现，而且持续性较强。在这一时期内介入，只要能忍受得住时间的考验，一般会有所斩获，如图11.15所示。

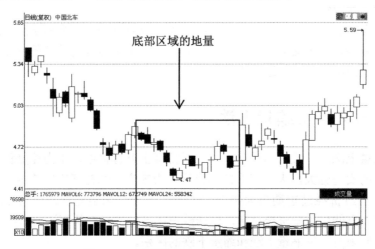

图11.15　中国北车(601299)的日K线图

地量在庄家震仓洗盘的末期也必然要出现。任何庄家在坐庄的时候，都不愿意为他人抬轿子，以免加大套利压力。于是，拉升前反复震仓，以清洗获利筹码。庄家是如何判断自己震仓是否有效，是否该告一段落的呢？这其中的方法和手段很多，地量的出现便是技术上的一个重要信号。此时，持股的不愿意再低价抛售，而持币的由于对该股后市走向迷茫，也不敢轻易进场抢反弹，成交清淡，于是产生地量并且具有一定的持续性。如果再结合基本面、技术面等多面的分析，更增加其准确性，如图 11.16 所示。

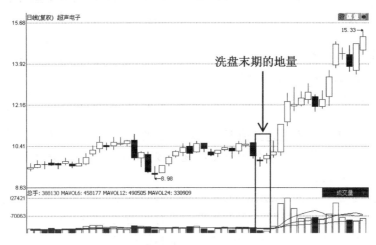

图 11.16　超声电子(000823)的日 K 线图

地量在拉升前整理的时候也会间断性地出现。一只股票在拉升前，总要不断地确认盘子是否已经很轻，以免拉升时压力过大而坐庄失败。换句话说，就是拉升前要让大部分筹码保持良好的锁定性，即"锁仓"。而要判断一只股票的锁仓程度，从技术上讲，地量间断性地出现是一个较好的信号。由于庄家需要不断地对倒制造成交量以达到震仓目的，所以这一阶段中，地量的出现是间断性的。如果能在这一时期的末期跟上庄，就可能会在这只股票上涨时获利丰厚。

11.6　成交量持续性分析

投资者在分析成交量时，为了防止被主力诱导，不要只看某日成交量，而应分析某阶段的成交量。阶段性成交量同股价的关系有同步趋势和背离趋势两种，同步趋势是成交量持续放大，股价持续上涨，成交量持续萎缩，股价持续回调；背离趋势是成交量持续放大，股价滞涨或下跌，成交量萎缩，股价却持续上涨。

提醒　主力可能偶尔会制造放量现象，但不可能持续制造成交量，因为制造成交量是需要交纳手续费和印花税的，是有成本的。

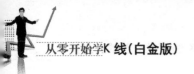

11.6.1　持续温和的放量是建仓好时机

持续温和的放量是指个股处于重要阶段性底部区域时，其成交量开始持续地温和放大，此时的K线是阴是阳都不重要，重要的是成交量一直比较活跃。

> **提醒**　放量的本质是，多空双方对后期走势的看法出现了较大分歧，即一部分投资者坚决看空，另一部分投资者坚决看多，并且市场筹码不集中。但还要注意，主力有能力通过对敲来放量。

当个股某日成交量突然达到前期平均成交量的 2～5 倍时，就可以认为个股开始温和放量了。温和放量体现了个股成交量逐渐放大的过程，但在这个过程中，不是每天的成交量都比较大。

图 11.17 是亿城股份(000616)的日 K 线图与成交量，在这里可以看到建仓时期的温和放量。持续的温和放量状态通常是主力在有计划地持续吸筹，但该结论只适用于在长期下跌完成且现出过地量的个股之上。温和放量的时间一般不会太长，否则主力吸筹的时候不容易控制股价，同时也会引起市场的注意；而当股票出现持续温和的放量现象之后，其股价往往还会进行调整，这是主力利用刚得到和筹码进行打压式建仓的结果。股价调整的时间可能是几天，也可能是几个月。图 11.17 中的个股就调整了一个多月。在调整的时候，往往不会低于前期放量时的低点，如果股价调整低过了主力建仓的成本区，则说明市场的抛压还较大，后市该股继续调整的可能性较大。

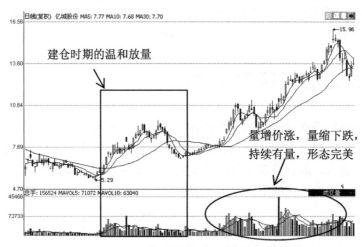

图 11.17　亿城股份(000616)的日 K 线图与成交量

11.6.2　节奏鲜明的放量是良好的

节奏鲜明的放量是指在股票的上升趋势中，股价始终保持量增价涨、量缩价跌的理想状况，并且呈现出持续的放量现象，如图 11.17，该股股价在每一次上涨的过程中，成交量始终保持放大的状态，这说资金入场的持续性比较理想，资金持续性地介入给该股的上涨提供了充足的动力，而当调整来临时，该股的成交量则出现了大幅度的萎缩，这说明主力资金并没有撤离，使股价上涨更有保障。

大盘股和基金扎堆的股票在上涨的趋势中适用于上述结论，但在股价趋势即将出现反转时，就要小心了，这是因为大盘股和基金扎堆的主力比较分散，不像其他庄股那样容易在顶部形成可见的放量滞涨现象，往往在股价开始反转时，还保持着量缩价跌的状态，进而误导市场中的散户。所以对于大盘股和基金扎堆的股票，投资者应将观察重点放在股价高低和大盘趋势上，而不是成交量上。还有一点需要注意，在市场一致看跌时个股，主力是难以出货的，他们必须在股价持续上升的过程中才能完成出货的任务。

提醒　大盘股和基金扎堆股在上升趋势中，最后一个量增价涨的时刻是最值得投资者关注的。

11.6.3　突放巨量是危险的

突放巨量是指某日成交量突然放大到前日成交量或前一段时间平均成交量的 10 倍左右，这常常是一个不同寻常的现象。注意突放巨量可能是一天，也可能是几天，但在放量之前的成交量都不大，如图 11.18 所示。

突放巨量往往是主力进行对敲的结果。另外，在市场出现巨大的利空或利好消息，或股价处于重要的阻力位或支撑位，而同时市场的多、空意见分歧很大时，容易突放巨量。突放巨量常常出现在持续下跌途中或无量横盘之中，是主力集中资金诱骗散户跟风的结果，无论其目的是否达到，个股后续的成交量又会陷入过去的常态之中。

提醒　突放巨量，由于消耗主力资金太多，往往个股后期走势也不被市场看好，或要进入调整周期了。

图 11.18　西安饮食(000721)的日 K 线图

11.6.4　间隔性放量是危险的

间隔性放量是指成交量虽然明显放大，但缺乏连续性，常常是放量一到两天，再结合缩量几天，然后再放量一到两天。因为市场不可能在某一时间段几乎停止交易，而在另外一个时间段又疯狂交易，所以间隔性放量是主力对敲做量的结果，或是市场出现突发性利好或利空消息。

间隔性放量常常发生在三个阶段，分别是高位的滞涨期、高位的横盘或阴跌期、股价急挫后的假筑底期。

1)　高位的滞涨期

在个股高位滞涨期，主力通过对敲放量制造量增价涨的假象，欺骗跟风者介入，同时稳住持股者，而自己却在暗中抛售。由于主力出货任务不是几天可以完成的，因此这种动作会往复出现一段时间，于时就出现了间歇性的放量现象，如图 11.19 所示。

2)　高位的横盘或阴跌期

当个股在高位进行横盘整理时，或当个股在持续阴跌时，主力为了快速出货，往往会通过对敲来制造交易活跃的假象，吸引市场跟风参与，如图 11.20 所示。

3)　股价急挫后的假筑底期

当股价从高位急跌到某个阶段的低位时，如下跌了 50%，个股往往会出现强势的横盘状态，给人以跌不动了，并且有资金建仓的"筑底"迹象，而此时间隔性的成交量多为主力对敲所致，一旦投资者买进，主力就可以全身而退，如图 11.21 所示。

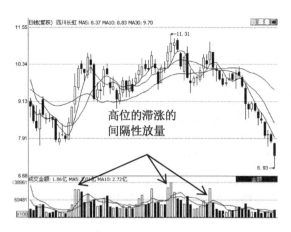

图 11.19　四川长虹(600839)的日 K 线图和成交量

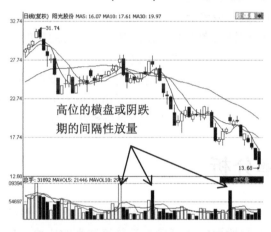

图 11.20　阳光股份(000608)的日 K 线图和成交量

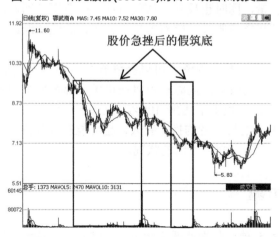

图 11.21　鄂武商 A(000501)的日 K 线图和成交量

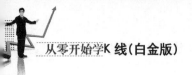
11.6.5　成交量看盘注意事项

成交量往往会被主力做假，但主力只能增量，不能缩量，所以成交量萎缩是自然成交的结果，并且是真实的。放量时，投资者要站在主力的角度去思考，为什么要放量，主力真正的意图是什么。

1)　放量打压股价以建仓或震仓

在大盘走势不好的时候，或者有利空消息出现的时候，主力常常会通过对敲手段制造放量下跌的股价走势，迫使恐慌性低价筹码抛出，以达到低价建仓或震仓的目的。

2)　放量拉升股价以减仓或出货

在大盘走势好的时候，或者有利好消息出台时，主力常常会通过对敲手段制造放量上涨的股价走势，引诱投资者追高，以达到高价出货的目的。

3)　逆市放量以引诱市场跟风或暗中建仓

当大盘走势不好时，常常是满盘皆绿，而部分个股此时则会逆市走红显示自己强庄股的风范，吸引跟风者介入；当然，个股逆市走强有时却是因为主力在逆市吸筹。这两者的区别在于，前者价格处于高位，后者价格处于低位。

11.7　换手率分析

换手率是一个用来横向对比个股活跃程度和纵向对比个股换手频率的指标，是指在某一特定时间内，某只股票的成交量与其总流通盘的比值。换手率意味着在一个既定时期内的股票换手量，同时也反映了该段时期内的股票流通性问题。一般情况下，个股换手率愈高，意味着该股多、空双方换手积极，股性活跃；反之，股性呆滞，缺乏市场追捧。

通过分析个股的换手率，投资者可以择强弃弱，抓住热门股，紧跟市场主流热点，以获取阶段性的投资收益；同时也可以在市场顶部发现主力出货的程度以及市场跟风的意愿。如个股 5 日换手率达到 100%，这表明该股非常活跃，投资者进出非常积极，可能 5 日内所有的持股者均换了新人，也可能有部分持股者一直未动，而另外一部分持股者则出现了多次交换筹码的状况。

11.7.1　日换手率

日换手率可分为 5 种，分别是低迷状态、正常状态、活跃状态、高活跃状态和异常活跃状态。但投资者要注意，在大盘处于高潮、低潮和平稳的不同时期，这几种换手率的大小会有差异。

1)　低迷状态

一般来说，当个股的日换手率低于 1%时，说明该股的市场换手不充分，交易清淡，股价短期内将保持原有的趋势运行。

图 11.22 所示是招商银行(600036)的日 K 线图和换手率，在这里可以看到，在整个下跌过程中，其换手率很少能超过 1%，这表明下降趋势会继续。在股价接近底部区域时，换手率才开始处于正常状态。

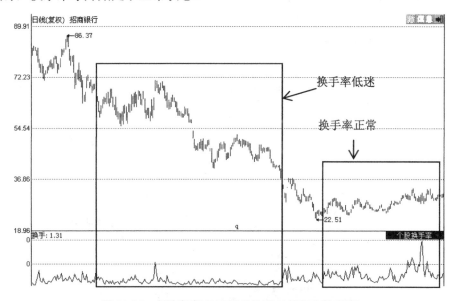

图 11.22　招商银行(600036)的日 K 线图和换手率

> **提醒**　如果换手只有某一天或某几天活跃，然后又开始低迷，表明是主力在透骗散户。

2)　正常状态

当个股的日换手率处于 1%～3%之间时，说明该股的多空双方略有意见，但属于正常的换手状态，股价将按照原有的趋势继续运行。招商银行股价跌到底部区域后，开始震荡上升，这时换手率开始正常。

> **提醒**　一般来说，除非大盘处于极度低迷时期，否则市场上大部分股票的日换手率都不会低于 1%。

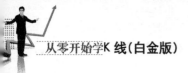

3) 活跃状态

当个股的日换手率处于 3%～7%之间时，说明该股多、空双方的意见分歧比较大，但股价短期内是向上走，还是向下走，取决于多空双方哪一方的力量更大。当这样的换手率出现时，常常意味着主力开始现身，如果股价从低位开始走高，那么该股投资者可以关注。

图 11.23 所示是东风汽车(600006)的日 K 线图和换手率，该股经过长时间的下跌后，开始震荡上行，在这个过程中换手率不断活跃，表明主力开始现身，这里是社保基金、QFII 和机构基金的进入位置。这表明主力在拉高建仓，为了得到更多的筹码，主力又开始打压股价，建仓完成后，又开始快速拉升。

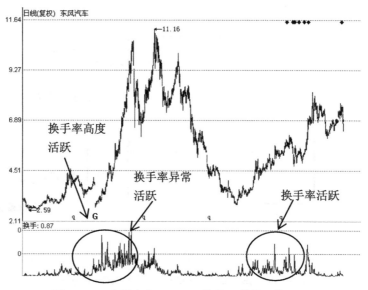

图 11.23　东风汽车(600006)的日 K 线图和换手率

4) 高活跃状态

当个股的日换手率处于 7%～15%之间时，说明该股备受市场关注，属于主力显示实力的时期。这种情况一般出现在热门股或强热股中，它意味该股处于高度活跃状态，但也说明多、空双方的意见分歧很大，当然也可能是主力进行对敲的动作，也意味着某方能量消耗太多而导致行情会发生变化。如果股价处于低位区，换手率活跃，表明该股还会有不错的涨幅；如果股价处于高位区，则可能股价快要下跌。

5) 异常活跃状态

当个股的日换手率超过 15%时，表明个股异常活跃，一方面表明主力在强势运作，另一方面说明该股多空双方意见分歧巨大。当个股突破某一重要阻力位时，有可能出现这样的换手率，但如果个股处于高位出现这样的换手率，则是不祥的征兆，它预示着市场到了投机狂热的阶段或主力对敲做成交量。

提醒 新股上市首日，由于没有涨/跌停板限制，投机性很强，所以个股常常会有 50%～90%的换手率，但这样的换手越充分越好，表明主力在抢筹码。

一般情况下，单日换手率在 3%～7%的个股处于上涨时，可以重点关注；而换手率在 10%以上的，则持筹者要小心对待；个股换手率过低或过高，投资者最好都不要碰。

 提醒 对于一些高位横盘或老庄股，不能用这种方法进行操作。

11.7.2　周换手率

与单日换手率一样，周换手率也分为五种，分别是低迷状态、正常状态、活跃状态、高活跃状态和异常活跃状态。

(1) 低迷状态，个股单周换手率低于 5%。

(2) 正常状态，个股单周换手率在 5%～15%之间。

(3) 活跃状态，个股单周换手率在 15%～30%之间。

(4) 高活跃状态，个股单周换手率在 30%～50%之间。

(5) 异常活跃状态，个股单周换手率在 50%以上。

单周换手率在 15%～30%的上涨个股，投资者要重点关注，而单周换手率超过 40%的个股，则持筹者要小心了。

11.7.3　月换手率

与单日换手率一样，月换手率也分为五种，分别是低迷状态、正常状态、活跃状态、高活跃状态和异常活跃状态。

(1) 低迷状态，个股单月换手率低于 10%。

(2) 正常状态，个股单月换手率在 10%～30%之间。

(3) 活跃状态，个股单月换手率在 30%～60%之间。

(4) 高活跃状态，个股单月换手率在 60%～100%之间。

(5) 异常活跃状态，个股单月换手率在 100%以上。

单月换手率在 30%～60%的上涨个股，投资者要重点关注，如果单月换手率超过 80%的个股，则持筹者要小心了。

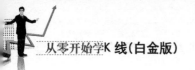

> **提醒** 由于大盘的位置的不同,个股质地的不同,个股主力的不同,投资者要针对个股进行详细统计分析,然后得出个股的合理换手率操作策略,这里讲的是方法,可不能生搬硬套。

换手率对于揭示趋势即将出现拐点比较有实用价值,即由上升趋势转为下降趋势,或由下降趋势转为上升趋势。如果在一波大牛市或大熊市中,利用换手率进行判断是没有价值的。另外在使用换手率时,时时要关注股价所处的位置。还特别要注意,对于大盘股或基金重仓股,利用换手率进行判断往往失效。

第 12 章

K 线与趋势的实战技巧

在实战操作中，顺势而为是散户操作的灵魂。追随市场大的趋势，而不能看不见趋势，更不能逆势操作；同时在趋势的运行过程中，要根据行情的发展，注意把握趋势的节奏，既要"权死生之机"，又要"辨动静之理"。

359,464	0.3%
8,632,724	7.7%
59,087	0.1%
13,963,095	12.4%
5,266,055	4.7%
10,323,178	9.2%
5,283,470	4.7%
4,330,582	3.8%
490,555	0.4%
12,036,658	10.7%
121,056	0.1%
4,162,809	3.7%
33,607,969	29.9%
1,987,731	1.8%
1,665,226	1.5%
5,014,932	4.5%
5,256,312	4.7%

359,464	0.3%
8,632,724	7.7%
59,087	0.1%
13,963,095	12.4%
5,266,055	4.7%
10,323,178	9.2%
5,283,470	4.7%
4,330,582	3.8%

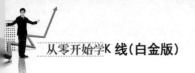

12.1 初识趋势

股市行情有起有伏，股价涨涨跌跌，但趋势是行情的方向，把握了趋势就等于把握了行情的主线；节奏是趋势的韵律，把握了节奏就等于把握了趋势的脉搏。抓住趋势、把握节奏是每个投资者在股市征程中所不得不面临的技术难题，也是投资者战斗力的源泉。

 提醒 对于趋势和节奏准确而敏锐的感觉和把握，必须来自殚精竭虑的思考，必须来自千万次的实战经验。

12.1.1 趋势的深度理解

股市中，要想成为赢家，就要把趋势当成朋友，就要永远顺着趋势交易，决不可逆势而动。所以说，我们一定要弄明白到底什么是趋势。趋势是指股市何去何从的方向，更确切地说，趋就是未来股价运动的方向，势就是未来股价在运动方向上的力量。

1) 狭义上的趋势

狭义上的趋势，就是趋势本身，它是显像的趋势，或者说是已成为过去的趋势。用趋势来判断趋势往往很容易造成"追涨杀跌"的尴尬局面。过分沉迷于显像的趋势，以及所谓的"把握趋势才是把握确定性"的说法其实很容令人陷入迷失自我的境地，最终使自己成为趋势的奴隶，就像是与自己的影子赛跑一样，用趋势判断趋势永远都不可能成为真正的赢家，如图 12.1 所示。

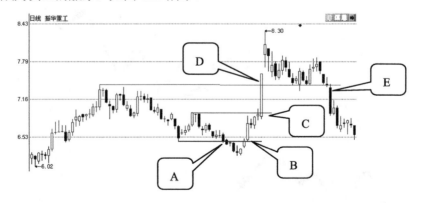

图 12.1 振华重工(600320)的日 K 线图

在 A 处，股价下跌到前期低点支撑位，由于没有支撑住，相信很多趋势投资者认为下跌趋势明显，可能会大幅下跌，所以持股者在这里一般都会减仓或清仓观望。谁知没有股价没有下跌几天，下跌幅度也不深，就开始反弹了。在 B 处，股价反弹到前期压力位时，趋势投资者认为这里仅仅是反弹，不敢参与。

在 C 处，由于存在突破第二个重要压力的可能，所以在这里可以看出上升趋势有可能要形成了，但没有突破这个压力线，所以不敢加仓做多。在 D 处，一根涨停大阳线突破了前期最高点，上升趋势形成，但由于这一天涨停，无法加仓。所以，在第二天一开盘就加仓做多了，理由是上升趋势这么明显，如果不加仓做多，送钱的机会就白白失去了。谁知买进去之后，股价不是大幅上涨，而是在高位盘整，由于没有跌破前期高点支撑位，一直拿着，可在 E 处，股价大幅下跌，跌破了支撑位，再次止损出局。

所以说，如果用狭义上的趋势来操作，常常成为趋势的傀儡，常常被趋势所伤。

其实趋势本身并没有错，错的是投资者常常狭隘地理解它。正如佛家说的"见见之时，见非所见"那样，显像的趋势至多只是趋势的一种表现形式，一种过去的趋势，并非它的实质。如果过去的趋势就等于未来的趋势，那么岂不等于说股价运行不存在起伏，而只会沿着一个方向前进。因此，把握趋势的根本是要把握未来的趋势，而把握未来趋势的根本就是要通过把握趋势的实质来实现。

2）　广义上的趋势

广义上的趋势，是指趋势并不是显像的趋势本身，而是一种抽象的状态，是指"因时制宜""适当的时候做适当的事"。广义上的趋势就是把握趋势的实质，就是恰当地把握当前形势，在现有资源、现有条件的基础上最恰当地"变换思维、传递风险、调和矛盾"，从而化风险于无形、化趋势为利润，最终实现"深知趋势真面目，只缘不在趋势中"的境界。

12.1.2　趋势的三种方向

趋势具有三种方向，分别是上升、下降和横向盘整。很多投资者习惯地认为股市只有两种趋势方向，要么上升，要么下降。但实际上，还有一种横向盘整，据统计至少有三分之一的时间股价处于横向盘整之中，对于这一点投资者一定要注意。

1）　上升趋势

如果随着时间的推移，K 线图表中的每个价格高点依次上升，每个价格低点也依次上升，那么这种价格运动趋势就是上升趋势。每当价格回调还没有等到跌到前一次的低点时，买家就迫不急待地涌入，推动价格继续上涨；而当价格临近前一次高位时，买家又毫不犹豫地买入，使价格再创新高。如此来回几次，便形成一系列依次上升的波峰和波谷，这是牛市特征。

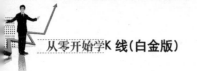

注意，当这种波峰和波谷不断抬高的现象中断时，往往意味着上升趋势即将结束。上升趋势如图 12.2 所示。

2) 下降趋势

同上升趋势相反，如果随着时间的推移，K 线图中的每个价格高点依次下降，每个价格低点也依次下降，那么这种价格运动趋势就是下降趋势。每当价格反弹还没有等到涨到前一次的高点时，卖家就迫不急待地抛售，促使价格回落；而当价格临近前一次低点时，卖家又毫不犹豫地卖出，使价格再创新低。如此来回几次，便形成一系列依次下降的波峰和波谷，这是熊市特征。

注意，当这种波峰和波谷不断降低的现象中断时，往往意味着下降趋势即将结束。下降趋势如 12.3 所示。

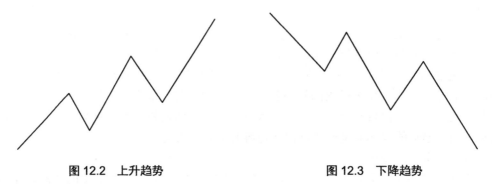

图 12.2　上升趋势　　　　　　　　　　图 12.3　下降趋势

3) 横向盘整趋势

横向盘整趋势，又称水平趋势，即随着时间的推移，K 线图中的股价没有创出新高，也没有创出明显的新低，基本上就是在两条水平线之间作折返运动。这种趋势不适合判断未来股价的运动方向，股价只有突破上面的水平压力线或下面的水平支撑线时，才能使我们看到市场真正的运动方向，这就是"牛皮市特征"。

横向盘整趋势如图 12.4 所示。

图 12.4　横向盘整趋势

12.1.3　趋势的三种类型

趋势不仅有三种方向，而且还有三种类型，分别是主要趋势、次要趋势和短暂趋势。

1)　主要趋势

主要趋势,又称长期趋势,通常运行时间在一年以上。主要趋势是价格运行的基本趋势,是投资者努力要弄清楚的方向性问题,只有了解了主要趋势,投资者才能做到顺势而为。如果主要趋势是上升趋势,则称为牛市,说明市场牛气十足,非常活跃;如果主要趋势是下降趋势,则称为熊市,说明市场萎靡不振,持续向下,如图 12.5 所示。

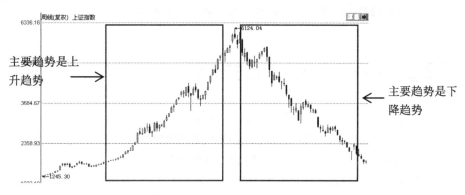

图 12.5　上证指数的周 K 线图

2)　次要趋势

次要趋势,又称中期趋势,通常运行时间为 3 周到 3 个月。当价格持续上涨到一定阶段时,往往会进行局部的调整,这个调整的任务是由次要趋势来完成的。至于价格会调整到少,可以是主要趋势波幅的 1/3、1/2 或 2/3,如果调整过了头,那就不是价格在做调整了,而是主要趋势反转了。3 周到 3 个月的次要趋势运动时间,往往是投资者做波段交易的主要时间段,如图 12.6 所示。

图 12.6　上证指数的日 K 线图

3)　短暂趋势

短暂趋势,又称短期趋势,一般运行时间在 3 周之内。短暂趋势是在次级趋势中

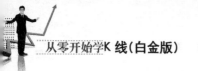

进行的价格调整运动，它多数时候与主要趋势同方向。短暂趋势可以调整到中期趋势波幅的 1/3、1/2 或 2/3，如果调整过了头，就不是价格在调整了，而是主要趋势继续发力了。

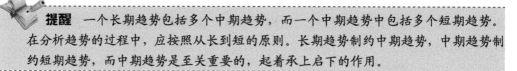

提醒 一个长期趋势包括多个中期趋势，而一个中期趋势中包括多个短期趋势。在分析趋势的过程中，应按照从长到短的原则。长期趋势制约中期趋势，中期趋势制约短期趋势，而中期趋势是至关重要的，起着承上启下的作用。

12.2　趋势线的实战技巧

趋势线的绘制方法很简单，在上升趋势中，将两个明显的反转低点连成一条直线，就可以得到上升趋势线，上升趋势线起支撑作用；在下降趋势中，将两个明显的反转高点连成一条直线，就可以得到下降趋势线，下降趋势线起阻力作用，图 12.7 所示是招商银行(600036)周 K 线图中的上升趋势线和下降趋势线。

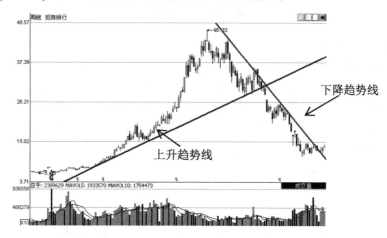

图 12.7　招商银行(600036)周 K 线图中的上升趋势线和下降趋势线

12.2.1　趋势线的类型和作用

从方向上来说，趋势线可分为上升趋势线和下降趋势线。上升趋势线预示股价或指数的趋势是向上的；下降趋势线预示股价或指数的趋势是向下的。

从时间上来说，趋势线可分为长期趋势线、中期趋势线和短期趋势线。长期趋势线是连接两大浪的谷底或峰顶的斜线，跨度时间为几年，它对股市的长期走势将产生很大的影响；中期趋势线是连接两中浪的谷底或峰顶的斜线，跨度时间为几个月，甚至一年以上，它对股市的中期走势将产生很大的影响；短期趋势线是连接两小浪的谷底或峰顶的斜线，跨度时间不超过 2 个月，通常只有几个星期，甚至几天时间，它对股市的走势只起短暂影响，如图 12.8 所示。

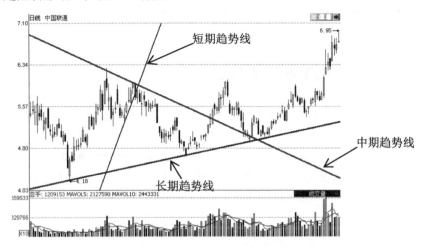

图 12.8　中国联通(600050)的长、中、短期趋势线

　　趋势线简单、易学，但它对大盘和个股的中长期走势却有着相当重要的作用。股市有句名言：“不要与趋势抗衡”，就是说，要顺应潮流，跟着趋势走。所以在股市中，只有看清大势(长期趋势)，分清中期趋势，不为短期趋势的反向波动所困惑，才能成为真正的股市赢家。

　　趋势线对后市的股价起约束作用，上升趋势线可以支撑股价的上涨；下降趋势线对股价起压制作用。当趋势线被突破后，股价下一步的走势将沿新的趋势线运行，原有趋势线的作用会转换。上升趋势线的作用如图 12.9 所示。下降趋势线的作用如图 12.10 所示。

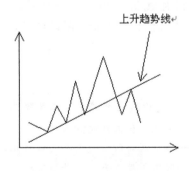

图 12.9　上升趋势线的作用

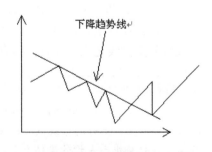

图 12.10　下降趋势线的作用

12.2.2 上升趋势线的实战技巧

股价探出底部后，开始震荡上升，连接两个关键低点，就可以绘制一条上升趋势线。图 12.11 是华能国际(600011)的日 K 线图，该股股价探明底部后，开始震荡上升，利用震荡上升中的 A 和 B 两个低点，绘制上升趋势线。股价在震荡上升过程中，在 C 处回调受到上升趋势线的支撑，所以在 C 处，可以逢低加仓。

图 12.11 华能国际(600011)的日 K 线图

按下键盘上的"→"键，向右移动华能国际的日 K 线图，如图 12.12 所示。

在 D 处、E 处和 F 处，股价受到上升趋势线的支撑而止跌上升，所以这三处都是不错的加仓点。在这里要说明一下，在 D 处，股价在盘中多次击破上升趋势线，但到收盘时又收到支撑线之上，并且支撑有效。

按下键盘上的"→"键，向右移动华能国际的日 K 线图，如图 12.13 所示。

图 12.12　向右移动日 K 线图

图 12.13　华能国际(600011)的日 K 线图

在 A 处，股价又受到上升趋势线的支撑，在这里可以加仓。然后股价又开始震荡上升，为了更好地利用上升趋势线，这里就要绘制快速上升趋势，即利用 A 和 B 两个低点绘制快速上升趋势线。

在 C 处，股价受到快速上升趋势线的支撑，所以是不错的加仓点。在 D 处，股价经过快速下跌，在 D 处受到快速上升趋势线的支撑，所以 D 处也是不错的加仓点。在 E 处，股价突破了快速上升趋势线，但还在慢速上升趋势线上方，所以中长期投资者可以耐心持股再观察行情的发展，如果获利丰厚也可以减少一些仓位。

按下键盘上的"→"键，向右移动华能国际的日 K 线图，如图 12.14 所示。

通过其后走势可以看出，在 A 处，短线投资者应该出场，在 B 处，中长期投资者应该出场。当然在这里只绘制了两条上升趋势线，投资者在实战操作中，可以绘制多条上升趋势线，然后根据股价其后走势来判断趋势线是否有效，如果无效，则可以删除，如果有效则要保留。

图 12.14　向右移动日 K 线图

12.2.3　下降趋势线的实战技巧

股价经过大幅上涨，在高位震荡后，就开始快速下跌，然后出现反弹但反弹高点一次比一次低，就形成下降趋势。连接两个关键高点，就可以绘制一条下降趋势线。

图 12.15 所示是南方航空(600029)的日 K 线图，主力在顶部出了大部分筹码后，开始进入下降趋势，利用 A 和 B 两个高点，绘制下降趋势线。

图 12.15　南方航空(600029)的日 K 线图

在 C 处和 D 处，股价在反弹中高点都受到下降趋势线的压制，即股价没有突破下降趋势线，所以在 C 处和 D 处都是不错的卖出时机。

按下键盘上的"→"键，向右移动南方航空的日 K 线图，如图 12.16 所示。在 A 处，股价沿着下降趋势线下跌，最后股价突破了下降趋势线，表明该趋势线对股价已没有压制作用，反而转为支撑作用，在 B 处，股价下跌到趋势线时就受到了支撑，这就是趋势线由压力线变成支撑线。

图 12.16　向右移动南方航空的日 K 线图

下面再来绘制新的下降趋势线，即利用 A 处和 B 处的高点绘制，如图 12.17 所示。

图 12.17　绘制新的下降趋势线趋势线

在 C 处和 D 处，股价都受到新的下降趋势线的压制，而在 E 处，股价突破了新

的下降趋势线，从而开始了新的上涨周期。

> **提醒** 下降趋势线被有效突破的条件有三条：一是出现在跌势中；二是股票的收盘价与下降趋势线破位处的上涨差幅至少 3%；三是价格在下降趋势线上方收盘的时间在 3 天以上。下降趋势线被有效突破后，该下降趋势线对价格就失去压制作用，并且该下降趋势线由压制作用转变成支撑作用，即阻止价格再度下降。下降趋势线被有效突破后，形势开始对多方有利，所以投资者应随时做好进场准备。

12.2.4　趋势线的修正

原有趋势线往往要经过多次检验才能知道是否有效，因而存在一个需要修正趋势线的问题。由于不同的投资者对趋势线的理解和对价格突破的判断不尽相同，所以对趋势线的修正也不是完全相同的。

对于趋势线的修正，先要看它属于上升趋势还是下降趋势。对于处于上升趋势的趋势线，如果原趋势线连在两个低点上，假使股价在第三次回调时曾击破该趋势线，但又回到趋势线上，则说明该趋势线需要被修改，我们可以从第一个低点到第三个低点连线，也可以从第二个低点到第三个低点连线，至于用哪一根连线正确，则要看股价的第四次回落点；如果原趋势线已经在第三次或第四次股价回调时获得了稳定的支撑验证，那么之后偶尔有一次的价格回调过了头，又冲到原趋势线之上，该趋势线仍然有效，冲过头的股价可以看作是假突破，可忽略。

> **提醒** 市场上总是有几种不同时间段的趋势并存，所以就会存在很多条趋势线，有经验的投资者会不断在图表中绘制各种趋势线，只要两个价格低点或高点有关联，就不会放过。在后续的观察中，他们还会去掉无用的趋势线，重新画出临时的趋势线，并保留有用的趋势线，同时用不同的颜色加以区分。

12.3　通道线的实战技巧

通道线，又称管道线，是在趋势线的反方向画一根与趋势线平行的直线，使该直线穿过近期价格的最高点或最低点。这两条线将价格夹在中间运行，有明显的管道或通道形状，如图 12.18 所示。

通道的主要作用是限制价格的变动范围，让它不能变得太离谱。通道一旦得到确认，那么价格将在这个通道里变动。如果通道线被价格有效突破，往往意味着趋势将有一个较大的变化。当通道线被价格突破后，趋势上升的速度或下降的速度会加快，会出现新的价格高点或低点，原有的趋势线就会失去作用，要重新依据价格新高或新低画趋势线和管道线。

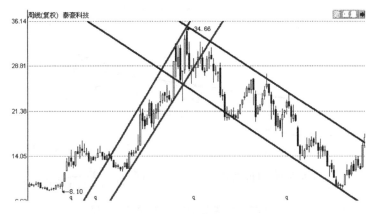

图 12.18　通道线

　　在上升趋势中，价格上涨到通道线的上边压力线时，可以减仓，然后等回调到通道线的下边支撑线时再加仓，如图 12.19 所示。

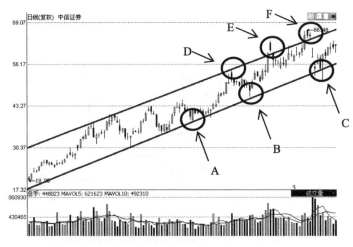

图 12.19　中信证券(600030)的日 K 线图

　　其中 A 处、B 处和 C 处都是较好的加仓点，而 D 处、E 处、F 处都是较好的减仓点。通道线被价格突破后，往往不会发生价格反抽现象，即通道线不起到支持回抽动运的作用。当价格突破通道线后，要么一飞冲天，要么会迅速跌回趋势通道中，而不会在通道线附近做任何停留。图 12.19 中的 E 处和 F 处都是股价突破通道线后，迅速跌回趋势通道中。图 12.20 是招商银行(600036)的日 K 线图，其股价突破通道线后一

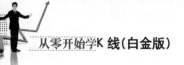

飞冲天。

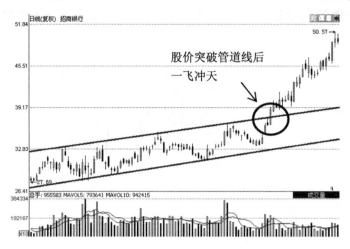

图 12.20　招商银行(600036)的日 K 线图

在下降趋势中，价格上涨到通道线的上边压力线时，要果断出局，然后等回调到通道线的下边支撑线时尽量不加仓，如果是快速下跌，可以利用少量资金搏反弹，如图 12.21 所示。

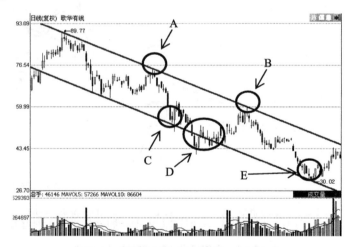

图 12.21　歌华有线(600037)的日 K 线图

在 A 处和 B 处，即在股价的反弹高点是卖出的好时机，而在 C 处、D 处和 E 处，原则上是不要参与，如果你已成为短线高手，则可以利用少量资金做快进快出的反弹行情，不过风险很大，因为下降趋势中的通道线往往起不到支撑作用，常常被价格迅速跌破。

> **提醒**　通道线与趋势线是相互作用的一对线条，先有趋势线，再有通道线，但趋势线比通道线重要的多，也更为可靠。同时，趋势线可独立存在，而通道线则不可以独立存在。

12.4　支撑线和压力线的应用

支撑线又称抵抗线，是指价格跌到某个价位附近时，价格停止下跌甚至回升。所以支撑线起到阻止价格继续下跌的作用。支撑线是价格运行 K 线图形上每一谷底最低点之间的切线，意思是价格在此线附近具有相当高的买进意愿，如图 12.22 所示。

图 12.22　保利地产(600048)的日 K 线图

压力线又称阻力线，是指价格上涨到某个价位附近时，价格停止上涨甚至回落。压力线起到阻止价格继续上涨的作用。压力线是价格运行 K 线图形上每一波峰最高点之间的切线，如图 12.23 所示。

支撑线和压力线是趋势分析的重要方法，其形成原因一般为价格在某个区域内上下波动，并且在该区域内累积了比较大的成交量，那么价格冲过或跌破该区域后，该区域自然成为价格的支撑线或压力线。注意，当压力线一旦被突破，便会成为下一个跌势的支撑线；而支撑线一经跌破，将会成为下一个涨势的压力线。

支撑线和压力线并不是仅产生于成交密集区的。当行情恢复到上一波大涨或大跌行情的 50%左右时，会稍加休息，即在这个区间产生一支撑线，这是大多数投资者的心理因素所致，是技术上的卖出、买入价位。此外，投资者会自觉将当前价格与过去曾经出现的价格进行对比，所以阶段性的最低价位和最高价位往往也是投资者的心理

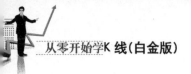

支撑线和压力线。

图 12.23　中国联通(600050)的日 K 线图

由于支撑线可以使价格停止下跌，压力线可以使价格停止上涨，当形成支撑线和阻力线后，投资者可预测未来价格涨跌的界限和区间。

支撑线和压力线被有效突破是长期趋势、中期趋势将发生变化的重要信号。支撑线和压力线之间存在互换的规律，其形成原因主要在于投资者的心理因素。压力线一旦被冲过，便成为下一个跌势的支撑线；而支撑线一经跌破，将会成为下一个涨势的压力线。

压力线转换成支撑线如图 12.24 所示。支撑线转换成压力线如图 12.25 所示。

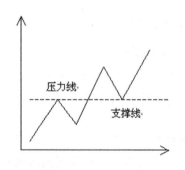

图 12.24　压力线转换成支撑线

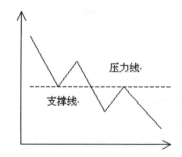

图 12.25　支撑线转换成压力线

12.5　黄金分割线的实战技巧

黄金分割线可以用来预测市场价格回撤或反弹的空间，是证券市场主要的切线分析手段之一。黄金分割线源于一组奇异的数字组合，即 1、2、3、5、8、13、55、89、144……，任何一个数字都是前两个数字的和，如：2=1+1，3=2+1，5=3+2；13=8+5。

这一组数字的任一个数字与相邻的后一个数字之比，均趋向于 0.618，而与相邻的前一个数字之比，则约等于 1.618。这组数字称为神秘数字，而 0.618 和 1.618 就叫黄金分割率。黄金分割率的基本公式是将 1 分割成 0.618 和 0.382。

图 12.26 是东风汽车(600006)的日 K 线图。单击工具箱中的 按钮，弹出画线工具箱，然后单击水平黄金分割按钮 ，以 2009 年 9 月 29 日产生的低点为起点，以 2009 年 11 月 24 日产生的高点为终点绘制水平黄金分割线。

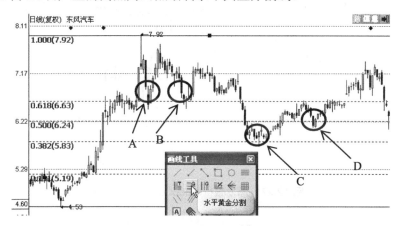

图 12.26　东风汽车(600006)的日 K 线图

股价第一次快速回调，即在 A 处止跌，回调到 0.618 处受到支撑，然后快速上涨，再次回调到 0.618 处受到支撑，第三次回调，连续快速跌破 0.618 和 0.5 处支撑，下到 0.382 处才受到支撑，然后反弹，再回调，在 0.5 处受到支撑。

12.6　百分比回撤线的实战技巧

百分比回撤线考虑问题的出发点是投资者的心理因素。当股价持续向上时，肯定会遇到压力，遇到压力后就要向下回撤，对于股价回撤时停留的位置，大致会有 10 个，它们分别是：1/8=12.5%处，2/8=25%处，1/3=33%处，3/8=312.5%处，4/8=50%处，5/8=62.5%处，2/3=67%处，6/8=75%处，7/8=8312.5%处，8/8=100%处。

以 10 个百分比数字来使股价获得支撑，主要是依据人们的心理猜测，如果股价回撤不到 1/3，投资者常常认为回调的力度不够；如果股价回撤达到 1/2 时，投资者常常认为回调差不多了；如果股价回撤到 2/3 时，投资者常认为已是深幅回调了。投

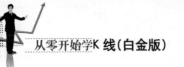

资者就是在这种认识和预测下展开了行动，并带动股价的调整变化。

　　图 12.27 是浦发银行(600000)的月 K 线图。单击工具箱中的 按钮，弹出画线工具箱，然后单击调整百分比按钮 ，以 2005 年 6 月产生的低点为起点，以 2008 年 1 月产生的高点为终点绘制百分比回撤线，这里只显示了 0.25、0.5 和 0.75 回撤线。

　　通过图 12.27 可以看出，股价在 75%到 100%之间形成了尖顶，然后开始快速下跌，在 50%处受到了支撑，经过 3 个月左右的反弹，最终跌破该支撑线，接着又快速下跌，在 25%左右处止跌并开始快速反弹，反弹到 75%处受到了压制，然后快速回调，在 50%处再次受到了支撑，然后又开始盘整。

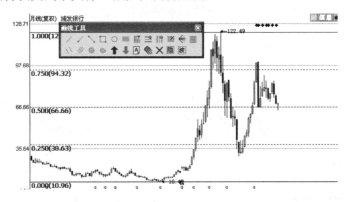

图 12.27　浦发银行(600000)的月 K 线图

第 13 章

K 线与跟庄的实战技巧

　　山，有仙则名；水，有龙则灵。股票有庄则涨，无庄则不
起风浪。在当今股市，散户投资者就是在跟庄炒股，有庄家，
股票才会造题材、编题材、挖题材，否则股市就是一潭死水。

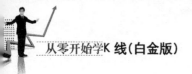
13.1 初识庄家

股市中的庄家，是市场中的绝对主力，其资金雄厚、信息通畅、纪律严明、技术高超，完全有能力并且常常把散户玩弄于股掌之间。跟着庄家炒股，首先要了解庄家，了解他们的过去，他们的炒股手法，这样才能与他们为伍，才能与他们共舞。

13.1.1 庄家的历史

在中国 20 年来的股市发展史上，可以说是一部庄家的演变史，是一部散户与庄家斗智斗勇的角逐史，也是一部管理层对庄家的监控史。投资者要想在股市生存并获利，就要对过去庄家的坐庄形式、赢利模式进行了解，因为现在很多主力的操作方法都是从那里转变而来的，甚至一些操盘手还是按原来的方法来操作的。

1) 大户坐庄时代

大户坐庄的时间段为 1990～1995 年，资金规模 2000 万～4000 万元，坐庄模式为联手坐庄或短庄模式，这种坐庄模式由于跟不上时代，已被市场淘汰。

2) 券商坐庄时代

券商坐庄的时间段为 1996～2002 年，资金规模达几亿到几十亿元，坐庄模式为委托理财或长短庄模式，由于老鼠仓众多、委托理财亏损、国债回购巨大等原因，造成资金链断裂，全面亏损，被政府整顿。

3) 大户游资坐庄时代

大户游资坐庄的时间段为 2002～2006 年，资金规模从几千万到几亿元不等，坐庄模式为涨停模式和超级短庄模式，由于市场资源有限，竞争者众多，特别是 2006 年牛市来临后，被市场淘汰。

4) 基金联合坐庄时代

基金联合坐庄是最近几年最常见的坐庄方式，其风光时间为从 2006 年一直持续到 2008 年初的大牛市，资金规模从几亿到几百亿元，坐庄模式为联合坐庄、价值投资、中长线模式，但随着 2008 年熊市的来临，严重打击了基金维持了两年的价值投资神话。

13.1.2 庄家的分类

按持股时间来分，庄家可分为短庄、中庄和长庄。

(1) 短庄。短庄运作周期从 2 天到 30 天不等，重势、重概念、重技术形态、持仓量少、严格止损是这类庄家的鲜明特征。一般控盘程度为 1%～10%，建仓时间为 1～10 天。

(2) 中庄。中庄运作周期大致是一波中级上升趋势的始末时间，在牛市中可能是 3～6 个月，在熊市反弹周期时可能是 1～2 个月，一般控盘程度为 10%～30%，建仓时间为 10～30 天。

(3) 长庄。长庄运作周期大致为一个牛市的始末时间，甚至只要上市公司基本面没有恶化，就有可能长期持股并做少量的波段性操作。一般控盘程度为 10%～50%，建仓时间为 1～12 个月。

按庄家联合的数量来分，庄家可分单独庄和合伙庄。

(1) 单独庄。单独庄是指一个庄家独占目标个股，其控盘程度在 30%～70%之间，一般这类庄家实力强大，控盘能力高，所控制的股价走势比较有规律。

(2) 合伙庄。合伙庄是指两个或两个以上的庄家共同坐庄，既然是共同看好，那么其所控制的股票基本面往往不错，流通盘比较大，有长久的市场吸引力。

按入庄时间来分，庄家可分新庄和老庄。

(1) 新庄。新庄是指第一次入驻目标股的庄家，一般来说，他们往往会介入刚上市的新股，或老庄已撤出很久的个股。

(2) 老庄。老庄是相对于新庄来说的，是指已经进驻目标股的庄家，他们对个股的股性比较清楚，对股价走势也往往把握得较好。

按股价走势来分，庄家分为强庄和弱庄。

(1) 强庄。强庄是指那些资金实力雄厚、控盘程度较高、使股价走势常常特立独行且明显强于大盘的庄家。一般来说，强庄所控制的股票往往具有良好的基本面，因而庄家有信心独来独往。

(2) 弱庄。弱庄是指那些资金实力较弱、对大盘或个股缺乏信心、主要靠做波段操作来赚取利润的庄家。这类庄家所控制的股票不易分出好坏，但基本上都要看大盘的“脸色”行事。

按庄家驻留情况来分，可分为常驻庄和游走庄。

(1) 常驻庄。常驻庄是指那些常年累月驻守于目标股中做高抛低吸动作的庄家。这类庄家往往对目标股比较熟悉，只关注大盘的状况，只要有机会就会在目标股上赚取差价。

(2) 游走庄。游走庄是指那些到处攻击个股的庄家，其常常在市场出现爆发行情或题材行情时瞄准一只股票做足一次，之后打一枪换一个地方，经常转换个股目标。

13.1.3　庄家的组成

庄家是由一群人员组成的团队，并且内部人员分工明确，根据不同的人员承担的

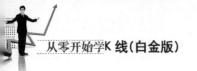

任务和职责的不同，可分六类成员，分别是总管、调研人员、公关人员、资金调度人员、操盘手和下单员。注意每一类成员都可能是一个小组。

1) 总管

主要职责是主持整体的做庄过程，把握大局，起着决策和主导的作用，是庄家的核心，贯穿于整个做庄的始终。其决策包括选股、进庄时间、持仓数量、操作说明、出货方式、资金调度和人员安排等。

2) 调研人员

主要职责是与上市公司进行沟通。通过调查、分析、归纳，提出一部分有价值的建议和意见，并做进一步的研究，给总管提出防范风险的措施。这就是为什么许多股在没拉升前庄家能够提前进去，然后突然出现利好消息，连续拉升涨停的原因。如2008 年连续拉 35 个涨停板的 ST 长运(现在改名为西南证券，其代码为 600369)，如图 13.1 所示。

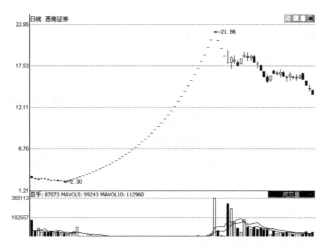

图 13.1　连续拉 35 个涨停板的 ST 长运

这些消息提前被庄家和上市公司知道，并且封锁位，是不可能被外面的人知道的。调研人员想办法得到这些宝贵的消息后，立即汇报给总管，然后总管果断做出计划。

3) 公关人员

公关人员是由庄家派出的外交人员，他们接触形形色色的各种人员，包括上市公司、咨询公司、电台、散户、大户、股评、传媒等，以此来贯彻和执行总管的意图。很多消息的发布和散布都是由这些人员来做的。平时，散户也会偶尔得到一些庄家的消息，都是他们故意放出来的。所以要想在股市中生存，认认真真做好看盘分析，耳朵不要太长，否则很容易上当的。

4)　资金调度人员

资金是做庄过程中的血脉，如果资金链断裂，必然会带来严重的后果。庄家为保证资金充足，要有专人与银行打交道，保持与金融界的联系。

> **提醒**　股市就是金钱游戏，钱决定了股票的"牛"与"熊"。如果资金充足，则会是大牛市；如果资金收缩，则只能是牛皮市或熊市。

5)　操盘手

操盘手是重要的人物，是按照总管的要求进行现场买卖操作的人员。操盘手水平的高低直接影响股价走势，其作用是相当大的。操盘手的水平是有差距的，确实有高手，也有水平一般的。操盘手就如大饭店中的大厨，如果没有好的大厨，饭店早晚都得关门的。投资者要好好学习技术，这样就可以与操盘手和谐相处，实现股市获利。

6)　下单员

下单员是负责按照总管及操盘手的思路来负责具体操作的人。他们的工作很简单，会打字即可胜任。

13.2　庄家准备阶段

准备阶段，也称为布局阶段，良好的开头是成功的一半。庄家在坐庄之前会认真研究，精心布局，这样才能在整个坐庄过程中运筹帷幄、成竹在胸。

13.2.1　准备阶段的常识

庄家在准备阶段要了解基本常识，即筹码常识、利润常识、消息常识。

1)　筹码常识

在股市中，流通盘也称为筹码，因为一旦庄家买进后，就有了和市场谈价格的筹码。无论个股的流通盘有多少，一般来说，里面都会有 20%的筹码是很难出售的，可能是持有者看好中国经济的长期发展，也可能被上市公司大股东长期锁死，甚至可能是被购买者买入后忘记了。最活跃的浮动筹码往往占据总筹码的 30%左右，而坚持中长线投资的投资者有 50%。

在中长线投资的 50%筹码中，有 20%的筹码属于长线持有，不到公司出现基本面恶化的情况就不会抛售的；有 20%的筹码会在股价大幅上涨时不断卖出；另外 10%的筹码则在股票持续下跌时才会不断卖出。筹码分布如图 13.2 所示。

如果庄家在底部反复震荡盘整，可以收集最活跃的 30%短线浮动筹码，这样加上长期锁定的筹码，就有 50%了，再加上长期筹码，就达到 70%了，然后拉升股价，就可以获得一部分上涨卖出的筹码，但相对来说抛压很轻。另外庄家通过洗盘，可以将上涨卖出筹码(占 20%)吃掉一部分，另一部分让跟风者吃进，这样就可以提高持仓成本。总之，只要庄家控制了 30%的筹码，基本上就可以控制股价的走势；如果控制了 50%的筹码，就是高度控盘了，庄家可以轻松操纵股价走势。

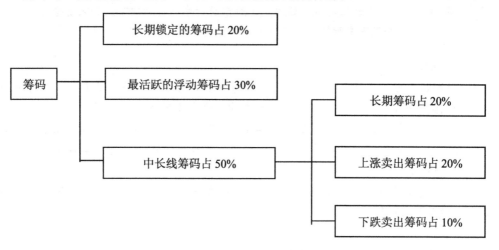

图 13.2　筹码分布

2) 利润常识

庄家坐庄是为了获利，下面来计算一个庄家的获利情况。假设庄家累计借入 1 亿资金开始坐庄，在某只股票的最低买入价为 10 元时吃进，炒到 20 元时出货，这时散户会认为其获利达 100%，其实并不是这样。庄家建仓是一个区域，可能在 10～11 元之间，然后再拉升股价，往往会使持筹的平均成本抬高到 12 元，而庄家在出货时，又往往会使筹码的平均售价压低到 18 元；掐头去尾，庄家在每股上的实际收益只有 6 元，即获毛利润为 50%，另外，在坐庄过程中，吸筹、洗盘、震仓、拉升和出货等环节要消耗大量的印花税和交易佣金，该成本一般占投资金额的 10%，并且在坐庄期间要有宣传、与上市公司合作的成本、雇用劳动力的成本、经营场所的必要开支等，往往也会占去资金的 10%，而中线庄家完成坐庄需要一年时间，要付借款利息，这又要占资金的 10%。

可见，股价翻倍，庄家得到的净利率只有 20%，这还不如一些传统生意上的投资回报率。所以控盘程度达到 30%时，股价上涨 100%的幅度是最低拉升目标，否则难以保本。如果市场差，庄家连 20%都保不住，也有可能承担证监会查处的风险，无法顺利出局，从而造成亏损。

3) 消息常识

庄家在进场时，所有消息都被严格封锁，通常只有总管和操盘手知道，甚至连他们的团队都不会全知道。但是在庄股即将出货的前期，将大量的消息散发出去却成为庄家的一项重要工作。因为中国的股市还脱离不了政策市和消息市的影响，大量的投资者在到处打听小消息，并以此做为自己买卖股票的决策依据。庄家在发布消息时，往往相当讲究，懂得在什么时间、什么价位、什么场合发部消息，对什么人发布什么消息，并能预知消息影响力的大小。

　　一般来说，先由主管和操盘手传递给内部人员，他们会有一半的获利空间；再传递给各方面的关系户，如重要客户、上级领导等，他们也会有一定的获利空间；再传给关系大户和股评人士，使他们获得一点甜头，以巩固继续合作的关系；最后通过媒体及上述人员传递给社会公众，等他们进场时，往往已经是庄家最后冲刺的阶段，庄家出货的是由他们来承接的。

> **提醒**　如果散户无意间得到庄股消息，最好分清其来源，警惕其真实性、实效性和价值大小，如果盲目相信，可能会吃大亏。

13.2.2　资金的安排

　　资金是庄家坐庄时所面临的首要问题，也是庄家在市场中获取利润的工具，整个坐庄过程就是围绕资金和股票不断循环的过程。一般来说，坐庄资金少则几千万，多则数十亿元，资金安排具体分三部分，如图 13.3 所示。

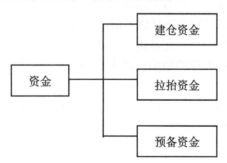

图 13.3　资金的安排

　　1)　建仓资金

　　建仓资金是庄家在股价处于低位区间用来购买股票所花费的资金，它一般是庄家的自有资金。在建仓阶段，建仓资金将全部转换为股票，也只有在庄家有了足够多的低价股票之后，才容易以此为筹码从外部筹集到更多的运作资金。

　　一般而言，建仓的时间要以庄家的控盘程度而定，控盘程度深的建仓时间往往比较长，反之，则较短，但还要看市场持筹者的稳定程度；而控盘程度又与建仓资金息息相关，控盘程度越深所需的建仓资金就越多，反之，则较少。

2) 拉抬资金

拉抬资金是庄家在推高股价的过程中所花费的资金。当庄家在个股中拥有了大部分流通股之后，是可以计算出拉抬资金的。拉抬资金所承接的股票就是那些少量的外部流动筹码，因此拉抬资金的数额一般不会特别大。庄家在拉抬股价的时候往往需要环境配合，但拉抬时间一般短于建仓时间，甚至只有几天到十几天。从资金的性质来说，拉抬资金可以是庄家的自有资金，也可以是拆借而来的资金，常常在资金与股票这两种形态里转变，以高抛低吸的方式拉升股价。

对于同时坐庄几只股票的庄家来说，拉抬资金就需要讲究效率了。如果庄家炒作的几只股票属于同一板块，那么拉抬资金就会有一个比例分配的问题，因为只有同时拉升股价才能看到板块联动的效应；如果庄家炒作的是几只不在同一板块里的股票，那么拉抬资金可全力拉高一只股票后，再撤出来去拉下一只股票，实现一笔资金轮番拉抬的目的。

3) 预备资金

预备资金是指庄家在坐庄过程中为预防突发性危机而准备的资金。这笔资金数量一般较少，没有特殊情况发生，庄家一般不会动用。由于是预备性资金，所以这笔资金可能从头至尾都派不上用场，但如果庄家没有这笔资金，其整坐庄心理和操作策略都将受到一定的影响。

投资者还要明白，资金的性质往往会导致庄股的运动表现截然不同。如果是自有资金，那么庄家往往敢做长庄，目标股常常表现为"慢牛"形态，以缓慢推升为主；如果是拆借资金，则庄家多数会选择做短线、中线，目标股常常会大起大落。

另外，庄家如何分配资金也往往决定了庄股的表现方式。如果筹码锁定多而流动资金少，庄家就不会利用股价的短期波动来挣钱，所以股价就没有短期的暴涨暴跌现象，即使一路上涨也往往不会引起市场的注意。如果庄家不想当长庄，就会把资金用于短炒，故而拉抬资金充裕，个股涨势迅猛，但涨得快跌得也快，经过一段时间之后，股价从哪里来又回到哪里。

13.2.3　坐庄的过程

股票也是商品，所以庄家坐庄与商人做生意是类似的，即低买高卖，赚取差价。和商人不同的是，庄家所在的市场是一个"零和"市场，有人得到股票，就必然有人失去股票，有人赚钱，就必然有人亏钱，所以欺骗性将贯穿整个坐庄过程。一般来说，可分五步，分别是试盘、建仓、拉高、洗盘、出货。但进一步可细分为建仓前试盘、建仓、拉升前试盘、洗盘、拉升、再次洗盘、再次试盘、再次拉升、第三次洗盘、第三次试盘、第三次拉升、出货、反弹出货、快速出货、扫尾。这是一个较完整、标准化的坐庄过程，也是过去经典的操盘模式。

在坐庄的每一个阶段，庄家都有其侧重点，如建仓有时间和价格区间上的限制，同时要尽可能地隐蔽；试盘要能测试出抛盘的大小和跟风盘的多少；洗盘要洗掉跟风筹码，做最后的筹码搜集工作；拉升要快速脱离成本区，使跟风者难以介入；再次洗盘要做出样子，使获利筹码出局并促使新的跟风者介入；再次拉升时间要快，但每个交易日要给跟风者介入时机，以继续提高市场持有者的平均成本；出货要猛烈快速，动作要干净利落；反弹出货是供一波或几波反弹，进一步在高价位出货；快速出货是指股价在高位反复震荡，不能创出新高，散户意识到头部已现，于是庄家往往先下手为强，一路向下砸盘出货；扫尾是指散户远远甩在高位后，竞争出局的人少了，只要庄家不出货便会有反弹，因为有短线抢反弹者，这过程中，庄家把仅有一点筹码抛给抢反弹者。

前面是标准的流程，而在实际运用中，很可能吸、拉、洗同时进行，也可能是缓慢出货和快速砸盘夹杂着进行，使坐庄的步骤变得模糊不清。这是因为市场在变化，主力利用操盘技巧来模糊市场的观察，从而使散户失去判断能力。另外，长短庄、强弱庄的操盘风格也使坐庄过程变得复杂，但无论庄家采取什么方法，总离不开建仓、拉升、出货这三个阶段，这是庄家坐庄的三部曲。

13.2.4　坐庄的计划

庄家在股市中坐庄，会事先有一个尽可能周密的操作计划，具体内容如下。

(1) 选股。根据大市环境和对上市公司的调研，选择坐庄的目标股，可能是一只，也可能是多只。

(2) 准备坐庄资金。坐庄资金包括庄家利用各种方法可得到的资金，如自筹资金、融资资金等，这些资金要能及时到位。

(3) 运作周期。计划从建仓到出局的整个过程时间，包括建仓、试盘、洗盘、拉升和出货等时间上的安排。

(4) 确定控筹程度。根据选中目标股流通盘的大小，确定需要控制流通盘的比例，该比例和资金是相关的。

(5) 预估目标价位。要事先预估出将股票炒到哪一个目标价位，以符合坐庄的赢利目标和拟订的投资回报率。

(6) 拟定操盘手法。要在何时通过怎样的操作图形、怎样的关联配合、怎样的途径、怎样的宣传来实现坐庄目的。

(7) 制定预防措施。股市是一个高风险、常出意外的市场，因而必须在坐庄前确定应急措施，制订应急方案，以防不测。

这主要是中长庄的坐庄计划，短庄由于介入程度不深，常常顺势而为。另外，坐庄计划也不是一成不变的，可以根据市场变化及时调整。

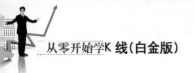

13.2.5　坐庄的时机

在股市中，择时是相当重要的，可以说如果选不对时机，就不可能坐庄成功。庄家在坐庄时，选择的时机具体如下。

(1) 在熊市末期入庄。在熊市刚开始时，庄家是不会进场的，只有等到跌无可跌的熊市末期，同时宏观经济和股市政策有回暖迹象时，庄家才会逢低吸纳。此时庄家所收集的筹码，几乎就是市场的底部筹码。

(2) 在大行情来临时入庄。当大行情来临时，庄家为了及时进场做庄，常常故意发布个股利空消息，从而大量吃货，开始建仓。

(3) 大行情继续时，在市场调整时入庄。如果大行情发动已久，那么优质个股往往都被主力机构占有，于是有眼光的庄家就会利用市场上升途中的调整进行建仓，而后随大势继续拉抬股价。

(4) 在熊市中，当个股严重超跌时入庄。在熊市中，如果股价下跌幅度超过了50%，就被视为严重超跌，通常市场都会出现反弹行情。一些短庄就会乘机入场，其锁空的往往是那些价格偏低、跌速过快的个股。

(5) 在上市公司有重大改观但尚未被市场发现时入庄。选股对坐庄来说是很重要的，庄家在入场之有通常会对目标股进行详细的调研，甚至去上市公司做实地调查和市场摸底，他们特别喜欢那些上市公司基本面有重大改观但尚未被市场发现的个股，这样，一旦利好被市场发现，自己就可以被人抬轿了。

(6) 在新股入市时入庄。新股上市时，往往还没有庄家介入，也没有套牢盘，且当日抛盘汹涌而股价定位模糊，同时新股还具有公积金高、流通盘小、股本扩张能力强等优点，于是庄家往往会介入那些市场前景好同时市盈率比较合理的个股。他们可以做长线，也可以做短线，但多数庄家都是个股的主承销商，他们知道个股的底细，同时手中也可能持有部分承销不出去的股票。

13.3　庄家试盘的实战技巧

股价大幅下跌后，在各种市场环境初步具备发动上涨行情的条件下，庄家就会选择合适的目标股进行坐庄。

13.3.1　试盘的作用

坐庄的第一阶段是建仓，但在建仓之前要先试一下盘，具体原因有以下三点。

　　(1)　了解是否已有庄家。主力选中某股票后,首先通过试盘了解一下是否已有庄入驻,如果已有庄已入驻,一般主力就不会再加入,但也有可能通过协商进行换庄、联庄、助庄,如果两个庄家都互不相让,也可能出现抢庄的情况。

　　(2)　了解筹码分布情况。通过试盘,庄家可以了解上档套牢盘及获利盘的抛压轻重,了解下档场外买进盘的支撑力度。这样,庄家就可以大致了解到在合理的股价范围内,可以吃进多少筹码,从而制订出正确合理的建仓计划及后续的具体操作方案。

　　(3)　先买进少量用于打压股价的筹码。通过试盘,主力会先少量买进一些筹码,用来为下一步的正式建仓打压股价,通过抛售手中的筹码,向下压低股价,从而可以在更低的价位买进廉价筹码。所以在试盘时,成交量会突然放大,并且股价会有短暂的上升。

　　通过试盘,庄家可以决定是否按计划真正坐庄,如果成本过高,就会放弃坐庄,因为安全第一,获利第二。

13.3.2　向上试盘

　　庄家为了了解目标股的筹码锁定程度,要在毫无征兆的情况下突然将股价快速地拉升,然后让其自然回落以便测试盘中抛压情况。如果有大量抛盘,说明股价没有到底,可以向下打压,在下方可以吃进大量的便宜筹码;如果拉升时抛盘较少,则说明在该股价附近吃进大量筹码有些困难,就要加大收集成本,拉高股价建仓。

　　图 13.4 所示是美克股份(600337)的日 K 线和成交量,在 2006 年 10 月 12 日向上试盘,即突然拉出一根阳线,然后让其自由回落,从而形成一个长十字线。

图 13.4　美克股份(600337)的日 K 线和成交量

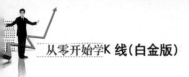

13.3.3　向下试盘

庄家为了了解市场对该目标股筹码的买进兴趣，在有准备的情况下用手中的少量筹码突然将股价向下大幅打低，以观察有多少恐慌盘吐出，或有多少场外买盘对该股有兴趣，从而确定日后建仓的打压极限。

图 13.5 所示是广州药业(600332)的日 K 线和成交量，在 2007 年 11 月 12 日向下试盘，即突然出现一根长长的下影线。

图 13.5　广州药业(600332)的日 K 线和成交量

提醒　判断是否是庄家试盘及至建仓的必要条件是：日 K 线图中的 30 日均线必段已经走平，或即将从下向上开始走平。

13.4　庄家建仓的实战技巧

通过试盘，如果目标股中没有庄家，符合建仓条件，那么主力就会开始有计划地建仓了。

13.4.1　庄家建仓的本质

主力开始坐庄某股的第一步就是建立必要的仓位。通过在低位吃进筹码，从而实现控股，为今后的出货尽可能打开空间，以完成"资金—筹码—资金"的转换套利过程。

　　主力坐庄的本质，就是实现"低买高卖"，不管操作手法多么复杂、操作手段多么高明、花样名堂再多，都是为这了实现这个目的。主力在建仓初期为了得到尽可能多的便宜筹码，常常采用迷惑、恐吓、诱骗的手段让散户抛出手中的筹码，如放出利空消息、K 线图不断出现见顶或卖出信号、均线出现假黄金交叉、放出假量、MACD 等技术指标出现卖出信号等。

　　所以在庄家建仓初期，投资者不要急于跟进，不然很容易被各种技术图形或利空消息洗出，有时就算明白主力的意图，也有可能由于庄家建仓时间过长，资金长时间没有收益，浪费大量时间成本，只好放弃操作，即逢高卖出，这样很可以放过一只有上涨潜力的股票。

13.4.2　横盘式建仓

　　股价经过长时间大幅度的下跌之后，庄家开始进场建仓，使得股价逐渐企稳，形成横向盘整格局。横盘式建仓在 K 线图中形成一个明显的平台或箱形底的形态，股价方向不明，并且时间较长，少则一两个月，多则半年甚至更长，如图 13.6 所示。

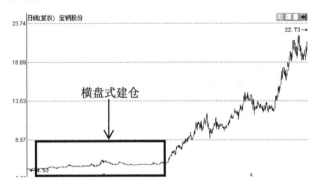

图 13.6　宝钢股份(600019)的日 K 线图

　　投资者要明白，在低位长期横盘的股票一旦启动，其涨幅往往也是十分惊人的，俗话说："横有多长，竖有多高"，所以对于中长期投资者来说，可以耐心选择这类型的建仓个股。

13.4.3　缓升式建仓

　　缓升式建仓，又称推高式建仓或边拉边吸式建仓。庄家采用这种方式，多是由于

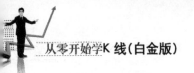
股价已被市场慢慢推高脱离底部，市场前景看好，投资者惜售，只能通过逐步推高进行筹码收集，在日K线图中表现为进二退一或进三退一，如图13.7所示。

由于庄家无法在相对底部吸到足够的筹码，因而成本较高，风险也相对较大。所以庄家在选股时必须配合丰富的市场题材，否则得不到市场的认同，将来根本没有获利派发的空间。

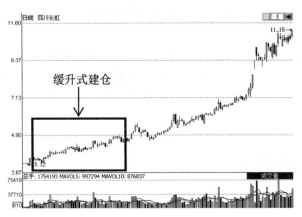

图13.7　四川长虹(600839)的日K线图

13.4.4　缓跌式建仓

缓跌式建仓，又称边打压边吸筹式建仓，这种手法多出现在冷门股或长期下跌的个股中，庄家在吸筹时常以缓跌的方式完成，因为这类股票已被市场忘记，在走势上阴气沉沉，呈小阴小阳下行，如图13.8所示。

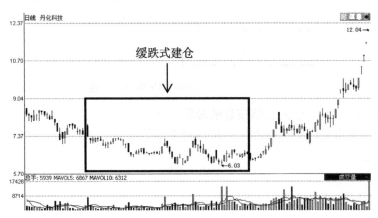

图13.8　丹化科技(600844)的日K线图

13.4.5　反弹式建仓

股价下跌到一个低点以后，无法在底部吸到足够的筹码，为了节省吸筹时间，就采用反弹式建仓，这是庄家利用投资者的"反弹出货""高抛低吸"的心理来实现的。当投资者在反弹的高点卖出手中的筹码后，股价略作回调，就开始大幅拉升行情，如图 13.9 所示。

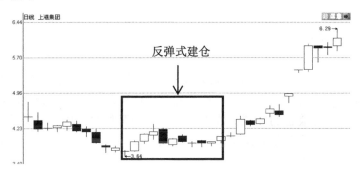

图 13.9　上港集团(600018)的日 K 线图

13.4.6　打压式建仓

打压式建仓这种吸筹方式，常常伴随着股价的暴涨暴跌行情，这时庄家手中已有少量的筹码，然后利用这些筹码进行不计成本的大幅打压，日 K 线图中往往出现直线式的暴跌的行情，导致散户心理崩溃，争先恐后地抛出筹码出逃，而庄家则将之一一笑纳，这种吸筹方式在大势调整时或利空出现时，常常被主力利用。这种建仓方式虽然跌幅较大，但在底部整理的时间一般不会太长，因为主力怕散户明白过来后与他们抢筹，如图 13.10 所示。

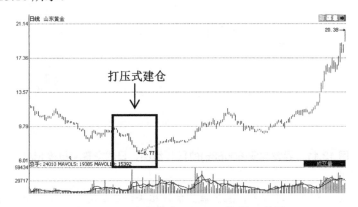

图 13.10　山东黄金(600547)的日 K 线图

13.5 庄家拉高的实战技巧

庄家在完成最初的原始仓位建立后，就开始拉升股价了，只有这样才可以将建仓投入的人力、财力连本带利地赚回，这是投资者最应关注参与的阶段。庄家拉高可以分为三个步骤，分别是初期拉高、中期拉高和最后拉高，下面来进行具体讲解。

13.5.1 初期拉高

原始仓位建立完毕后，庄家就将开始拉升股价，即第一波拉升，也叫作初期拉高。初期拉高的主要目的是为了使目标股的股价迅速地脱离原始仓位的成本区，进入一个相对安全、攻防兼备的区域。股市是一个变幻莫测的市场，大盘的系统性风险以及目标股的基本面风险都是无法预测的，所以需要尽快拉升一段利润以防不测，是建仓初步完成后的当务之急。

初期拉高还有一个目的，就是顺利再吃进一部分筹码，逐步完成中段仓位的建立。在初期拉高时期，所有的均线系统、指标系统都得以快速恢复，形成多头排列；成交量明显放大，这一来说明主力拉高扫货的决心，二来说明散户套牢者在长时间饱受折磨之后，看到股价突然大涨，纷纷出货。

图 13.11 所示是界龙实业(600836)的日 K 线图、日成交量和日线 MACD。

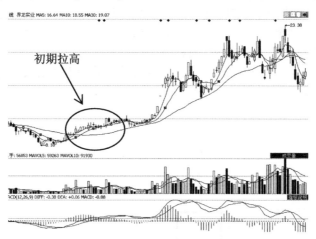

图 13.11 界龙实业(600836)的日 K 线图、日成交量和日线 MACD

 提醒 在初期拉升过程中，很多散户被洗出去，主要是对技术一知半解，一涨就怕。

13.5.2　中期拉高

在初期拉高完成后，庄家的仓位已进一步增加，就开始了中期拉高，即把股价拉到高位，以利于最后出货。

中期拉高的前半段，庄家还在吃货，再加上跟风盘的反复进出，成交量会温和放大，但到了后半段，成交量则会萎缩，这是因为浮筹已基本被洗完，庄家已能彻底控制流通筹码，而仓位也达到坐庄的预期目标，无须再多吃进，此时的股价上升凭借的是上冲力量。

图 13.12 所示是界龙实业(600836)的中期拉高过程的日 K 线图、日成交量和日线MACD。

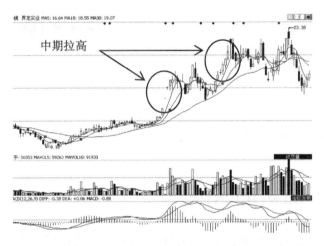

图 13.12　界龙实业(600836)的中期拉高过程

> **提醒**　在中期拉高过程中，如果出现放大量，投资者就要万分小心，警惕庄家提前出货。

13.5.3　最后拉高

通过中期拉高，目标股的股价已基本达到庄家的既定赢利目标，庄家接下来要做的就是进行最后阶段的冲刺，为其后的大规模出货做准备。最后拉高的唯一目的就是出货，这个阶段股价会被快速地拉升，很多散户都看红了眼，会心存幻想，舍不得卖出；没有筹码的散户这时也有追进去的冲动，如果追进去，就会被深深套牢。

在最后拉高时，如果成交量急剧放大，则主力出货的可能性极大，这时可不能认

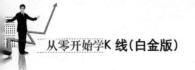

为"价升量增，后期看涨。"应该及时清仓出逃。

图 13.13 所示是界龙实业(600836)的最后拉高过程的日 K 线图、日成交量和日线 MACD。

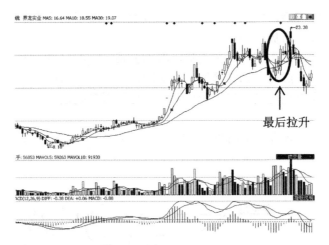

图 13.13 界龙实业(600836)的最后拉高过程

提醒 顶部放量是绝对危险的信号。

13.6 庄家出货的实战技巧

主力坐庄，就是为了赢利，所以当目标股升到一定价位后，庄家就会卖出手中的筹码，将巨大的账面利润转化为实实在在的收益。庄家出货是最重要的环节，也是最保密的环节，不可以有半点风声走露。所以，不能以市面上的各种消息来判断庄家是否在出货，只能凭多炒股经验和各种技术分析手段来判断。

庄家目标股的股价已涨到目标位，如果这时大势向好，庄家就会有条不紊地实施出货计划，这是最常见的一种出货方式。良好的大势，买进做多气氛相当重，庄家就悄悄地派发筹码。庄家在坐庄过程中，如果自身出现资金问题，就会直接拉升股价，即边拉升边出货，最后再反手再做空。如果大盘发生系统性风险或目标股基本面出现大的利空，只能放弃坐庄，这时庄家会采取不计成本的凶狠手法去砸盘出货，如 2007 年著名的"5·30"暴跌行情。尽管这种情况谁也不想看到，但面对大势，庄家为了保命，也会割肉出局。

根据大势的不同，庄家出货方式可分为 7 种，分别是拉高出货、涨停出货、缓攻出货、打压出货、小单缓跌出货、震荡出货和反弹出货。

13.6.1　拉高出货

拉高出货是使用频率最高的出货方式，实施这种出货方式时股价已超过目标价位 10% 以上，主力有足够的时间弄玩手段进行出货。操盘手先在高位吃进一些筹码并进行对倒放量，跟风盘看到盘口显示出的均为主动性买盘，想当然地会认为主力在买进拉升，风险不大，所以一般继续持股待涨或大胆加仓，其后庄家边拉边出，将筹码悄悄交给跟风盘。

庄家在高位是买入一些筹码，但在拉升过程中买进 5 万元的同时，会卖出 35 万元，利用这种少吃多卖的迷惑性手法来混淆散户的视线，以达到让散户在高位吃进的目的。拉高出货的特征是：在快速拉升之前，股价处于相对平稳的上升过程中，突然某一日或某几日出现快速拉升，并放出大量，然后几日形成横盘，成交量为量中平或量大平，并且股价重心开始下移。

图 13.14 所示是民生银行(600016)的日 K 线图和成交量，股价上涨一大段后，主力已拉到目标价位，然后快速拉高出货。

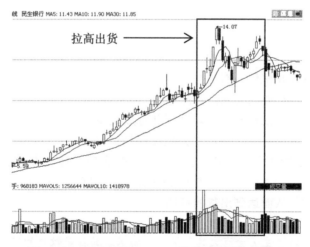

图 13.14　民生银行(600016)的日 K 线图和成交量

拉高出货的成功率很高，被庄家反复使用。图 13.15 是国电南瑞(600406)的日 K 线图和成交量，几个重要的头部都是通过拉高出货实现的。

提醒　拉高出货常见图形要熟记于心，如果股价击破快速拉升的起点价位，投资者一定要第一时间出逃。拉高后如果放出大量，特别是在高位盘整时出现量中平或量大平，投资者还是出逃为好。

反复使用拉高出货

图 13.15　国电南瑞(600406)的日 K 线图和成交量

13.6.2　涨停出货

涨停出货可理解为拉高出货的一种变形，其特点是，为了掩护主力出货，常常在一轮上升的最后阶段拉涨停，有时拉出一根，有时接连拉出多根，造成一种咄咄逼人的气势，让投资者看得血脉喷张，有冲进场的冲动。

如果股价已有一定涨幅时，出现涨停并且成交量较大，散户还是不进入较好，否则非常容易被套。有很多人认为，主力拉涨停是自己在买，而散户在卖，其实不然，大家想一下，自己手中的股票突然涨停，本来想卖的，还会继续卖吗？一般就不会了，会以为可能有什么大的利好，想再等等看。封涨停板，反而是主力利用优先交易的规则让散户吃进，从而达到出货的目的。

提醒　涨停时，主力会有大的买单，下面跟着的就是散户的买单，等散户买单多了，主力就悄悄撤掉自己最初挂的单，从而让下面的散户买进。

图 13.16 所示是力诺太阳(600885)的日 K 线图和成交量，该股连拉 3 根涨停，当时几乎无量，但紧接着一根 K 线，成交量突然放大，显示庄家在出货，特别是以后的几天盘整都是明显放量的，可以进一步确认为庄家出货。

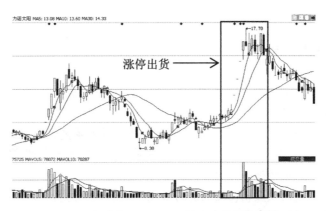

图 13.16　力诺太阳(600885)的日 K 线图和成交量

13.6.3　缓攻出货

缓攻出货也是拉高出货的一种变形。股价大幅上涨后，主力会在拉高出完第一批货后，再缓缓上攻进行出货。操盘手会在各个买盘位置全部堆砌上几百手或上千手大单，同时在卖盘的不同位置放上不显眼的卖单，并通过适当的操作技巧维持股价缓慢上升。

在大批买单的诱导下，会有不少投资者冲进场接盘，庄家就这样慢慢出货。图 13.17所示是双鹤药业(600062)的日 K 线图和成交量，该股在拉高出货后，又缓缓上攻，进行了长达 1 个月的缓缓上攻出货。

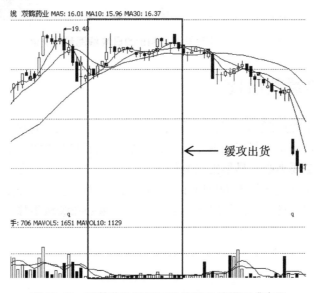

图 13.17　双鹤药业(600062)的日 K 线图和成交量

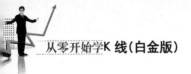

13.6.4　打压出货

庄家在大势不好或资金不允许的情况下，就不会再花较多时间玩弄技巧，而会采用简单粗暴的打压出货方式。

当股价拉到预期出货的区域，庄家便会在某一日大幅高开后立即出货，只要盘口中出现买盘就毫不手软地坚决砸掉，甚至杀到跌停。如果有短线投资者以为机会来了，杀进去做反弹，则会被高位套牢。

图 13.18 所示是自仪股份(600848)的日 K 线图和成交量，该股主力先拉出一个涨停，然后就高开进行打压出货。

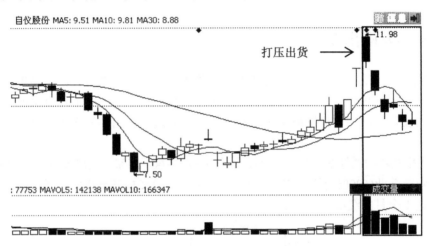

图 13.18　自仪股份(600848)的日 K 线图和成交量

13.6.5　小单缓跌出货

有些庄家由于做庄时间充裕，并且大势向好，股价拉到目标区域后，会采用小单缓跌的出货方式，即每天只卖出两千股、三千股，顶多也只卖八、九千股，碰到这种庄家，投资者一定要小心，早早出局为妙，这种股票跌起来没有尽头的。

图 13.19 所示是科达机电(600499)的日 K 线图和成交量，该股拉升到目标位后，就采取小单缓跌的出货方式，历时 5 个多月，股价重心在缓缓下移。

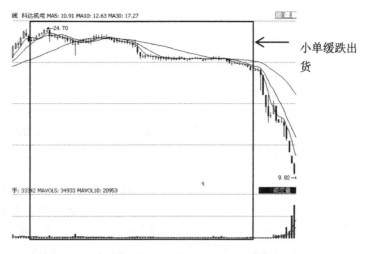

图 13.19　科达机电(600499)的日 K 线图和成交量

13.6.6　震荡出货

庄家将股价拉升到预定的出货价格区域后，在大盘背景和资金使用状况都允许的情况下，常常会把股价维持在高位区域进行震荡出货，这样就可以把筹码卖个好价钱。

图 13.20 所示是民生银行(600016)的日 K 线图和成交量，该股拉升到目标价位后，就进行横向整理出货，出货时间为 3 个月。

图 13.20　民生银行(600016)的日 K 线图和成交量

震荡出货很有迷惑性，因为横盘过程，市场常常会放出股价突破后可以站上多少多少元的消息，如果投资者信以为真，则往往被套在高位，最后不得不忍痛割肉。另

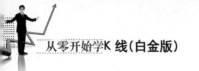

外，这种情况利用技术也不太好判断，周线和月线的各种技术都无法给出确切的提示，后面会对横盘整理和震荡出货进行对比讲解，这里就不再多说了。

13.6.7　反弹出货

反弹出货是庄家出货行为的一种后续操作，用来清除剩余的筹码，同时也可以再利用技术系统上的配合最后再捞一把。

当庄家在利用反弹进行出货时，其手中的货已大部分出完，只剩下很少的一点了。为了把剩下的一点货卖个好价钱，常常会在股价大幅下跌后，利用乖离率过大的技术提示，诱惑抢反弹短线投资者入场，庄家顺势做一波反弹，在触及上方均线时实现胜利大逃亡。等主力出完货后，股价就会不断下跌，直到下一波牛市到来。图 13.21 所示是华能国际(600011)的日 K 线图和日成交量，在大幅下跌后，主力反弹出货，这是投资者最后逃命的机会，否则就会深深套牢。

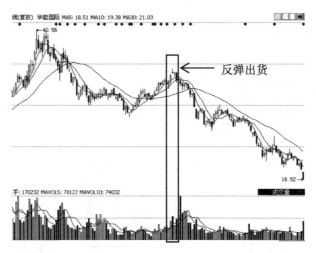

图 13.21　华能国际(600011)的日 K 线图和日成交量

> 📖 **提醒**　在大幅下跌行情中，做反弹是要小心的，否则就会被套在高位，一般投资者还是不做为妙。

13.7　庄家洗盘的实战技巧

股价的走势，总的来说就是涨、跌、盘(整理)三种情况，上涨让人兴奋，下跌让人恐慌，而盘整则让人心烦。洗盘就是一个盘整，是坐庄流程中的次要阶段，有的庄家会省去洗盘阶段。

13.7.1　向下洗盘

向下洗盘是大多数投资者熟悉的洗盘方式，当股价上涨了一定时间和幅度后，只要一跌，有些人马上就会大呼"洗盘了"，这差不多形成了一种条件反射式的思维模式。一般情况下，这种认识是正确的，但也不能绝对化，更不能形成这种思维定式。不要因为洗盘洗习惯了，就看不透庄家的炒作手法了，弄不好将主力出货误认为洗盘，这样可是要人命的，即使看对 9 次洗盘，不一定能赚到大钱，而如果中一次招，就很可能彻底玩完的。

在庄家建仓完毕并完成了初期拉高后，洗盘的动作就随时可能展开。向下洗盘就是股价小幅上涨后，突然以单根中阴线或几根小阴线组合来吓唬投资者，使已经获利的投资者以为形势不好了，怕已获得的利润再给吐回去，就会选择减仓或抛售出局，这是人性的弱点，也是股市中心理学的应用。

向下洗盘一般发生在股价上涨的初期，而在拉升的中后期主力一般不会轻易使用这种洗盘方式，因为中后期是关键阶段，向下打压会引起中线筹码不必要的猜疑和恐慌，极可能造成系统性的风险。另外，向下打压洗盘还是会在一定程度上去遵循技术面的，通常打压的位置为 20 日或 30 日均线，如图 13.22 所示。

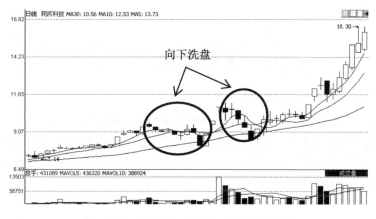

图 13.22　同济科技(600846)的日 K 线图

13.7.2　横向整理洗盘

如果说向下洗盘是利用了投资者担心到手的利润可能会失去的恐惧心理的话，那么横向洗盘就是利用投资者对未来方向不可预知的迷茫心态来实现逼筹的目的。

庄家把股价拉升到一定高度后突然停止拉升，然后采取较长时间的小幅震荡形式进行横向盘整，这种盘整一般情况下是不会理会大盘走势的，大盘涨，它也盘整，大盘跌，它也盘整，总之就是不涨不跌，不温不火，如图13.23所示。

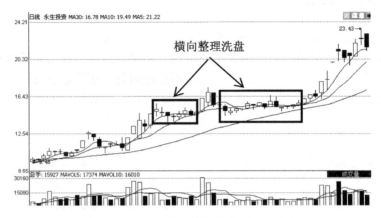

图13.23　永生投资(600613)的日K线图

很多投资者对于这种不死不活的横向盘整拿不准，明明涨得好好的，怎么说盘整就盘整呢？特别是大盘涨得好的时候，这时很多投资者由于对其横盘时间及各种各样不可预测的基本面感到迷惑，实在受不了这种等待和煎熬，就会有倒不如卖了来得痛快的消极念头。

这种洗盘手法一般用于目标股已有一定涨幅的中期拉升阶段，且大盘行情基本良好的情况下。大盘涨，手中的股票就是不死不活，大多数投资者都会受不了这种煎熬的，常常会卖了这种股票去追别的强势股，结果是强势股开始调整了，而卖出的股票则开始大涨，左右被扇耳光。

提醒　初期拉升阶段，庄家一般不会用横向洗盘的方式，因为此时庄家的原始筹码尚未大幅脱离成本区，花长时间去横盘是有损于资金使用率的，他们玩不起；另外，初期拉升后的目标股涨的幅度并不很大，老股民很明显可以看出这个横盘不是出货动作，就会和庄家抢筹码。

13.7.3　向上洗盘

向上洗盘，又称拉高洗盘，是一种不太常用的洗盘方式，它只适用于某些特定股票或特殊的背景之下。

如果大盘走势极度强劲，散户做多的买进热情空前高涨，几乎就像饥不择食的狼群，庄家此时再利用向下洗盘、横向盘整洗盘手法，抛出去的诱空筹码将是肉包子打狗有去无回，所以庄家就会采取强悍的拉高洗盘方式来完成盘面的浮筹清理工作。

还有一种情况是，庄家的操作资金在时间上比较紧迫，不允许他们过多地玩弄技术而必须尽可能地速战速决，无奈之下也只能采用拉高洗盘的方式。

向上洗盘的特征是向上攻击的同时伴随着短线剧烈震荡，表面上看好像有一些见顶出货的味道，其实这是庄家在利用盘面中每天的大幅上下震荡以及客观上的赢利空间，来逼出获利盘，吓出止赢盘，折腾出短线止损盘，如图 13.24 所示。

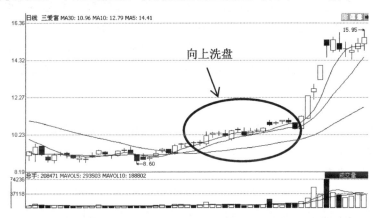

图 13.24　三爱富(600636)的日 K 线图

13.7.4　洗盘与出货的区别

洗盘与出货是股市中比较难以解决的问题，下面通过八个不同的方面来具体区别一下。

1)　庄家的心理出货价位

利用庄家的心理出货价位可以判断到底是震荡洗盘，还是震荡出货。主力在做庄之前，先通过试盘可以了解可以吸筹的价格区域，然后制订出心理出货价位，即每个股票的上涨都会有一个心理出货价位的，并且这个价位不会轻易改变。如何摸清庄家的心理出货价位呢？可以从以下两个方面来推测。

(1)　用证券机构、股评家的报告来推测主力心理卖出价位。现在很多报告、股评家常常谈到对某股票的投资价值，并给出未来一段时间内的目标价格，这时投资者可以根据市场情况，大致预测一下主力的心理卖出价位，特强的牛市中，可以给它打九折，较强的市场，打八折，一般市场，打六折。

提醒　现在很多股评家与庄家都串通一气，做他们的股托，所以投资者要认真分析，不要因听股评家的言论而盲目杀入某股，从而在高位被套牢。

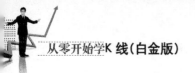

(2) 可以找同类股票进行对比来预测主力心理卖出价位。在市场中，存在一个比价效应，即质地相同的股票，其见顶回落的价格大致相同。

2) 震荡幅度的大小

一般来说，震荡幅度小的比较可能是洗盘，震荡幅度大的则以出货居多。主力如果想把股价拉上去，那洗盘时的震荡幅度就不能太大，否则就会把技术图形给弄坏了，迫使不想走的投资者也要走人，这样一来，主力想把股价做上去就会很难。所以洗盘时一盘幅度不会太大，但时间也不能太长，否则短线投资者受不了也只能走人，这样"同盟军"留下来了，而浮筹又洗出去了，为以后的拉升打下好的基础。

震荡出货时，主力是不会顾及技术图形的，为了吸引更多的短线投资者入场，其震荡幅度一般比较大，这样主力就可以浑水摸鱼把货抛出，一旦主力把货出完，股价就会大幅下跌。

3) 震荡时间的长短

在股市中有句俗话："久盘必跌"，说的是震荡行情如果时间长了，就会下跌，即震荡是主力在出货。为什么震荡时间长了，就会认为是主力在出货呢？

大家知道，洗盘是有成本的，主力向下打压股价是把高价买来的筹码低价卖出，同时还要付手续费，如果洗盘时间长了，成本自然就高。另外，如果洗的时间长了，看好该股的中长线投资者会迷失方向，也可能出货观望，这样主力就有点麻烦了。

> **提醒** 震荡洗盘时间一般在 1 个月左右，最长也有两个月的，而震荡出货则可能长达半年之久。

4) 震荡次数的多少

庄家如果是洗盘，震荡次数一般不会超过 3 次，而出货则不同了，只要能出完手中的货，震荡次数多少庄家是不会在乎的。

5) 计算震荡时的换手率的高低

庄家如果是洗盘，则换手率不会太高。庄家洗盘是为了清除浮筹，从而减轻股价上行的压力，所以主力的筹码是不可以大换班的。震荡出货就不一样了，筹码需要大换班，即主力要出售所有的筹码，散户要买进所有的筹码，所以换手率是很高的。

6) K 线图中大阳线和大阴线的多少

根据作者多年炒股经验，在震荡出货时，大阳线和大阴线比较多，而在震荡洗盘时，大阳线和大阴线很少，一般以小阳小阴线为主。

主力为了出货，要诱惑短线投资者进场，这时就要拉出大阳线，制造多头氛围，从而让短线投资者上当进场吃货，主力就大幅可以杀跌出货，造成大阴线的不断出现。洗盘主要是为了清除浮筹，留下中长线投资者，所以不敢乱来，一般会按波浪理论中的调整方式操作，使技术派留下来。

7)　均线的支撑作用

股市中有这样一句炒股经验："主力做盘若看线，表示行情往上做；主力做盘不看线，表示行情往下做。"这里的线就是均线，一般是指 30 日均线或 60 日均线，所以洗盘在 30 日或 60 日均线处会有强有力的支撑，这时投资者低吸就会有不错的获利。主力出货，一般是不会太在意均线的，如 30 日均线和 60 日均线，但可能会有半年线(120 日均线)或年线(250 日均线)时出现反弹，投资者也尽量不要参与。

8)　震荡后的突破方向

区别震荡洗盘和震荡出货的最重要一点就是震荡后的突破方向，如果向上突破，则为震荡洗盘，如果向下突破则为震荡出货。向上突破，即突破前一段高点并至少站稳 3 天，还要求突破后上涨幅度超过 3%，一般还需要成交量的配合，即成交量明显放大。

 提醒　要提防假向上突破，即突破前期高点后，又回落到前期高点之下，这里投资者要果断清仓离场。

向下突破，即突破前一段低点，收盘价至少有 3 天在低点之下，并下跌幅度超过 3%。

提醒　要提防空头陷阱，即向下突破后，股价又转头向下，并且不断向上攀升。

13.8　庄家被套自救的实战技巧

庄家是股市中的常胜将军，但这并不意味着他们不遇挫折，没有烦恼，不会被套。庄家也常常因为人性的弱点被套，即在高位未出货或未出完货，股价就开始大幅下跌，从而套住了庄家。

13.8.1　庄家被套的原因

庄家被套被迫产生自救行情的原因很多，但主要有四种。

1)　政策突变

中国股市是一个典型的政策市，政策对股市的影响很大，例如，2007 年著名的"5.30"暴跌行情，就是由于突然调控货币政策并且提高印花税造成的，在这次暴跌中，多数庄家都处于亏损的状态。

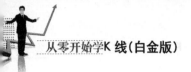

2) 庄家介入太深

庄家虽然有资金优势，但由于对基本面研究不够、技术面把握不准、错误估计投资价值或操盘手法过于简单，造成吃进的筹码过多、介入资金太深，高内散户逢高减仓，高处散户又不敢贸然入场，结果庄家无法顺利脱身，成为散户的牺牲品，这是庄家最苦恼的事。

3) 行情走极端

投资者都知道，无论庄家实力多强大，也只能占有一部分的流通盘，另一部分筹码分散在散户手中，如果股价无节制地上涨，出现极端走势，导致投资者不敢参与追涨，庄家只能自拉自唱，吃不了兜着走。

4) 操作失误

人有失足，马有失蹄，庄家当然也有失手的时候，例如，庄家操盘手法不慎，原本想来个假突破或空头陷阱，结果时机没有把握好或操盘手法呆板，造成筹码松动，大量抛盘涌出，使庄家招架不住，被迫放弃护盘，反手做空。再如，有的庄家开始时只是高抛低吸，做短线操作，但由于对市场的调研不够深入，结果把自己套在盘中，成为典型的无人跟盘股。

13.8.2 庄家被套的自救技巧

庄家被套后，自救运作方式有四种，分别是推进式自救、拉升式自救、波段式自救、利好式自救。

1) 推进式自救

推进式自救，又称缓升式自救，其表现形式是不温不火，不理会大盘的走势，以缓慢推升的方式将股价推高，成交量大幅放大，在日 K 线图中出现连续小阳线稳步推升或两阳一阴地盘升上涨。

这种自救方式是根据散户喜欢赶底心理来采用的手段。庄家缓慢将股价推高，使散户以为股价已见底，而纷纷介入抄底，同时庄家通过对敲放量，激发买入者的热情和持股信心，而庄家在推升的过程中不断向外出货，这样就实现了成功的自救，如图 13.25 所示。

2) 拉升式自救

股价经过大幅下跌后，跌幅较深，庄家被套其中，忽然股价止跌掉头向上，出现连续以中、大阳线向上拉，成交量明显放大，这自救力度比推进式要大得多，但拉升结束后，行情再次步入"漫漫熊途"，如图 13.26 所示。

这种自救方式，可以吸引散户广泛关注，场外资金不断进场，为庄家抛盘买单。而庄家又不敢把股价拉得太高，以防抛盘出现，加重负担，因此庄家在股价上涨过程中不断向外抛售筹码，直到顺利出局。

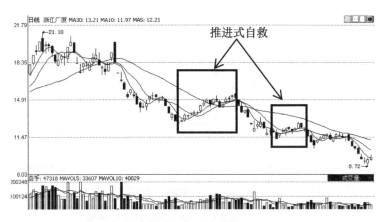

图 13.25　浙江广厦(600052)的日 K 线图

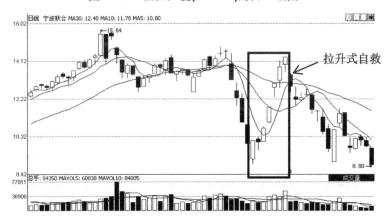

图 13.26　宁波联合(600051)的日 K 线图

3)　波段式自救

股价大幅下跌后，庄家深套其中，只好采取自救措施。庄家推动股价有节奏地呈波浪形上行，在每一波上涨行情中，都向外抛售一部分筹码，但由于庄家的抛售使股价回落，这时再自然拉起，从形式上来看这种方式表现十分稳健，如图 13.27 所示。

这种自救方式，散户容易接受，因为波段式的起伏比较明显，运行规律也有节奏，其实庄家就是利用这一点来吸引散户进场操作，从而实现自救目的的。

4)　利好式自救

庄家被套后，常常利用各种题材、消息来激发人们的想象力，让投资者得出目前价位有很大投资价值的错误结论，误导散户跟风介入，最后实现自救，如图 13.28 所示。

这种自救方式不是靠技术盘面，也不是靠庄家实力，而是通过外部环境变化，营造投资气氛，引发股价高开，从而实现自已撤退。

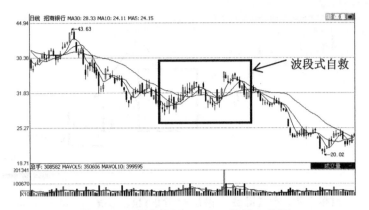

图 13.27　招商银行(600036)的日 K 线图

图 13.28　中国联通(600050)的日 K 线图

13.9　跟庄炒股注意事项

要跟庄时，首先要了解基金联合坐庄，因为基金是市场中的绝对主力，另外，还要注意精心挑选强庄，下面来进行具体讲解。

13.9.1　了解联合坐庄

联合坐庄一般发生在基金扎堆的股票中，下面来讲解联合坐庄的由来、特点及缺点。

1)　联合坐庄的由来

由于基金数量越来越多，取得了股市的话语权和主动权。在其倡导价值投资时，管理层对其监管也越来越严格，因而谋求联合坐庄、集中持股是其必然的发展趋势，另外，市场优质资源很少，这使得大量的基金和机构不得不扎堆于少数的优质股票之中，交叉持股已成为基金业的共识。随着机构投资者的增多和技术分析的普及，过去的坐庄方式已很难骗过市场监管和投资者，于是不独占、共赢利的坐庄观念大行其道，并受到了市场的拥护。

2)　联合坐庄的特点

单个庄家模式炒作的常常是虚假的题材或独占的内幕消息；而联合坐庄炒作的往往是真实的业绩或公开的内在价值。单个庄家模式往往采取打压吸货、对倒拉升、震荡出货等手段坐庄；而联合坐庄往往采取依次跟进、结队而行、先知先撤等方法进行坐庄。

与单个庄家模式的操作理念不同，单个庄家模式的操作理念往往追求"唯我独大"，操作手法也常常我行我素；而联合坐庄则在操作上不追求资金优势，只依靠研究水平，不追求控盘比例，只希望领导潮流。

3)　联合坐庄的缺点

只能同富贵，不能共患难，在股价突飞猛进时，大家可以共同赢利，而一旦市场出现调整，则大家各怀心思，甚至争相逃命。庄股容易出现一边倒的行情。由于基金具有很强的羊群效应，所以跟买、跟卖现象比较严重，往往涨起来的时候是一边倒，跌起来时也一边倒。另外，联合坐庄过的股票，往往会出现价值严重透支的情况，有强烈的价值回归要求。

13.9.2　选择强庄

庄家有大小、强弱之分，投资者要精心选择强庄，才能实现短期内利润最大化，强庄的特点如下。

1)　总比大盘强

当大盘上涨时，涨得比大盘多；当大盘下跌时比较抗跌。因为强庄手中的筹码往往很多，在外部流动筹码很少的情况下，强庄股易涨不易跌。

2)　总比同板块股强

每个板块里几乎都能找到阶段性的"领头羊"，板块内大量的短期资金往往会汇聚其身。无论同板块股票走势如何，"领头羊"的走势总是比同板块的其他个股更为强势。

3)　我行我素

绝大数股票都是跟着大盘趋势走的，逆市而动的个股较少，但一旦出现，则必然是阶段性的强庄或牛股。只有庄家资金实力雄厚，个股才能在短期内我行我素。

4)　能够轻松应对利空

在大盘或个股出现利空时，实力不强的庄股纷纷应声下跌，暂退一步，而实力强大的庄股则不会随波逐流，往往能够接纳大量抛单，控制往股价跌势。

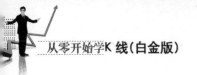

13.9.3　跟庄其他注意事项

在跟庄时，还要注意以下六点。

1)　摸清庄家的性质

一流的庄家创造机会和题材，二流的庄家追寻机会和模仿题材，三流的庄家等机会和题材，所以跟庄首先要弄清楚庄家的性质。是基金、机构庄或是游资庄，是长庄、中庄还是短庄等。只有弄清楚了庄家的性质，才能大致了解其手法和特征，从而放心地跟庄。

2)　保持独立的判断

庄家要从投资者手中获得筹码，就必定会折磨投资者；要在中途使投资者出局，就必然会打击投资者；要让投资者在高位心甘情愿地接货，就必然会煽动投资者。因此，投资者始终要保持独立的判断，意识到庄家从头到尾的欺骗性，对任何概念、消息、图形、指标等，都要保持警惕。

3)　保持稳定的心态

在市场机会来临之前，投资者要有足够的耐心等待；当市场机会来临时，投资者要细心地辨别真假；当确认市场机会出现时，投资者要能果断地参与其中；当市场机会被否定时，投资者要敢于止损出局；当市场没有机会时，投资者要能遏制住自己的贪婪本性，快速离场。

4)　熟悉庄家的手法

投资者在学习阶段要了解各类庄家的通用坐庄手法，还要在实战中熟悉当前庄家的表现特征和常用手段，只有知己知彼，才能百战百胜。由于庄家在暗处，只要稍微使用一些手段，散户的心态和筹码的松紧就一目了然，因而庄家的胜算要大得多。

5)　采用适宜的战术

如果投资者资金量大，最好不要都投资到一只股票中，不然操作会被主力识别出来；如果资金量不大，投资者可以采用游击战术，充分利用进出自由的优势紧跟庄家，吃掉几个主要拉升波段里的利润。

6)　不必每日看盘

如果不是短线交易，投资者不必每日看盘。因为庄家深知投资者的贪婪和恐惧心理，他的阴谋就会通过盘面传给你，如果天天看盘，就难免患得患失，最终落入庄家的圈套。但面对一个不看、不闻、不急的人，其任何表演都是徒劳的，最终股价会按低买高卖的规律走完它的历程。

> **提醒**　庄家如果违反了市场规律，也常常会失败，并且失败概率不低，大致为3∶2。庄家在牛市中成功概率很高，但大熊市中，大多数中长庄家都会视市场消灭。所以，投资者不能盲目相信庄家，也要有自己的判断。